BELGIEN

DUMONT REISE-TASCHENBUCH

Reinhard Tiburzy
BELGIEN

LAND & LEUTE

Das Königreich Belgien

Kultur und Leben

Tipps für Ihren Urlaub

UNTERWEGS IN BELGIEN

Brüssel und Umgebung

Flandern und die Nordseeküste

Limburg und Antwerpen

LAUREL & HARDY

LAND & LEUTE

Nur das Vorläufige ist von Dauer – heißt es in Belgien.

Ernst Kobbert

Das Königreich Belgien

Prächtiges Zeugnis der belgischen Geschichte: das gotische Rathaus von Brüssel

DREIGETEILT UND DOCH VEREINT

Vielen ist das Königreich Belgien ein weißer Fleck auf der Landkarte, den man allenfalls registriert, wenn Brüssel mal wieder etwas beschlossen hat. Mancher reduziert Belgien auch kurz auf das ›Frittenland‹, was ihm allerdings eher zum Kompliment gereicht, hat man in Belgien doch die Pommes erfunden und zu den leckersten der Welt kultiviert.

Dass Belgien so seltsam unbekannt ist, liegt an den Belgiern selbst. Während sich die holländischen Nachbarn mit Markenzeichen wie Käse und Tulpen weltweit ein hübsches Image zaubern, halten sich die Belgier eher bedeckt. »Still ist's, wo kein Wind weht«, sagt ein flämisches Sprichwort, und nicht viel Wind um die Dinge zu machen ist halt ein Zug belgischer Wesensart.

Dabei steckt das Königreich voller Überraschungen. Da bewahren die Städte in ihren mittelalterlichen Zentren zuhauf architektonische Schätze gotischer und barocker Rat-, Zunft- und Herrenhäuser, mächtige Belfriede überragen prachtvolle Sakralbauten, idyllische Beginenhöfe bilden stille Oasen inmitten städtischer Betriebsamkeit. Museen beherbergen Kunstschätze, die von Werken belgischer Meister wie Bruegel, Rubens, Ensor, Magritte und Delvoux bis zu Comics wie ›Lucky Luke‹ und ›Tim & Struppi‹ reichen. Museale Zechenanlagen dokumentieren das industrielle Erbe, Schiffshebewerke aus dem 19. und 20 Jh. künden vom Genie der Ingenieure, Naturfreunde finden in den Ardennen mit ihren Wäldern, geheimnisvollen Tropfsteinhöhlen und mystischen Mooren ihr Eldorado, Strandurlauber an der Nordsee. Und dann die Schlemmerfreuden! Denn im ›Frittenland‹ Belgien gibt es nicht nur die knusprigsten Pommes, hier hat der Gast auch bei über 500 Bieren die Qual der Wahl, und Genießer treffen im Königreich auf eine weltberühmte, mit Sternen ausgezeichnete Küche.

Wer das Land besucht, dem fallen als Erstes die Ortsnamen auf: Alle Orte haben zwei, wenn nicht sogar drei Namen. Lüttich beispielsweise ist auf den Autobahnschildern sowohl als ›Liège‹ als auch als ›Luik‹ ausgewiesen, Mechelen trägt auch den französischen Namen ›Malines‹, und das wallonische Mons wird von den Flamen als ›Bergen‹ bezeichnet. In Brüssel sind sogar sämtliche Straßennamen in Französisch und in Niederländisch angegeben. Auf den Geldscheinen schließlich taucht als dritte Sprache Deutsch auf: die Sprache der ›Ostkantone‹ im Osten Walloniens – täglich sichtbarer Ausdruck der Dreiteilung des Landes.

Die komplexe Organisation des Landes funktioniert trotz aller Abstriche so gut, dass Delegationen aus aller Welt ins Königreich pilgern, um den ›Labor-Fall Belgien‹ zu studieren. Die Hauptstadt Brüssel wird sogar als Modell für ein zukünftiges Jerusalem diskutiert. Über alles hält der belgische Löwe, sprich föderale Staat, seine Pranke und der König sein Zepter, zwei von etlichen Klammern, die das Königreich zusammenhalten.

STECKBRIEF BELGIEN

Offizielle Bezeichnungen: Koninkrijk België, Royaume de Belgique, Königreich Belgien. **Flagge:** schwarz-gelb-rot, quergestreift. **Nationalhymne:** Brabançonne. **Hauptstadt:** Bruxelles / Brussel / Brüssel.

Lage: Belgien grenzt im Norden und Osten an die Niederlande, im Osten an Deutschland und Luxemburg, im Süden an Frankreich und im Westen auf einer Länge von 67 km an die Nordsee. Zu Belgien gehört die kleine Exklave Baarle-Hertog in den Niederlanden, innerhalb derer wiederum zwei winzige niederländische Enklaven bestehen: Baarle-Nassau.

Größe: 30 528 km^2

Bevölkerung: 10,36 Mio. Bevölkerungsdichte: 337/km^2 (BRD: 231/km^2). Bevölkerung nach Regionen: Flandern (13 522 km^2): 5,99 Mio., Wallonien (16 844 km^2): 3,36 Mio., Brüssel (162 km^2): 0,99 Mio.

Größte Städte (Einwohner): Brüssel: 992 000, Antwerpen: 452 500, Gent: 228 000, Charleroi: 200 500, Lüttich 184 300, Brügge 116 800, Namur: 105 700.

Längste Flüsse: Maas, Schelde. **Höchste Erhebung:** Signal de Botrange (Hohes Venn): 694 m.

Staatsform: Parlamentarische, repräsentative, konstitutionelle Monarchie und föderativer Staat mit Zweikammer-Parlament: Abgeordnetenkammer und Senat. **Königshaus:** König Albert II., Königin Paola (Donna Paola Ruffo di Calabria), Kronprinz Philippe, Prinzessin Astrid und Prinz Laurant.

Provinzen: West-Vlaanderen, Oost-Vlaanderen, Flämisch Brabant, Antwerpen, Limburg, Hainaut, Wallonisch Brabant, Namur, Liège, Luxembourg.

Sprachen: Niederländisch, Französisch, Deutsch. **Sprachregionen:** Flandern (Niederländisch), Wallonien (Französisch), Brüssel (Niederländisch und Französisch), Deutschsprachige Gemeinschaft (Deutsch).

Religion: ca. 8,5 Mio. Katholiken, 38 000 Protestanten, 350 000 Moslems, 35 000 Juden.

Wirtschaft: Bruttoinlandsprodukt (BIP, 2002): 233,6 Mrd. €, davon 72 % aus Dienstleistungen. Wachstumsrate: 1 %, Inflation 1,3 %. **Arbeitslosenquote:** 6,9 %.

LANDSCHAFTEN UND NATURRAUM

Meeresstrand und Polder, Wiesen und tiefe Wälder

Nach seiner Oberflächengestalt kann man Belgien in Nieder-, Mittel- und Hochbelgien unterteilen. Im Westen **Niederbelgiens** schirmt ein Dünenstreifen das Land gegen das Meer ab. Landeinwärts hinter den Dünen hat man das einstige Sumpfland trockengelegt und in fruchtbare Polder verwandelt. Daran schließt sich eine ausgedehnte, teils flache, teils gewellt ansteigende Ebene an, mit der Flandrischen Geest im Westen und dem Kempenland im Osten. Während Flanderns Geest mit dem Heuvelland zwischen Ijzer und südlicher Schelde und den daran anschließenden hügeligen Flämischen Ardennen seit dem Mittelalter stark besiedelt ist, ist das Kempenland mit seinen kargen Heideflächen und Viehweiden weniger stark bewohnt.

Das sich südlich von Brüssel anschließende, bis an die Ardennen reichende und von Maas und Sambre durchzogene Gebiet **Mittelbelgiens** ist das fruchtbare Kernland Belgiens. Die lößreichen Böden des Haspengaus im Osten und des Hennegaus im Südwesten machen den Streifen zur ›Obstplantage‹ und ›Kornkammer‹ des Landes. Im dazwischen liegenden Hageland südlich von Brüssel wird viel Gemüse angebaut. Steinkohle und Eisenerz sowie die Transportmöglichkeit per Schiff haben an Sambre, Maas und ihren Seitenflüssen von Mons bis Lüttich zur frühzeitigen Industrialisierung geführt.

Hochbelgien ist gleichzusetzen mit den Ardennen, der schönsten Landschaft Belgiens. Das nach der Göttin *Arduinna* benannte, rund 200–700 m hohe Massiv ist die Fortsetzung der Ei-

Winterlandschaft in den Ardennen

fel. Als Niederardennen bezeichnet man den bis 500 m ansteigenden hügeligen Teil mit den Landschaften Entre-Sambre-et Meuse und Fagne zwischen Maas und Sambre im Westen, dem Condroz und der Senke der Famenne sowie der Herve-Region im Nordosten. Zwischen den von Wald- und Weideflächen überzogenen Plateaus haben die Flüsse Lesse, Ourthe und Maas tiefe Täler eingeschnitten und an einigen Stellen große Kalksteinhöhlen hinterlassen. Das Plateau der über 500 m liegenden Hochardennen besteht im Wesentlichen aus dem Hochmoorgebiet des Hohen Venn. In der rauen, unwirtlichen Landschaft liegt der höchste Punkt Belgiens (Signal de Botrange, 694 m).

Pflanzen und Tiere

Belgiens einst ausgedehnte Laubwälder sind weitgehend durch Wiesen, Felder und angepflanztes Nadelgehölz verdrängt worden. Die größten Wälder

WWW.MONARCHIE.BE – DAS BELGISCHE KÖNIGSHAUS

Nachdem die Nationalversammlung der soeben gegründeten Nation 1831 beschlossen hatte, Belgien möge ein Königreich sein, machte man sich auf die Suche nach einem geeigneten Kandidaten für den Thron – kein leichtes Unterfangen, musste dieser doch den verschiedenen Großmächten Europas recht sein. Voreilig teilte der Brüsseler Bürgermeister dem belgischen Volk mit, der Sohn des französischen Königs, Herzog von Nemours, sei zum König der Belgier erkoren, was beileibe nicht den Tatsachen entsprach. Schließlich fiel die Wahl auf den deutschen Prinzen und Witwer der britischen Kronprinzessin, Leopold von Sachsen-Coburg-Gotha. Leopold war als König begehrt. Die Krone Griechenlands hatte man ihm angetragen, die von Polen und die des Deutschen Bundes. Alle hat er ausgeschlagen, die Krone von Belgien nahm er zögerlich an. 1832 heiratete er Louise-Marie von Orléans, die 22 Jahre jüngere Tochter des französischen Königs. Leopold I. starb 1865, die Krone kam an seinen Sohn, Prinz Leopold.

Leopold II. war eine schillernde Persönlichkeit, die dem Staat zur Kolonie Belgisch-Kongo verhalf und das ›Dorf‹ Brüssel zu einer Metropole mit breiten Avenuen, großen Plätzen und monumentalen Bauwerken wie dem Justizpalast und den königlichen Gewächshäusern von Laeken machte. Er wurde als Kolonialist, Dandy und glühender Liebhaber weiblicher Reize beschrieben, als Unterdrücker der Schwarzen und als Potentat. Seine Gemahlin, die österreichische Herzogin Marie-Henriette, verbrachte die meiste Zeit in Spa. Der einzige Sohn aus dieser Ehe starb im Alter von neun Jahren, ein Schicksalsschlag, über den Leopold II. nie hinwegkam. Da die strenge Erbfolgeregel nur männliche Herrscher vorsah, wurde der Sohn seines Bruders Thronfolger.

Die Herrschaft von König Albert I., dessen beliebte Gattin Elisabeth die Belgier bereits vor der Thronbesteigung »Königin« nannten, wurde vom Ersten Weltkrieg überschattet. Belgien erklärte sich zum neutralen Staat. Dessen ungeachtet marschierten deutsche Truppen 1914 in Belgien ein und besetzten das Land. Westlich der Ijser leistete der König an der Spitze seiner Truppen dem Feind erbitterten Widerstand und konnte den Abschnitt durch einen aufreibenden Stellungskampf über vier Jahre hinweg verteidigen. Königin Elisabeth hatte die Prinzen zu Anfang des Krieges nach England gebracht, war sodann selbst nach Belgien zurückgekehrt und kümmerte sich um die medizinische Versorgung der Verwundeten. Während der Herrschaft König Alberts I. nach dem Ersten Weltkrieg wurde das allgemeine Wahlrecht für Männer und die Gleichberechtigung der beiden Sprachen im Lande eingeführt. 1934 verunglückte der König tödlich bei einer Klettertour in der Nähe von Namur.

Nachfolger Alberts I. war dessen Sohn Leopold III. Anderthalb Jahre nach der Thronbesteigung erlitt das Königshaus einen weiteren schweren Schicksalsschlag. Albert, ein leidenschaftlicher Autofahrer, fuhr seinen Wagen bei einem Aufenthalt in der Schweiz in einen Graben, wobei seine Gattin, die von den Belgiern wegen ihres Mutes und ihrer Natürlichkeit geliebte und verehrte schwedische Prinzessin Astrid, zu Tode kam.

1940 erklärte sich Belgien erneut für neutral, dennoch marschierten die Deutschen am 10. Mai in Belgien ein. Nach 18 Tagen unterzeichnete König Leopold III. entgegen dem Votum der Regierung die Kapitulation. Er folgte dieser auch nicht, wie verlangt, ins französische Exil, sondern blieb unter Aufsicht der Deutschen auf Schloss Laeken. Hier heiratete er am 11. September 1940 in aller Heimlichkeit die bürgerliche Liliane Baels aus Oostende. Das Volk erfuhr erst drei Monate später von dieser Vermählung aus einem Hirtenbrief, der landesweit in allen Kirchen verlesen wurde; es war entrüstet. 1944 wurde die Königsfamilie von der SS nach Österreich gebracht. Nach der Befreiung wurde der König verdächtigt, mit Hitler kollaboriert zu haben, deshalb wurde sein Bruder, Prinz Charles, zum Regenten bestimmt. Erst 1950 stimmte das Volk in einem Referendum über die Rückkehr von König Leopold III. ab. Das Land war über die ›Königsfrage‹ tief gespalten, die Mehrheit der Flamen war dafür, die der Wallonen dagegen, doch insgesamt sprachen sich 57 % für die Rückkehr aus. Als Leopold III. schließlich in Belgien eintraf, reagierte man in der Wallonie wütend mit einem Generalstreik. Es kam zu schweren Unruhen, das Kriegsrecht wurde verhängt. Schließlich dankte der König ab und übergab seinem 21-jährigen Sohn Baudouin die Krone.

Der junge König, mit dem Erbe seines Vaters belastet und beim Volk wenig beliebt, überzeugte bald durch seine bescheidene und warmherzige Art. 1960 heiratete er die spanische Aristokratin Doña Fabiola de Moray y Aragón, die auf Anhieb die Herzen der Belgier gewann. Umso mehr nahm die Bevölkerung daran Anteil, dass die Ehe des Königspaares kinderlos blieb. Als König Baudouin 1993 überraschend starb, war das ein schwerer Schock für die belgische Nation.

Nachfolger auf dem Königsthron wurde der Bruder des verstorbenen Königs, der mit Donna Paola Ruffo di Calabria verheiratete Prinz Albert. König Albert II. und Königin Paola haben drei Kinder: Kronprinz Philippe, Prinzessin Astrid und Prinz Laurant.

Der wegen seines allzu sportlichen Fahrstils als ›Prinz Vollgas‹ mehrfach unrühmlich in die Schlagzeilen geratene jüngste Königssohn, Prinz Laurant, steuerte 2003 den Hafen der Ehe mit der bürgerlichen Claire Coombs an. Dabei hatte er es offenbar eilig, unter die Haube zu kommen, denn bei der standesamtlichen Trauung sagte er schon »ja«, bevor noch die Formel in allen drei Amtssprachen, also in Französisch, Niederländisch und Deutsch, verlesen werden konnte.

Informationen über das Königshaus findet man auf dessen Homepage unter **www.monarchie.be** – auch in Deutsch.

findet man in der Provinz Luxembourg. Wer durch die Landschaft südlich von Brüssel reist, kann sich im 4380 ha großen Bois de Soignes an noch bestehenden Laubwäldern erfreuen, einem Rest der riesigen Wälder, in denen einst Grafen jagten und Köhler ihr Tagwerk verrichteten.

Auf den von Binnendünen durchzogenen Heideflächen des Kempenlandes finden Wacholder, Birken und dürre Eichen ihr Substrat, in den Hochmooren des Hohen Venn haben Erikaceen, Blau- und Preiselbeeren, Flatterbinse, Pfeifen- und Wollgras ihr Biotop.

Am Küstensaum stößt man auf die für Strand und Dünen typische Vegetation, von der salzliebenden Melde und dem Meersenf am Strand über Strandhafer und -roggen in den jungen Dünen bis zu Sand- und Weißdorn, Kiefer, Birke und Weißpappel auf den älteren Dünen.

Den Strandbereich bevölkern wohl angepasste Tiere, von Schlickkrebschen, Platt- und Herzmuschel bis hin zu Austernfischern, Brachvögeln und Säblern. Von den nimmersatten Möwen kommen dort 15 Arten vor, die Lach-, Silber- und Mantelmöwen am häufigsten.

Im flachen und hügeligen Land ist die ganze westeuropäische Vogelgesellschaft anzutreffen, dazu Säugetiere wie Wiesel, Fuchs und Marder, auch die Wildkatze streunt wieder umher. In den Ardennen schweift der Hirsch durch die Wälder, das Reh äst friedlich und der Eber suhlt sich im Schlamm der Bäche, wenn ihnen nicht gerade der Waidmann nachstellt und dafür sorgt, dass den Gourmets das Wildbret nicht ausgeht.

Naturschutz

Die schönsten Landschaften Belgiens hat man unter Schutz gestellt, insgesamt ca. 2,8 % der gesamten Landesfläche. Zu den streng geschützten Naturreservaten, in denen der Aufenthalt des Menschen strikten Regeln unterliegt, zählt das 4200 ha große Naturreservat **Hautes Fagnes** (Hohes Venn) nahe Eupen. Es ist Teil des 200 000 ha großen deutsch-belgischen Naturparks Hohes Venn-Eifel, von dem 70 000 ha in Belgien liegen. In dem Gebiet aus Hochmoor und Wald sind über 160 Vogelarten zu Hause, darunter das sehr seltene Birkhuhn.

Nördlich von Antwerpen liegt das 732 ha große Naturschutzgebiet der **Kalmthoutse Heide,** eine Heide-, Dünen- und Marschenlandschaft, in der noch intakte Wanderdünen existieren, Brachvögel und Kibitze brüten und die meisten der in Belgien vorkommenden Libellenarten leben. Südlich von Brüssel erstreckt sich der **Bois de Soignes** über 4380 ha, ein herrlicher Mischwald, der als Naherholungsgebiet dient. Zu den weiteren Naturschutzgebieten zählen u. a. die 400 ha große **Mechelse Heide** bei Maasmechelen, das Vogelschutzgebiet **Het Zwin** (125 ha) bei Knokke-Heist, das Staatsnaturreservaat **De Westhoek** (340 ha) an der Küste, der National- und Wildpark **Lesse et Lomme** (250 ha) bei Hau-sur-Lesse, und der **Parc Naturel de Furfooz** (819 ha) um den Unterlauf der Lesse bei Dinant.

TONNENSCHWER UND KURZBEINIG – DAS BELGISCHE KALTBLUT

Es ist stark wie ein Ochse, hat Beine wie Baumstämme, einen eher kleinen Kopf mit kleinen spitzen Ohren und intelligentem Gesichtsausdruck, und es ist bekannt für sein freundliches Wesen – das Belgische Kaltblutpferd. Eines hat es jedoch mit Sicherheit nicht: kaltes Blut. Das findet man nur bei den wechselwarmen Tieren wie Amphibien, Reptilien und Fischen, die ihre Körpertemperatur der Außentemperatur anpassen können. ›Kaltblut‹ bezieht sich bei den dicken Vierbeinern hingegen auf das sanfte Temperament und die stoische Gelassenheit, die diesen Tieren, im Gegensatz zum heißblütigen Araber, eigen sind.

Die berühmten belgischen Kaltblutpferde wurden ob ihrer besonderen Ausdauer und Widerstandskraft schon von Julius Caesar und dem griechischen Historiker Herodot gelobt. Die Ardenner stammen wahrscheinlich direkt von den nordischen Waldpferden *(Equus sylvaticus)* ab, von den prähistorischen Pferden, deren Skelette man in Solutré gefunden hat. Die stämmigen Pferde mit dem einnehmenden Gemüt wurden in den Ardennen gezüchtet und als Reit- und Zugpferde eingesetzt. Einkreuzungen mit Arabern steigerten die Eigenschaften der Kraftprotze noch. Außergewöhnlich stark sind auch die Brabanter, Muskelprotze, die seit dem Mittelalter als ›Flämische Pferde‹ bekannt sind und aus den Ardennern hervorgegangen sind. Verschiedene große Kaltblutrassen wie die schottische Clydesdale und die englischen Suffolk Punch und Shire Horse enthalten prägende Brabanter Gene. Ende des 19. Jh. stand der Brabanter auf dem Zenit seiner Zuchtkarriere, als der mächtige braune Hengst ›Brillant‹ die Siegerpokale der internationalen Meisterschaften in Paris, London, Lille und Hannover abräumte. 1900 heimste sein Enkel ›Rêve d'Or‹ den Weltmeistertitel ein, ihm folgte der Super-Champion ›Avenir d'Herse‹.

Mit einer Widerristhöhe von 173 cm und über einer Tonne Gewicht zählt das Belgische Kaltblut zu den größten Pferden der Welt. Überall dort, wo verlässliche Ruhe, Kraft und Ausdauer der Tiere erforderlich war, kam das Kaltblutpferd zum Einsatz: im Ackerbau und beim Holzrücken im Wald, beim Kohleabbau, als Treidelpferd, beim Seenotrettungsdienst und beim Krabbenfischen, als Zugpferd von Hochzeits-, Brauerei-, Leichen- und Feuerwehrwagen, als ›Motor‹ der Straßenbahn, Bus und Taxi, und natürlich setzten die Militaristen über Jahrhunderte auf das Tier. Es war das beste Artilleriepferd Europas, zog mit Napoleon in den Russlandfeldzug, überstand den mörderischen Winter und kehrte nach verlorener Schlacht mit den Überlebenden zurück. Auch während des Ersten Weltkrieges wurden Belgische Kaltblüter zu Tausenden als Zugtier eingesetzt. Heute ist der Dicke mit der gelassenen Art auch in Belgien fast schon selten, doch seine guten Gene leben in den besten Kaltblutrassen der Welt fort.

WIRTSCHAFT UND UMWELT

Industrie im Wandel

Die tragenden Säulen der belgischen Wirtschaft sind der Dienstleistungssektor, in dem ca. zwei Drittel des Bruttoinlandproduktes (BIP) erwirtschaftet werden, und die industrielle Produktion mit rund 30 % des BIP. Landwirtschaft und Fischerei erbringen gemeinsam 2,5 %. Die Wirtschaft ist stark auf den Export ausgerichtet, unter den Welthandelsnationen nimmt das kleine Land Rang zehn ein.

Bis in die 1960er Jahre lag das Zentrum der Wirtschaftskraft dank der Eisenerz- und Steinkohlevorkommen in der Wallonie. Da jedoch die Modernisierung des Bergbaus und der Hüttenindustrie unterlassen wurde, traf die weltweite Stahlkrise die Region schwer, sie liegt bis heute darnieder. Zugleich baute Flandern seine Anbindung an den internationalen Seehandel aus, woraufhin sich in Antwerpen die wirtschaftsstarke petrochemische und chemische Industrie etablierte. Außerdem wurde in der EU-Hauptstadt Brüssel der Dienstleistungssektor gestärkt. Wegen dieser günstigen Standortbedingungen siedelten sich mehr und mehr ausländische Unternehmen in Flandern an, und so wendete sich das Blatt: Während der flämische Norden an Wirtschaftskraft gewann, büßte der wallonische Süden diese zunehmend ein, und das mit anhaltender Tendenz. 2002 fanden in der alten Kohle- und Stahlregion nur noch 26 % aller Neugründungen von Unternehmen in Belgien statt, in Flandern hingegen 62 %.

Mit der Umkehr der wirtschaftlichen Verhältnisse verschärfte sich zudem der ewige Streit zwischen den beiden Sprachen- und Kulturgemeinschaften. Das einst wohlhabende Wallonien, an dessen Tropf lange Zeit das ärmere Flandern hing, möchte jetzt nur allzu gern an den von Flandern erwirtschafteten Steuern partizipieren.

Woher Belgien seine Energie nimmt

Wenn Astronauten im Weltall auf die Erde herabschauen, entdecken sie – sagt man – auf der Nachtseite der Erdkugel einen leuchtenden Punkt: das Königreich Belgien. Was das kleine Land so erstrahlen lässt, sind Millionen Lampen, die Belgiens Autobahnen nachts in ein angenehmes Licht tauchen. Gewiss ist die dafür benötigte Energie, gemessen am gesamten Energieverbrauch des Landes, ein Klacks, doch nimmt Belgien in Europa im Energieverbrauch einen Spitzenplatz ein.

Etwa zwei Drittel der Elektrizität Belgiens wird in den sieben Kernkraftwerken des Landes erzeugt, von denen vier in Doel bei Antwerpen und drei in Tihange bei Huy stehen. Ein Drittel wird durch herkömmliche Wärmekraftwerke mit fossilen Brennstoffen gewonnen. Nur 0,13 % der Gesamtenergie stammt aus regenerativer Erzeugung.

Die Lage der Atommeiler an dicht besiedelten Ballungsgebieten und die damit verbundenen Gefahren haben zunehmend zu Kritik geführt, sie sind auch den meisten verantwortlichen Politikern nicht ganz geheuer. Deshalb ist seit 2002 der Atomausstieg beschlossene Sache. Alle Meiler sollen nach 40 Jahren Laufzeit, der erste 2015, der letzte 2025, abgeschaltet werden.

Was Scholle und Wiese hergeben – Belgiens Landwirtschaft

Ardenner Schinken, zart schmelzende Schokolade und edle Pralinen, Pommes aus frischen Kartoffeln, saftiges Obst und knackfrisches Gemüse auf den überhäuften Tischen der Wochenmärkte – alles durch harte Arbeit der belgischen Wiese und Scholle abgerungen. Dabei gehen 80 % des Gemüses und ein Drittel des Schweinefleisches ins Ausland. Vieh- und Milchwirtschaft wird in den Ardennen, der Famenne, in den Poldern und im Kempenland betrieben. Weizen und Zuckerrüben gedeihen vor allem auf den fruchtbaren Äckern von Hennegau und Haspengau, Kartoffeln, aber auch Weizen und Gerste in Geestflandern und im Kempenland. Das Hopfenzentrum ist Poperinge in Westflandern. Im stark verstädterten Gebiet zwischen Brüssel, Antwerpen, Gent und Leuven stehen Zehntausende von Gewächshäusern, in denen Gemüse, darunter Belgiens Spezialität, der Chicorée, aber auch Blumen angezogen werden.

Die landwirtschaftliche Nutzfläche umfasst rund 46 % der Gesamtfläche des Landes. Sie wird überwiegend von kleinen Betrieben mit durchschnittlich 15 ha in Mischwirtschaft betrieben, viele davon als Nebenerwerb. Viele Landwirte haben wegen der Unwirtschaftlichkeit das Handtuch geworfen, das Höfesterben hält an.

Belgien besitzt bedeutende Fähr- und Frachthäfen

GESCHICHTE IM ÜBERBLICK

Römische Zeit

1. Jh.–3. Jh. n. Chr.	Caesar unterwirft bis 56 v. Chr. die gallischen Völker, Gallien wird romanisiert, die keltische Kultur weitgehend aufgelöst.
3.–5. Jh. n. Chr.	Fränkische Salier wandern vom Niederrhein ins heutige Belgien. Christianisierung durch Servatius, Tongeren wird 315 Bischofssitz.

Zeit der Franken, Merowinger und Karolinger

486	Der Sieg des Frankenkönigs Chlodwig über Roms Statthalter in Gallien, Syagrius, beendet die Existenz des weströmischen Reiches, er und seine Nachfolger erweitern das merowingische Frankenreich.
7.–9. Jh.	Die Karolinger übernehmen die Herrschaft des Frankenreichs. Es erfährt unter Karl dem Großen seine größte Ausdehnung, wird jedoch 843 von seinen Enkeln geteilt. Das Gebiet westlich der Schelde geht an Frankreich unter Karl dem Kahlen, der Teil östlich der Schelde an Lothar I. (Lothringen).
979	Otto II. belehnt den Herzog von Niederlothringen mit der Siedlung *Bruoscella,* daraus entsteht Brüssel.
11. Jh.	Die Grafen von Flandern dehnen ihr Gebiet bis an die Somme und nach Osten über die Schelde aus. Flandern wird zum Lehen sowohl des französischen Königs (Kronflandern) wie auch des deutschen Kaisers (Reichsflandern).
12./13. Jh.	Tuchmacherei mit englischer Wolle leitet die wirtschaftliche Blüte Flanderns ein, Brügge und Gent werden zu führenden Handelsmetropolen Europas.
1127	Karl der Gute wird in Brügge ermordet. Flanderns Städte bestimmen gegen den Willen Frankreichs Dietrich von Elsass zum nächsten Grafen von Flandern. Von einem Kreuzzug bringt dieser eine Reliquie mit dem Blut Christi nach Brügge.
1297	Philipp der Schöne, Herrscher Frankreichs und Lehnherr Flanderns, besetzt Flandern.
1302	Während der »Brügger Mette« befreien Aufständische Brügge von den französischen Besatzern. Ein Heer der aufständischen Zünfte besiegt in der legendären »Goldsporenschlacht« bei Kortrijk ein übermächtiges französisches Ritterheer.
1304	Die Flamen werden von den Franzosen bei Pevelsberg geschlagen, 1305 kommt es zum Friede von Athis-sur-Orge.
1339–1453	Der Hundertjährige Krieg zwischen England und Frankreich zieht Flandern in Mitleidenschaft. Flanderns Städte, die fest am englischen Wollfaden hängen, verhalten sich pro-englisch.

Die burgundische Herrschaft

1384–1477 Nach dem Tod Ludwigs von Male erbt der Burgunderherzog Philipp der Kühne Flandern. Durch Erbe, Schenkung, Kauf und Annexion dehnen die Burgunder ihr Reich aus. Es erstreckt sich unter Philipp dem Guten von der Somme bis ans heutige Ijsselmeer. Karl der Kühne, Philipps Nachfolger, fällt 1477 in der Schlacht bei Nancy.

Belgien unter Habsburg

1477 Maria von Burgund, Tochter Karls des Kühnen, heiratet Maximilian I. von Österreich. Sie stirbt 1482 an den Folgen eines Sturzes vom Pferd. Das Gebiet des heutigen Belgien kommt an Habsburg.

1496 Maximilians Sohn Philipp heiratet Spaniens Erbtochter Johanna die Wahnsinnige. Ihr 1500 in Gent geborener Sohn Karl wird 1519 zum Kaiser Karl V. gewählt.

1529 Im Kampf gegen den Protestantismus richtet Karl V. Inquisitionsgerichte ein, unzählige Menschen werden als Ketzer verurteilt und hingerichtet.

Belgien unter spanischer Herrschaft

1556 Philipp II., Nachfolger Karls V. und Herrscher über Spanien und die Niederlande, verschärft die Verfolgung der Protestanten und schränkt die Freiheiten des Landes drastisch ein.

1559 Unter der Führung von Wilhelm I. von Oranien-Nassau, Philippe de Montmorency und der Grafen von Egmond und von Hoorn formiert sich Widerstand gegen die spanische Herrschaft.

1566 Bilderstürmer plündern katholische Kirchen. Philipp II. lässt Aufstände blutig niederschlagen und Tausende Aufständische ermorden. Egmond und Hoorn werden 1568 in Brüssel enthauptet.

1568–1648 Im Achtzigjährigen Krieg befreien sich die Nordprovinzen der Niederlande von Spanien, die katholischen Südprovinzen, das heutige Belgien, bleiben bei Spanien.

1667–1697 Frankreichs ›Sonnenkönig‹ Ludwig XIV. erobert Westflandern und den Hennegau, 1695 legen seine Kanonen Brüssel in Schutt und Asche.

18. Jh. Die Herrschaft über das Gebiet des heutigen Belgien wechselt nach Kriegen mehrfach zwischen Österreich und Frankreich.

1815 Napoleon wird bei Waterloo (südlich von Brüssel) vernichtend geschlagen.

1814/15 Der Wiener Kongress vereint die Gebiete des heutigen Belgiens, Luxemburgs und der Niederlande zum »Königreich der Vereinigten Niederlande« und bestimmt Wilhelm von Oranien I. zu dessen Regenten.

Das Königreich Belgien

1830–1931 Eine Rebellion in Brüssel gegen die Herrschaft der Niederlande führt zur Entstehung des unabhängigen Belgischen Staates mit einer konstitutionellen Monarchie. Regent wird Leopold I. von Sachsen-Coburg-Gotha. Nationalsprache ist Französisch.

1839 Die Großmächte übertragen den wallonischen Teil Luxemburgs, die heutige belgische Provinz Luxembourg, auf Belgien.

ab 1840 In Flandern formiert sich die Flämische Bewegung, die französische Sprache wird dort zurückgedrängt.

1878–1908 König Leopold II. eignet sich das Kongo-Gebiet als Privatbesitz an und lässt es skrupellos ausbeuten, Tausende Afrikaner kommen dabei zu Tode. Auf Druck aus dem In- und Ausland überlässt er das Gebiet 1908 dem belgischen Staat, es wird zur Kolonie Belgisch-Kongo.

1914–1918 Im Ersten Weltkrieg überrennen deutsche Truppen Belgien. An der Ijzer wird der Vormarsch gestoppt, vier Jahre Stellungskrieg kosten Zehntausende Soldaten das Leben, Ieper und Diksmuide werden völlig zerstört.

1919 Das allgemeine Wahlrecht wird eingeführt.

Ein amerikanischer Panzer in Bastogne erinnert an die Schlacht in den Ardennen

1934 König Albert I. kommt bei einer Klettertour bei Namur ums Leben. Sein Nachfolger wird Leopold III.

1935 Königin Astrid, Gemahlin Leopolds III., stirbt bei einem Autounfall in der Schweiz.

1940–1944 Erneute Besetzung Belgiens durch deutsche Truppen. König Leopold III. kapituliert, weigert sich, ins Exil zu gehen, und wird interniert. In der Ardennenoffensive versucht die deutsche Wehrmacht vergeblich den Vormarsch der Alliierten zu stoppen, Belgien wird befreit.

1946 Fragen zur Vergangenheitsbewältigung und der flämisch-wallonische Konflikt beherrschen die Nachkriegsjahre. 184 000 Personen werden wegen Kollaboration mit den Deutschen vor Gericht gestellt, 30 000 verurteilt, an 200 Todesurteile vollstreckt.

1949 Belgien tritt der NATO bei.

1950 Leopold III. dankt ab. Sein Sohn Baudouin besteigt 1951 den Thron.

1957 Belgien tritt der EG bei.

1963–1993 Die Sprachgebiete für die niederländische, französische und deutsche Sprache sowie des zweisprachigen niederländisch-französischen Brüssel werden festgelegt, Belgien wird zu einem Bundesstaat mit föderativer Staatsform.

1991 Per Gesetz wird die Thronfolge auch weiblichen Mitgliedern des Königshauses ermöglicht.

1993 Nach dem plötzlichen Tod König Baudouins geht die Krone an dessen Bruder, Prinz Albert.

1996 Festnahme des mutmaßlichen Kinderschänders und Mörders Dutroux. In Zusammenhang mit dem Fall fordern 300 000 Menschen beim »Weißen Marsch« in Brüssel Reformen von Justiz und Polizei.

1999 Vermählung des belgischen Kronprinzen Philippe mit der Adligen Mathilde d'Udekem d'Acoz.

2001 Pleite der belgischen Fluggesellschaft SABENA.

2003 Vermählung des jüngsten Königssohnes, Prinz Laurant, mit der bürgerlichen Claire Coombs.

2004 Acht Jahre nach seiner Festnahme wird dem mutmaßlichen Kinderschänder und Mörder Marc Dutroux in Arlon der Prozess gemacht.

DER SPRACHENSTREIT – NICHT NUR STREIT UM DIE SPRACHE

›DG‹ als Nationalitätskennzeichen an einem ausländischen Auto – das war Düsseldorfer Polizisten bei einer Kontrolle im Jahr 2003 äußerst suspekt. Man wusste nicht, wie man den Motoristen ansprechen sollte, doch der kam ihnen zuvor, in perfektem Deutsch. Der Mann war Belgier, Mitglied der Deutschsprachigen Gemeinschaft Belgiens. Und der Aufkleber ›DG‹ war Teil einer Kampagne der Regierung ebendieser rund 70 000 Köpfe umfassenden Minderheit um mehr Autonomie.

Die Deutschsprachige Gemeinschaft ist neben den Wallonen und Flamen die dritte und kleinste offizielle Sprachengemeinschaft Belgiens. Probleme hat der König mit seinen deutschsprachigen Untertanen nicht, im Gegenteil, sie zählen zu seinen treuesten Untertanen, wohingegen es zwischen den niederländischsprachigen Flamen und den französischsprachigen Wallonen ständig knistert und knirscht. Wer einen Wallonen auf Niederländisch oder einen Flamen auf Französisch anspricht, kann nicht unbedingt eine freundliche Antwort erwarten. Während rund 70 % der Flamen vorgeben, Französisch zu sprechen, können sich nur 38 % der Wallonen mit ihren Landsleuten auf Niederländisch unterhalten. Doch dieses Problem ist das geringere des Sprachenstreits. Ihm liegt vielmehr ein im Laufe der Geschichte gewachsener Zwist zugrunde, der sich über kulturelle, ökonomische und politische Bereiche erstreckt und den zu überwinden es dem Staat Belgien bisher nicht gelungen ist. Zeit seines Bestehens ist Belgien geteilt, heute mit einer präzise festgelegten Sprachengrenze, die sich quer durch das gemeinsame Königreich zieht.

Die Teilung reicht bis ins 5. Jh. zurück, als die sesshaft gebliebenen Römer den Norden des heutigen Gebietes von Belgien zugewanderten Germanen überließen. Die Flamen, Brabanter und Limburger im Norden blieben kulturell und sprachlich mit den Niederlanden verwachsen, während die Wallonen im Süden sich den Franzosen verwandt fühlen.

Vom 17. bis ins beginnende 19. Jh. war in Flandern Französisch die Sprache der herrschenden Schicht, das ›Volk‹, also die Bauern und Handwerker, sprach niederländisch-flämische Mundarten. Die Oberschicht sprach Niederländisch allenfalls »*aux animaux et aux domestiques*«, also mit Getier und Gesinde, und nur wenn es sich gar nicht vermeiden ließ, wurden Schriftstücke auf »Nederduytsch«, sprich Niederländisch, abgefasst.

Nachdem während der Herrschaft des unbeliebten Oranierkönigs Wilhelm I. über das Gebiet Belgiens von 1815 bis 1830 Niederländisch bevorzugt wurde, legte Belgien bei der Staatsgründung 1831 in der Verfassung Französisch als die einzige offizielle Sprache fest – man war empfindlich geworden gegenüber allem Niederländischen. Dabei wurde schlichtweg ignoriert, dass über die Hälfte des belgischen Volkes nur Niederländisch sprach. Wurde in Flandern bei Gericht verhandelt, so in Französisch. In Gymnasien und Universitäten wurde in Französisch gelehrt – das halbe Volk Belgiens war bei jeglicher Amtshandlung einer Sprache ausgesetzt, die es nicht verstand. Damit gab man sich in Flandern nicht zufrieden, der Kampf für die sprachliche Gleichberechtigung des Niederländischen setzte ein.

1840 richteten 100 000 Belgier eine Petition an das Parlament, in der sie forderten, bei amtlichen Handlungen im flämischen Belgien »Nederduytsch« zu verwenden – ohne Erfolg. Schließlich wurde unter dem Druck der Flamen ab 1873 in ihrem Landesteil Niederländisch in Verwaltung, Justiz und Unterricht akzeptiert. Die belgische Abgeordnetenkammer indes tat sich weiterhin schwer. Noch 1889 kam es zum Eklat, als sich ein Abgeordneter anmaßte, vor der Kammer flämisch zu sprechen. Und selbst nachdem man 1898 die französische und die niederländische Sprache bei amtlichen Verkündigungen gleichgestellt hatte – selbst der König hat seitdem seinen Eid in beiden Sprachen zu leisten – wurde im Parlament nur Französisch akzeptiert – bis 1936.

Immer wieder kam es aufgrund der Gegensätze zu Reibereien bis hin zu starken Bestrebungen nach völliger Autonomie. Als sich während des Ersten Weltkrieges herausstellte, dass der überwiegende Teil der einfachen Frontsoldaten Flamen war, die Offiziere aber zumeist Wallonen, erhielt die Flämische Bewegung Aufwind. Flämisch-nationalistische Aktivisten kooperierten mit den deutschen Besatzern, welche die Hoffnung schürten, Flandern zur Autonomie zu verhelfen.

Nach dem Zweiten Weltkrieg verschärfte sich der Konflikt, da die Vertreter Flanderns zunehmend auf der genauen Einhaltung der Sprachgesetze bestanden. Das führte im Jahr 1962 zur Festlegung der Sprachgebiete. Erst seit jenem Jahr existiert neben dem französischen Text des Strafgesetzbuches auch eines in Niederländisch. Übrigens: Flamen und Niederländer haben die gleiche Sprache, das *Algemeen Nederlands*, das wurde 1980 amtlich zwischen den Königreichen der Niederlande und Belgien im Vertrag zur Sprachunion festgesetzt.

Mit der Festlegung einer föderativen Staatsform tat man schließlich 1993 einen weiteren Schritt, um eine verbesserte Souveränität der gegensätzlichen Regionen herzustellen. Doch kommt es auch jetzt noch immer wieder zu Reibereien. So löste 2003 ein Streit über die Frage des nächtlichen Flugverkehrs über Brüssels Umland, unter dem vor allem die Flamen zu leiden hatten, eine Regierungskrise aus. Da die verantwortliche Verkehrsministerin, Mitglied der französischsprachigen Grünen, es unterließ, eine beschlossene Änderung der Flugrouten durchzusetzen, die dann auch die französischsprachige Bevölkerung der Gegend aus dem Schlaf schrecken würde, entzog ihr der belgische Premierminister die Zuständigkeit – die entnervte Ministerin trat zurück.

Kultur und Leben

Lier an der Nete mit der gotischen
St. Gummarus-Kirche

BELGISCHE LEBENSART

Homo belgicus – der Belgier an sich

Er ist Flame, Wallone oder Brüsseler, oder Angehöriger der Deutschsprachigen Gemeinschaft – und er ist Belgier. Oder doch nicht? »Es gibt keine Belgier«, hat der sozialistische Deputierte Jules Destrée 1919 seinem König in Anspielung auf die verschiedenen Volksgruppen wissen lassen. Nicht berücksichtigt hat er dabei offenbar die besondere Mischung aus Individualisten, glühendem Nonkonformisten, Selbstironiker, notorischem Obrigkeitsgegner, kreativem Pragmatiker, Lebensgenießer und mild gestimmtem Augenzwinkerer, die den Bewohner des Königreiches zu einer besonderen Spezies macht – zum *Homo belgicus.*

Schon der erste König der Belgier, der einzige, der selbst kein Belgier war, soll anfangs der Meinung gewesen sein, »ein praktisch unregierbares Volk« zu regieren. Doch ließ er zugleich den Belgier in sich durchblicken: »Mit etwas gutem Willen von beiden Seiten wird es schon gehen.«

Sich mit einer Region zu identifizieren fällt dem Belgier leicht, nicht jedoch, wenn es um den Staat geht. Die Staatsverdrossenheit hat tiefe Wurzeln, war das belgische Territorium doch von Römern, Franken, Germanen, Normannen, Franzosen, Burgundern, Spaniern, Österreichern, Niederländern und Deutschen besetzt. Und auch heute erscheint vielen Belgiern das Land wie von einer fremden Macht besetzt, nämlich von ihrem eigenen Staatsgebilde mit einem undurchdringlichen Dschungel aus Gesetzen, Verordnungen und Verwaltungsstrukturen, die nur dazu da zu sein scheinen, ihnen das Leben unnötig zu erschweren. Dass der Belgier dennoch irgendwie mit alldem zurechtkommt, liegt an Eigenschaften, die er sich im Laufe der Evolution unter dem Selektionsdruck der Anwesenheit fremder, häufig wechselnder Mächte erworben hat.

Würden Forscher die Gene von Belgiern durchforsten, sie stießen gewiss auf eines für Kompromissfähigkeit, auf ein anderes für Gelassenheit, und auf eines für die Auffassung, dass alles, was nicht ausdrücklich verboten ist, erlaubt ist, und dass dieses Reservoir auch durchaus ausgeschöpft werden kann. Oft sogar über den Rand der Legalität, will man unter den Okkupanten überleben. Zudem hat es sich in der historischen Nische belgischen Daseins bewährt, bei der Abgrenzung eigener Freiräume nicht unbedingt auf bestehendes Recht zu pochen und sich stattdessen lieber irgendwie zu arrangieren. Der Belgier stellt sein Licht nicht unbedingt unter den Scheffel. Man diskutiert und sucht den Kompromiss, zwingt anderen nicht seine Meinung auf, man kann über sich selber lachen, und man trägt Kleidung nicht, um seinen Status herauszukehren, man fällt nicht gern auf. Auf mindestens zwei Dinge legt der Belgier jedoch großen Wert – auf gutes Essen und sein individuelles Glück.

Karneval und Ommegang – Feste, Brauchtum, Religion

Im lebensfrohen Belgien wird kaum eine Gelegenheit ausgelassen, ein Fest zu feiern, Umzüge, Prozessionen, Jahrmärkte und Volksfeste haben eine lange Tradition.

Die fünfte Jahreszeit, der **Carnaval**, wird in Ronse schon im Januar eingeleitet, wenn die Jecken ihre Kostüme aus den Kisten holen, um am ›Narrenmontag‹ nach Dreikönig durch die Straßen zu ziehen. Rheinländisch eingefärbt, mit Prinz und Elferrat, ist das Karnevalstreiben im nahe Deutschland gelegenen Eupen. Besonders berühmt für ihren traditionellen Karneval sind Binche und Malmédy. Die vier Tage währenden Festivitäten in Binche haben ihren Höhepunkt im Auftritt der *Gilles* am *Mardi gras,* dem Karnevalsdienstag. Die in farbenprächtige Kostüme gekleideten Figuren müssen 24 Stunden zum Rhythmus von Trommeln und Tuba tanzen. In Stavelot ziehen zur Mittfastenzeit, an *Laetare* (dritter Sonntag vor Ostern), die *Blancs Moussis*, mit Schweinsblasen bewaffnete Narrenfiguren, die Zuschauer in ihren Bann. Auch der *Cwarmê*, der traditionelle Malmedier Karneval, hat seine typischen Figuren. Die *Trouv'lê* ergreifen samstags die Macht über die

Die Schlacht bei Waterloo wird jedes Jahr nachgestellt

Stadt, sonntags treiben die *bânes corantes* in den Straßen Schabernak mit den Passanten, montags zieht man im Straßentheater über lokale Ereignisse her, und dienstags erscheinen die mit Zweispitz und braunsamtenen Kostümen gekleideten *Haguètes* mit riesigen Zangen, mit denen sie Zuschauer festhalten, bis diese um Vergebung bitten.

Einzigartig ist der **Ommegang,** der alljährlich am ersten Donnerstag im Juli auf der Grand-Place in Brüssel abgehalten wird. Dabei lassen der Adel des Landes, Vertreter der Gilden, Wappenträger, Reiter, Stelzenläufer und Fußvolk den 1549 zu Ehren Kaiser Karls V. und dessen Thronfolger veranstalteten prachtvollen Umzug wieder aufleben.

In einem Land, in dem fast 90 % der Bewohner katholisch sind, ist es natürlich, dass sich die Verehrung Christi in zahlreichen beeindruckenden Prozessionen niederschlägt. Der größte, Tausende von Besuchern aus aller Welt in den Bann ziehende Umzug ist die **Heilig-Blut-Prozession** (Christi Himmelfahrt) in Brügge. Zahlreiche Fußgruppen und Schauwagen stellen Szenen der biblischen Geschichte dar, und zum Schluss wird ein Reliquienschrein mit dem Blut des Gekreuzigten durch die Straßen getragen. Bei der **Veurner Bußprozession** am letzten Sonntag im Juli ziehen unter dem fortwährenden Klang der Totenglocke Hunderte in dunkle Kutten gehüllte, mit Kapuzen vermummte Büßer mit schweren Holzkreuzen auf den Schultern durch die Straßen. Ist Buße getan und die Glocke verstummt, hebt alsbald auf dem Marktplatz ausgelassene Rummelmusik an, und Groß und Klein stürzen sich ins Jahrmarktvergnügen.

An die glanzvolle Zeit der Burgunderherrschaft erinnert man alle fünf Jahre (zuletzt im Jahr 2000) in Brügge mit dem feierlichen **Prunkzug des Goldenen Baumes**. Die Historie lebt auch alljährlich um den Jahrestag der legendären **Schlacht bei Waterloo** (18. Juni) auf, wenn sich auf den einstigen Schlachtfeldern 800 in historische Uniformen gekleidete Truppen zum *Bivouac Napoléonien* einfinden und mit Platzpatronen aus Vorderlader und Kanonen beschießen. Alle fünf Jahre (nächster Termin 2005) wird das sehenswerte Ereignis mit mehr als der doppelten Anzahl an Teilnehmern abgehalten.

Einen makabren Hintergrund hat das **Kattefest** (alle drei Jahre, zweiter Sonntag im Mai, zuletzt 2003) in Ieper. Es erinnert an die grausige Beweisführung des Grafen Boudewijn III., der lebende Katzen vom Rathausturm werfen ließ, um dem Aberglauben entgegenzuwirken, dass die Tiere des Teufels und deshalb unsterbliche Wesen sind. Heute wirft man bestenfalls Plüschkatzen vom Turm und widmet sich den Schmusetierchen auf dem Fest in aller Liebe mit einem großen Umzug.

In Ath feiert man Ende August die **Kirmes der Riesen** (*ducasse*). Dann ziehen Goliath, Samson, Ambiorix und die vier Haimonskinder auf dem Pferd Bayard, alle mehrere Meter hoch, durch die Stadt. Goliath wird zwar von David besiegt, heiratet dann aber doch am Ende des Festes seine Madame.

KUNST UND KULTUR

Architektur und Malerei

Auf dem Gebiet Belgiens findet sich ein reiches, besonders in **Architektur** und **Malerei** ausgeprägtes kunsthistorisches Erbe. Während der Herrschaft der Burgunder im 14./15. Jh. erlangten die flämischen Städte eine enorme wirtschaftliche Blüte. Wohlstand und Macht wollten repräsentiert sein, und so kündeten bald imposante, in Überschwang dekorierte flamboyant-gotische Rathäuser wie die von Brügge, Gent und Oudenaarde vom Städtestolz. Hoch emporragende Belfriede, Symbole selbstbewussten Freiheitsstrebens, bildeten in Gemeinschaft mit den monumentalen Gotteshäusern weithin sichtbar die markanten Silhouetten der Städte. Riesige Lakenhallen wie die 132 m lange am Grote Markt in Ieper, und geräumige Fleischhallen, wie sie noch heute in Gent und Antwerpen erhalten sind, zeugen von der einst prosperierenden Wirtschaft. Nicht minder eindrucksvoll sind die in den verschiedenen Stilrichtungen erbauten Zunft- und Herrenhäuser, Statussymbole von Kaufmannschaft, Handwerk und Stadtpatriziat.

Wohlstand begünstigte zudem die Entfaltung der Malerei. Zur herausragenden Künstlerpersönlichkeit des 15. Jh. wird **Jan van Eyck** (um 1390–1441), dem die Entwicklung der Öltechnik zugesprochen wird. Seine Bilder zeichnen sich durch eine besonders wirklichkeitsgetreue Darstellung aus. Sein Hauptwerk ist der gemeinsam mit seinem Bruder **Hubert van Eyck** geschaffene berühmte ›Genter Altar‹ (s. S. 105 ff.). Zu den Meistern dieser Altniederländischen Malerei zählt auch **Rogier van der Weyden** (um 1400–1464), der u. a. die Herzöge von Burgund porträtierte.

In Brügge schuf der aus Seligstadt stammende Maler **Hans Memling** (1430–95) Gemälde religiösen Inhalts wie den ›Ursulaschrein‹ und die ›Mystische Vermählung der Heiligen Katharina‹, beide im Brügger Memling-Museum ausgestellt.

Zum bedeutendsten flämischen Maler des 16. Jh. und Stammvater einer großen Malerfamilie wurde der in Antwerpen und Brüssel arbeitende **Pieter Bruegel der Ältere** (um 1525–69). Seine faszinierenden Landschaftsgemälde übten einen prägenden Einfluss auf die niederländische Landschaftsmalerei aus. Seine mit derbem Witz karikierenden Darstellungen volkstümlichen und bäuerlichen Lebens brachten ihm den Namen ›Bauernbruegel‹ ein. Sein Sohn, **Jan Bruegel** (1568–1625), erwarb sich als Maler farbenprächtiger Blumenstillleben einen Namen.

Zu den bedeutendsten Malern Belgiens zählt **Peter Paul Rubens** (1577–1640) aus Antwerpen. Rubens, der während eines Aufenthaltes in Italien stark von der Malerei des römischen Frühbarock und der Renaissance (Leonardo da Vinci, Michelangelo) inspiriert wurde, trug mit seinen vitalen, leuchtenden Farben, einer plastischen Körperlichkeit und betonter Sinnlichkeit

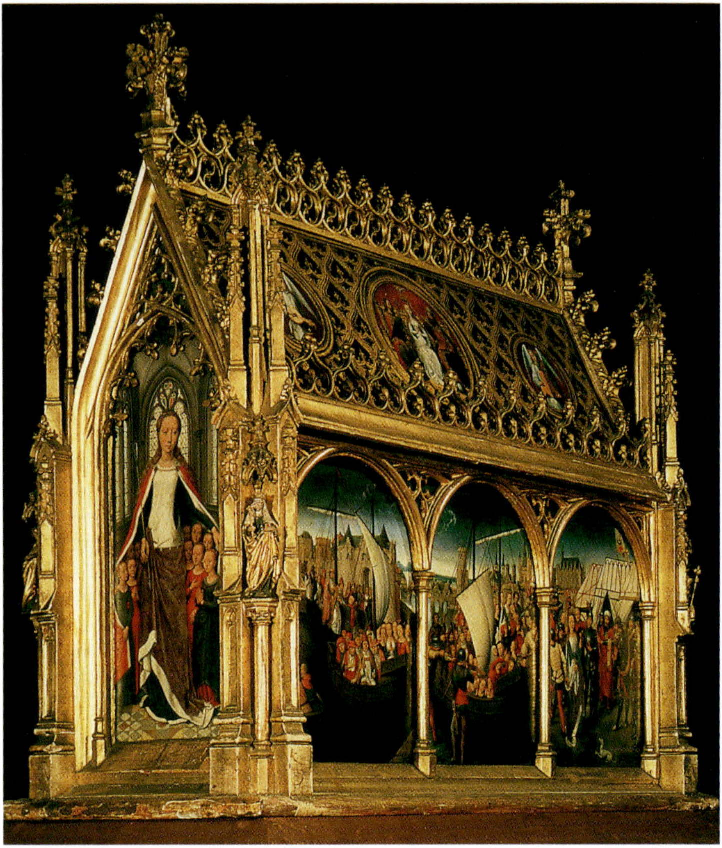

Meisterwerk gotischer Malerei: der Ursulaschrein von Hans Memling

seiner Figuren die flämische Barockmalerei in neue Höhen. Beispiele seiner überragenden Kunst sind die Altartafeln in der Kathedrale zu Antwerpen.

Das 19. Jh. brachte **Fernand Khnopff** (1858–1921), einen bedeutenden Symbolisten, und den Oostender Maler **James Ensor** (1860–1949) hervor, dessen Werk wegweisend wurde für den Surrealismus und Expressionismus. Bekannte Vertreter surrealistischer Malerei Belgiens sind **René Magritte** (1898–1967) und **Paul Delvaux** (1897–1994).

1948 schlossen sich Künstler aus Kopenhagen, Brüssel und Amsterdam, darunter der Belgier Willem Corneille, zur Gruppe **CoBrA** zusammen. In ihren an den Expressionismus anknüpfenden Arbeiten schöpften sie aus naiver Volkskunst und Ausdrucksarten früher indianischer und afrikanischer Kulturen sowie der malerischen Ausdrucksweise geistig Erkrankter.

Literatur

Auf dem seit Jahrhunderten sprachlich in Niederländisch und Französisch zweigeteilten Gebiet Belgiens nimmt auch die Literatur eine getrennte Entwicklung. Während die flämischen Verseschmiede und Schreiber ihre Werke seit dem Mittelalter um Tradition und Geschichte Flanderns zentrieren und in niederländischer Sprache abfassen, stellt sich die französischsprachige Literatur vor der Gründung Belgiens als Teil der französischen Literatur dar.

Eines der ältesten flämischen Werke ist ›De Rijmbijbel‹ aus dem 12. Jh. von Jacob de Costere (alias **Jacob von Maerland**). Aus jener Zeit stammt auch das mittelalterliche Tierepos ›Van den vos Reinaerde‹ (Reineke Fuchs), das Einzug in die sozialkritisch-satirische Literatur anderer Länder fand. Zu den mittelalterlichen französischsprachigen Schreibern des belgischen Raumes zählt der Chronist des Hundertjährigen Krieges, **Jean Froissart** (1337–1400).

Als nach der Unabhängigkeit Belgiens das flämische Bewusstsein erstarkte, thematisierte der Antwerpener **Hendrik Conscience** (1812–83) in seinem 1838 erschienenen Historienroman ›De leeuw van Vlaanderen‹ (Der Löwe von Flandern) die legendäre ›Goldsporenschlacht‹ und schuf damit ein flämisches Nationalepos. Manche flämischen Autoren, so auch **Charles de Coster** (1827–79), schrieben in Französisch. In seinem 1867 erschienenen Roman ›La légende de Thyl Ulenspiegel‹ holt er Till Eulenspiegel nach Flandern.

Zu Belgiens großen Lyrikern der zweiten Hälfte des 19. Jh. zählen der Prister **Guido Gezelle** (1830–99), der sich in seinen Werken mit der Natur, der flämischen Lebensart und Geschichte und religiösen Themen auseinander setzte, und sein Schüler Albrecht Rodenbach (1856–80), während dessen Vetter, **Georges Rodenbach**, mit seinem französischsprachigen Roman ›Bruges-la-morte‹ (›Das tote Brügge‹) Brügge berühmt macht.

Zu Beginn des 20. Jh. trat im Werk von **Stijn Streuvels** (1871–1969), eines Neffen Gezelles, die tiefe Verbundenheit mit Natur und Landschaft zutage, die auch Gezelle empfand.

Felix Timmermans (1886–1947) fand mit seinen Romanen ›Pallieter‹, ›Die sehr schönen Stunden von Jungfer Symforosa, dem Beginchen‹ und ›Das Jesuskind in Flandern‹ auch in Deutschland starke Beachtung.

Die bekannteste belgische Autorin, **Marguerite Yourcenar** (Marguerite de Crayencour, 1903–87) lebte überwiegend in Frankreich, war jedoch zeitlebens ihrem Geburtsland verbunden. Ihr klassisch-philosophischer Entwicklungsroman ›Die schwarze Flamme‹ erlangte internationales Ansehen. 1980 wurde sie als erste Frau seit 350 Jahren in die erlauchte Pariser *Académie Française* aufgenommen.

ART NOUVEAU

Portale, Balkone und freiliegende tragende Elemente sind häufig aus kunstvollem Schmiedewerk. Die in Ranken und Spiralen auslaufende Linienführung ist durch üppig wuchernde organische Formen aus der Pflanzenwelt inspiriert, Innentreppen sind elegant geschwungen, Flächen oft asymmetrisch gestaltet. Das Dekor der lichtdurchfluteten, in warmen Farbtönen gehaltenen Räume ist bis hin zu den Möbeln sorgfältig und harmonisch abgestimmt. Dies sind Elemente des *Art nouveau*, der französisch-belgischen Variante des Jugendstils.

Der ›Vater des Art nouveau‹ und ihr bedeutendster Vertreter in Belgien ist der Brüsseler Architekt Baron Victor Horta (1861–1947). In Belgiens Hauptstadt können Besucher an zahlreichen Häusern seine überragende Baukunst bewundern. Zu den schönsten zählen die **Magasins Waucquez,** einst Kaufhaus eines Textilgroßhändlers, in dem heute das **Centre Belge de la Bande Dessinée** (Comic-Museum, 20, rue des Sables) eingerichtet ist, das **Hôtel van Eetvelde** (4, av. Palmerston), das luxuriöse **Hôtel Solvey** (224, av. Louise), ein geräumiges Wohnhaus mit kühn geschwungener Fassade, und das in St-Gilles im Süden des Stadtzentrums erbaute Wohnhaus und Atelier Victor Hortas, in dem sich das **Horta-Museum** dem Leben und Schaffen des großen Meisters widmet.

Filigran: Maison Saint-Cyr am Square Ambiorix

Der prominenteste französischsprachige Autor Belgiens ist gewiss der in Lüttich geborene **Georges Simenon** (1903–89), der mit seinem ›Kommissar Maigret‹ Weltruhm erlangte.

Gibt es auch einen Nobelpreisträger unter den belgischen Literaten? In der Tat. 1911 wurde **Maurice Maeterlinck** (1862–1949) für sein französischsprachiges lyrisches, essayistisches und dramatisches Werk mit der renommierten Auszeichnung geehrt. Als nobelpreisverdächtig gilt der flämische Schriftsteller **Hugo Claus** (geb. 1929), dessen Roman ›Der Kummer von Flandern‹ von vielen mit der ›Blechtrommel‹ von Günter Grass verglichen wird. Übrigens: eine Zeit lang gehörte er auch als abstrakter Maler der berühmten Künstlergruppe CoBrA an.

Musik

Denkt man an belgische Musikgrößen, so fällt einem gewiss zuallererst **Jacques Brel** (1929–78) ein mit seinem unter die Haut gehenden Lied ›Ne me quitte pas‹. Die unerreichte Ikone des Chansons hat in der ganzen Welt Konzerte gegeben, doch hat Brel es nie in die amerikanischen Hitlisten geschafft, was seiner Landsmännin **Soeur Sourire** (Jeannine Deckers) mühelos gelang. Ihr Ohrwurm ›Dominique‹ schoss in den 1960ern dort wie der Blitz auf Platz eins der Top Ten. Doch das sind jetzt Oldies. Besonders stolz ist man in Belgien auf einen neuen Star am Musikfirmament, zu dessen Ehrung mit der Goldenen Kamera in Berlin eigens das belgische Prinzenpaar anreiste, auf die ›goldene Stimme‹ Belgiens, **Helmut Lotti**. Der perfekte Elvis-Interpret ist mit seinem Klassik-Pop ein hoch gefeierter Gast in allen großen Konzertsälen der Welt.

Adolphe Sax aus Dinant ist Erfinder des Saxophons, das dem Jazz eine besondere musikalische Ausdruckskraft verleiht. Zu den legendären Jazzern zählt der aus Liverchies stammende Gitarrenvirtuose **Jean-Baptiste ›Django‹ Reinhardt** (1910–1953), der mit Berühmtheiten wie Bill Coleman und Duke Ellington spielte. In die Fußstapfen Django Reinhardts ist der Brüsseler Jazzgitarrist **Philip Catherine** getreten. Jazzgitarre und Mundharmonika sind die Instrumente, mit denen es der in Brüssel aufgewachsene und später in den USA lebende **Jean ›Toots‹ Thielemans** zu Weltruhm brachte. Von ihm stammen der Soundtrack für den Film ›Midnight Cowboy‹ und Musik für die Sesamstraße.

So klein Belgien auch ist, die Rock-, Pop- und Folkszene ist außerordentlich kreativ. International bekannt sind die belgische Lady der Pop-Szene, **Victor**

Festival der Gregorianischen Musik

Ein Ohrenschmaus, den man sich nicht entgehen lassen sollte, ist das regelmäßig Ende Mai von gut zwei Dutzend Chorscholas aus aller Welt in Watou ausgetragene Festival der Gregorianischen Musik. Info: Tel. 04 78/29 23 80, www.cumjubilo.be/festival

Ohne ihn wäre die Musikwelt ärmer: Denkmal für Adolphe Sax, den Erfinder des Saxophons, in seiner Heimatstadt Dinant

Laszlo, und die Antwerpener Rockformation **dEUS**. Eine Milliarde Zuschauer erlebten den Auftritt von **Hooverphonic** mit ihrem Song ›Visions‹ im Jahr 2000 bei der Eröffnungsfeier der Fußballeuropameisterschaft in Brüssel. Die Gruppe **K's Choice** hat sich gleich mit ihrer ersten CD, ›The Great Subconscious Club‹, formidabel im In- und Ausland platziert. Folk von **Laïs**, oft *a capella* und mit Engelstimmen vorgetragen, hat das Frauen-Trio bekannt gemacht, es trat in Frankreich bei Konzerten von Sting als Vorgruppe auf. Auf der Liste hervorragender Gruppen stehen ebenso die Echo-Preisträger **Gentleman.**

Auch die klassische Musik hat hier einen hohen Stellenwert. Der **›Concours Musical International Reine Elisabeth de Belgique‹,** ausgetragen in Brüssel, ist eines der prestigeträchtigsten Musikwettbewerbe der Welt, zu dessen Preisträgern Berühmtheiten wie Vladimir Ashkenazy und Gidon Kremer zählen. Und auch das **›Festival van Vlaanderen‹,** das sich über alle flämischen Provinzen erstreckt, erfreut sich einer überragenden internationalen Reputation (www.festi val.be).

ESSEN UND TRINKEN

Feuerwerke für den Gaumen

85 Sterne, pro Kopf mehr als in allen anderen Ländern Europas, funkeln an Belgiens Feinschmeckerhimmel und weisen Genießern, die sich nach der roten Gourmet-Bibel ›Michelin‹ richten, den Weg in die Genusstempel. Kenner meinen, dass sogar weitaus mehr belgische Restaurants dieses Prädikat verdienten, und so nehmen denn auch im belgischen Restaurantführer ›Lemaire‹ viele andere Restaurants Spitzenplätze ein.

Belgier sind leidenschaftliche Esser, man isst gut und reichlich, was sich in der belgischen Küche, einer gelungenen Symbiose aus flämisch-niederländischer Deftigkeit und französischem Raffinement, niederschlägt.

Gestärkt durch ein üppiges Frühstück mit *Pistolets* (langen Brötchen) und *Croissants*, zu denen sich Eier, Schinken und Konfitüre gesellen, geht man den Tag an. Mittags nehmen viele einfach eine Tüte knuspriggoldene Fritten mit einer von anderthalb Dutzend Saucen in die Faust und heben sich den ausgedehnten Genuss für den Abend auf. Mit Fritten serviert werden auch die auf unterschiedliche Weise zubereiteten *Moules* oder *Mosselen* (Muscheln), etwa *Moules à la creme* (mit Sahne), *Moules aux fines herbes* (mit Kräutern) oder *Moules au vin blanc* (mit Weißwein). Manch anderer nimmt mittags oder abends gerne ein Stündchen Fahrzeit in Kauf, um an das Ziel seiner kulinarischen Wünsche zu gelangen. Nicht nur in Küstennähe findet er dann *Paling in't groen* (jungen Aal in

Kein belgischer Ort ohne Frittenbude

grüner Kräutersauce), fangfrischen Fisch und Meeresfrüchte, aber auch *Watersooi met Kabeljauw* (Fischsuppe). Öfter ist die *Watersooi* jedoch eine kräftige, pikante Hühnersuppe mit einem gehörigen Schuss Sahne. Deftig-kräftig ist auch *Stoemp*, ein Kartoffel-Gemüse-Brei mit gebratenem Speck, oder *Soupe aux pois Bastognarde* (Erbsensuppe mit Ardenner Eisbein und Ardenner Schinken).

Mit Bier kochen? Wird der köstliche Gerstensaft da nicht zweckentfremdet? Nicht in Flandern, wo Delikatessen wie *Stoofkarbonaden* (geschmortes Rindfleischragout), *Lapin à la Trappiste à prônes* (Karbonade mit Trappistenbier und Backpflaumen) und *Vlaams konijntje* (Kaninchen) mit Bier verfeinert werden. Ähnlich verfeinert man die *Limburgse Karbonaden* mit Rotwein und *een drepske* – einem Tröpfchen – Hasselter Genever. Hopfen findet man nicht nur im Bier: In der Gegend von Poperinge kommt er als köstliches Gemüse auf den Tisch.

In Brüssel findet man natürlich die lokalen Spezialitäten des ganzen Landes, doch hat die Metropole auch ihre eigenen. Dazu zählen die besonders zarten Brüsseler Hähnchen, *Chicons* (Endivie) und *Witlof* (Chicorée mit Schinken und Käsesauce). Geschmort findet man Chicorée bei Fasan nach Brabanter Art wieder. Lokale Kreationen sind zudem der nach Mechelener Art zubereitete Spargel, Kalbsniere nach Lütticher Art, und die nach Art von Visé erst gekochte und dann gebratene Gans. Aus den Ardennen kommen der *Jambon d'Ardenne* (Ardenner Räucherschinken), meist hauchdünn geschnitten, fangfrische Flussforellen und zur Jagdsaison Wild.

Zwischen den Mahlzeiten bekämpft man den Appetit bei einem Tässchen Kaffee mit Flämischer Apfeltorte, Brüsseler Waffeln, *Smoutebollen* (Krapfen) oder *Kletskoppen* (zartes Buttergebäck). Oder man fällt in eine der zahlreichen *Chocolaterien, Confiserien oder Crêperien* ein, um sich an köstlichen hausgemachten Pralinen, *Babelutten* (einer Art Karamelbonbon) oder hauchdünnen *Crêpes* zu versündigen.

Nationalgetränk ist – wie sollte es bei landesweit über 500 Biersorten auch anders sein – das Bier (s. S. 42). Belgische Biere können säuerlich, herb, würzig oder süß sein, sind hell, braun bis schwarz oder rot – es bedarf einiger ›Testreihen‹, um das für sich ideale Bier zu entdecken.

Kulinarische Einkaufstipps

Favoriten unter den kulinarischen Souvenirs sind Pralinen, die allerdings gut gekühlt bleiben müssen. Auch Ardenner Schinken, einer der Klosterkäse Belgiens oder ein Fläschchen Genever sind zu empfehlen. Dazu passen natürlich die belgischen Biere. Ein originelles Mitbringsel ist eine Palette verschiedener Biere, die man in einem der zahlreichen Bierläden selbst zusammenstellt oder hier und da als ›Ein halber Meter Bier‹ – ein Sortiment verschiedener Biere in einem halbmeterlangen Holzgestell – kaufen kann. Eine Auswahl der passenden Biergläser würde die Sache perfekt machen!

Auf dem Marktplatz von Diksmuide

Caroline
FOTO FILM
Coca-Cola

DIE GROSSE VIELFALT – BELGISCHE BIERE

Von der ›Verboden Vrucht‹ zu kosten wird in Belgien durchaus nicht als Sündenfall betrachtet, sich dem ›Delirium Tremens‹ hinzugeben muss nicht im Säuferwahnsinn enden, und beim Genuss eines ›Mort Subite‹ ereilt einen gewiss nicht, was das Etikett androht – nämlich ein plötzlicher Tod. Wenngleich auch zu viel des Guten mit Sicherheit zu einem mittelschweren Kater führen wird. Denn die Rede ist hier von drei der über 500 belgischen Biersorten, in denen sich die Fülle bewährter mittelalterlicher Braukunst und neuzeitlicher Experimentierfreude offenbart.

Verfechter des deutschen Reinheitsgebots wird es in Belgien gewiss grausen, belgische Bierbrauer sind nämlich nicht pingelig mit dem Einsatz unterschiedlichster Ingredienzien. Wenn es darum geht, die Geschmacksknospen zu kitzeln, dem Auge mit Farbe und dem Riechorgan mit Aroma zu schmeicheln, wird mit Früchten oder Gewürzen nicht gegeizt. Nehmen wir beispielsweise das rosarote **Kriek:** Es wird mit Kirschen angesetzt. Oder das **Framboise**, ein mit Himbeeren vergeistigtes Bier. Beide Biere sind die fruchtigen Abarten des **Lambic,** und das ist eine Marke für sich. Der Gärungsprozess dieses Bieres wird dadurch eingeleitet, dass man das Braugut einfach eine Nacht unter den geöffneten Dachluken der Brauereien an der Luft stehen lässt. Es muss allerdings die Brüsseler Luft sein, denn nur in der Dunstglocke der Metropole und ihrer näheren Umgebung geistern der besondere, zur Gärung benötigte Mikroorganismus *Brettanomyces bruxellensis* und seine Schwester, *Brettanomyces lambicus,* in der Luft herum. Die anschließende Reifung im Eichenfass dauert zwischen einem halben und zwei Jahren und wird schließlich in der Flasche vollendet. Doch Lambic kann noch mehr. Mit Kandiszucker gebraut, wird es zum **Faro.** Werden Lambics alter und junger Jahrgänge zusammengeschüttet und zur Nachgärung in dickwandige Flaschen gefüllt, wird das zum perlenden **Gueuze,** dem Champagner unter den belgischen Bieren mit dem typisch säuerlichen Geschmack. Die traditionell gebraute Gueuze hat fast schon Seltenheitswert, wird aber in der kleinen Brauerei Cantillon in der RueGheude in Anderlecht noch hergestellt.

Urtypisch belgisch, schwarz wie die Nacht und mit bis zu über 10 % Alkohol ausgestattet sind die **Trappisten,** obergärige Biere, die von Mönchen in den Gemäuern von Klöstern und Abteien gebraut werden. Weltweit dürfen sich nur sechs Biere mit dem Namen des Mönchsordens schmücken, drei (St. Sixtus aus Westvleteren, Westmalle, Achel) stammen aus dem nördlichen, drei (Chimey, Orval, Rochefort) aus dem südlichen Landesteil Belgiens. Gleichartiges Bier, das im Auftrag der Abteien aus gewöhnlichen Brauereien stammt, darf sich immerhin ›Abteibier‹ nennen.

Am besten schmecken die Biere, darauf schwört der belgische Bierkenner Stein und Bein, aus ihren speziellen Gläsern. Trappistenbiere beispielsweise werden aus großen, Kognakschwenkern ähnlichen Gläsern getrunken, **Kwak** hingegen aus dem 1,2 Liter fassenden ›Chevalier‹, einem hohen Glas, das aus einer Kreuzung zwischen Eieruhr und Blumenvase hervorgegangen zu sein scheint und große Mühe hat, alleine zu stehen. Daher wird das Glas mittels eines speziellen Holzgestells lotrecht gehalten. Kwak-Gläser sind begehrt, nur zu gern lässt der eine oder andere Zecher eines mitgehen. In der urgemütlichen Schänke ›Dulle Griet‹ am Genter Freitagsmarkt wird dem Gast deshalb als Pfand ein Schuh abverlangt, der in einem Drahtkorb an die Decke gehängt wird, bis der Zecher seinen Durst gelöscht und das Glas wieder unversehrt herausgerückt hat.

Um 1900 gab es in Belgien mehr als 3500 Brauereien, fast jedes Dorf hatte seine eigene, manches sogar zwei. Jetzt sind es immerhin noch über hundert. Übrigens: Man muss in Belgien nicht unbedingt von Ort zu Ort fahren, um die Bekanntschaft mit möglichst vielen lokalen Bieren zu machen, denn etliche Kneipen halten 60 bis 80 – das ›Brugs Beertje‹ in Brügge sogar 300 – verschiedene Biere für ihre Gäste bereit. Wer dem belgischen Hopfen und Malz so richtig auf den Grund gehen möchte, kann sich zunächst in einem der Biermuseen, etwa im Brouwershuis und im Gueuze-Museum in Brüssel oder im Brauereimuseum in Leuven, mit der Theorie bekannt machen und die Erkenntnisse dann in einem der Bierseminare praktisch vertiefen – eine gewisse Standfestigkeit vorausgesetzt.

Tipps für Ihren Urlaub

Attraktion für Kinder und Erwachsene:
Krabbenfischer zu Pferd in
Oostduinkerke

BELGIEN ALS REISEZIEL

Pauschal oder individuell?

Wer seinen Urlaub selbst organisieren möchte, findet in Belgien mit zahlreichen Möglichkeiten zum Übernachten und touristischen Angeboten vor Ort gute Voraussetzungen. Daneben gibt es aber auch günstige Pauschalangebote und Arrangements, die sich meist an Besucher mit bestimmten Interessen – oft sportlicher Art – wenden. Beispiel: Toerisme Kortrijk (Tel. 056/ 23 73 71) bietet mehrtägige Arrangements wie ›Radwandern in Tälern von Leie, Schelde und Mandel‹ oder ›Grenzenlos genießen längs der Leie‹.

Ferienhäuschen, B&B oder Hotel?

Wo schlägt man als Besucher des Königreichs sein Nachtlager auf? Das Angebot ist enorm. In der Natur bieten rund 500 **Campingplätze** Platz für Zelt oder Camper. Auf vielen Campingplätzen und in Freizeitzentren Flanderns, vorzugsweise an Wander- und Radwanderrouten, befinden sich zudem schlichte und kostengünstige **Wanderhütten.**

Die gute alte **Jugendherberge** (*jeugdherberg/auberge de jeunesse*), die heute neben Schlafsälen auch über Ein- und Zweibettzimmer verfügt, steht auch älteren Gästen, die sich noch ganz jung fühlen, offen. Komfort mit Federbett und schön gedecktem Frühstückstisch, dabei Land und Leute kennen lernen, zugleich die Reisekasse schonen – **B&Bs** (*gastenkamers/ chambres d'hôtes*) macht's möglich. Für Familien mit Kindern werden **Ferien auf dem Bauernhof** zum besonderen Erlebnis, oder man nistet sich in einem **Ferienhaus**, einer **Ferienwohnung** oder einem Bungalow in einem **Ferienpark** ein, in dem in der Saison haufenweise Sport- und Freizeitaktivitäten angeboten werden. **Hotels**, vom einfachen bis zum Luxus-Hotel, sind übers ganze Land verteilt. Zahlreiche Hotels bieten auch Halb- oder Vollpension oder locken mit lukrativen gastronomischen Wochenenden.

Luxus muss nicht teuer sein

Schon mal in einem der teuersten Luxushotels genächtigt? Die Gelegenheit, zu äußerst reduzierten Preisen in einem solchen zu übernachten, bietet sich in Brüssel, Antwerpen und Lüttich. Aber nur an Wochenenden und in den Ferien, wenn die Geschäftsleute die Städte fluchtartig verlassen und sich in den Hotels gähnende Leere breit zu machen droht.

Nicht versäumen! Touristische Highlights

Ommegang in Brüssel
Blumenteppich auf der Grand-Place in Brüssel

Eine Leidenschaft der Belgier ist das Stöbern auf Flohmärkten

Heiligblutprozession in Brügge
Grotten von Han-sur-Lesse
Krabbenfischen zu Pferde in Oostduinkerke
Freilichtmuseum Bokrijk
Hafenrundfahrt in Antwerpen
Historische Schiffshebewerke am Canal du Centre
Das Hohe Venn

Touristische Routen

Über 60 touristische Routen, jeweils 30 bis 150 km lang, führen durch landschaftlich besonders reizvolle Regionen oder widmen sich jeweils einem regionalen Thema. So liegen auf der Burgenroute (bei Raeren) viele Schlösser und Burgen. Alle Routen sind mit hellen sechseckigen Schildern mit blauer oder weißer Schrift gekennzeichnet, handliche Routenbeschreibungen erhält man bei den Fremdenverkehrsämtern.

Stöbern und Feilschen – Belgische Flohmärkte

Ob Omas Porzellan, abgenutztes Werkzeug, antike Kerzenständer oder kaffeebefleckte Bücher – auf Belgiens **Floh- und Antikmärkten** ist vieles zu finden. Wo und Wann? **Lüttich:** ›La Batte‹, So bis 13 Uhr, Quai Batte. **Tongeren:** So 5–14 Uhr, Stadtmauer. **Brüssel:** tgl. 7–14 Uhr, Place du Jeu de Balle. **Brügge:** Apr.–Okt. Sa 13–17, So 10–17 Uhr, am Dyver. **Antwerpen:** Antiquitätenmarkt am Lijnwaadmarkt, Kunstmarkt auf dem Dageraadplaats, Ostern bis Sept. Sa. 10–18 Uhr; Flohmärkte am Oud Arsenaalplaats, am Oude Vaartplaats, am Blauwtorenplein, am Graanmarkt, So 9–13 Uhr. **Gent:** Fr, Sa, 7–13, So 9–13 Uhr, um St.-Jacobs.

Urlaub mit Kindern

Herrliche Sandstrände, abenteuerliche Vergnügungs- und Erlebnisparks, Zoos und Tierparks, Höhlen, Museen mit Abteilungen eigens für Kinder – für die Kleinen gibt es in Belgien viel zu sehen und zu erleben. Und was das Essen betrifft – in Belgien wurden die Pommes erfunden!

Im **Boudewijnpark** (Brügge) zeigen Delphine und Seelöwen ihre Kunststücke, die ›Orcaride-Achterbahn‹, ›Freddy, der Hai‹, das Piratenschiff ›Sancta Maria‹ und ein Dutzend weiterer Attraktionen bringen Abenteuer und Vergnügen bis zum Abwinken. Im Tierpark **Planckendael** (Muizen-Mechelen) setzt man mit dem Floß über, es geht in die Baumwipfel und auf den Abenteuerpfad. Im **Bobbejaanland** (Lichtaart) sind Wildwasser- und Achterbahnen, Wellenflieger, Mississippi-Dampfer und die Indianerausstellung nur einige Highlights. Im **Six Flags Belgium** (Wavre) braucht Nerven wie Stahlseile, wer den Dalton-Terror, Fahrten auf der Cobra und ›Die Herausforderung des Tutenchamun‹ bestehen will, und im **Aqualibi** (Wavre) rauscht man auf dem wilden Fluss ›Rapido‹ in die Tiefe des Dschungels.

Vorbereitungen für das Sandskulpturenfestival in Zeebrugge

Sportlich und aktiv

Baden am Meer

Badespaß pur bietet der 67 km lange, fast überall kostenlos und frei zugängliche Sandstrand an der Nordsee. In allen Badeorten sind Strandkörbe, Windschutz, Umkleidekabinen und sogar Strandspielzeug zu mieten. Nacktbaden ist nicht erlaubt. Hunde sind am Strand von De Panne generell und während der Ferienzeit an den Stränden der meisten anderen Badeorte verboten. Am besten man erkundigt sich vor Ort, wann und wo man seinen Vierbeiner mit zum Strand nehmen darf.

Sicherheit beim Baden wird an Belgiens Küste groß geschrieben. Das Baden außerhalb der mit großen Schildern und Bojen markierten Badezonen ist lebensgefährlich und daher grundsätzlich verboten. Innerhalb der Badezonen ist das Baden nur erlaubt, wenn am Strand die grüne Flagge aufgezogen ist, bei roter Flagge herrscht absolutes Schwimmverbot. Flattert die gelbe Flagge, ist erhöhte Vorsicht geboten, Luftmatratzen und Schlauchboote müssen an Land bleiben. Knallorange gekleidete, erfahrene Küstenretter überwachen den Badebetrieb von 10 bis 18 Uhr.

Hohe Stangen am Strand mit großen Figuren (Banane, Haus, Schiff etc.) helfen Kindern, die beim Spielen ihre El-

tern aus den Augen verloren haben, zurückzufinden. Eltern sollten sich daher nach der nächsten Figur umsehen und ihre Kinder darauf hinweisen. Noch besser ist es, wenn sie ihren Kindern das *strandbandje*, ein überall erhältliches Plastikarmband mit dem entsprechenden Symbol, ums Handgelenk binden.

Kanu- und Kajaksport

Aktive Naturerlebnisse bieten Touren mit Kanu oder Kajak auf Belgiens Flüssen. In den **Ardennen:** Auf der Ourthe ist der 21 km lange Abschnitt vom Staudamm Nisramont durch die Hérou-Schlucht bis nach La-Roche-en-Ardenne landschaftlich besonders reizvoll. Auf der Amblève ist es das Stück von Coo bis Targnon-Pont oder Lorcé, und auf der Lesse zwischen Houyet und Anseremme. **In Flandern:** Gut paddeln in schöner Umgebung ist auf der Dommel im Norden Limburgs, auf der Kleinen Nete (von Herentals bis Grobbendonk) und auf der Leie (von Deinze bis Gent). Eine mehrtägige Rundfahrt kann man auf der Ijzer, dem Kanal von Duinkerke und der Lovaart unternehmen. Informationen erhält man bei den Fremdenverkehrsbüros.

Radfahren

Erobern Sie Belgien mit dem Rad! Das ganze Königreich ist kreuz und quer von Radwegen durchzogen. Fahrräder können Sie an vielen Orten leihen. Schwingen Sie sich für eine Tagestour in den Sattel oder machen Sie mehrtägige Radferien von Hotel zu Hotel oder von Bauernhof zu Bauernhof, während die Koffer per Auto nachgeführt werden. Infos: Toerisme OostVlaanderen – TOV Incoming, Woodrow Wilsonplein 3, B-9000 Gent, Tel. 09/267 71 14. Ungebremstes Radfahrvergnügen in der reizvollen Landschaft Flanderns bietet *Vlaanderens Fietsroute,* ein ausgeschilderter Rundkurs von 750 km Länge durch alle flämischen Provinzen. Schilder mit *Landelijk Fietsroute* zeigen, wo's langgeht, wenn man das Ganze verkürzen möchte, oder man zweigt an einem Fahrradknotenpunkt auf eine der zahlreichen anderen Routen ab und stellt seine Tour à la carte zusammen. Topografische Führer für diese Routen gibt es bei den Fremdenverkehrsämtern.

In der Wallonie besteht das RAVEL-Netz von Fahrradwegen, die überwiegend abseits befahrener Verkehrsstraßen Wasserwegen oder stillgelegten Bahntrassen folgen. Information: Ministère de l'Equipement et des Transports, 8, boulevard du Nord, B-5000 Namur, Tel. 081/40 84 80, www.ravel.wallonie.be. Zudem gibt es zahlreiche weitere Routen, über die die lokalen Verkehrsämter informieren.

Mountain-Biking

Mountainbiker kommen besonders in den Ardennen und Ostkantonen auf ihre Kosten. Die MTB-Clubs der Ostkantone haben zahlreiche Rundstrecken unterschiedlicher Länge markiert. Eine topografische Übersichtskarte im Maßstab 1:50 000 für das MTB-Netz von 680 km Länge und 72 Tourenvorschläge kann man beim Verkehrsamt der

Ostkantone, Mühlenbachstr. 2, B-4780 St. Vith, Tel. 080/22 76 64, kaufen.

Wandern

Auf Schusters Rappen über bewaldete Hügel und entlang gewundener Flussläufe durch die Ardennen, etwa auf dem 160 km Fernwanderweg (*sentier de grande randonnée,* kurz GR) ›Transardennaise‹ von La Roche nach Bouillon. Weitere Fernwanderwege wie die Europäischen Fernwanderwege 2 und 3 durchziehen das Land (Info: Les Sentiers de grande Randonnée, B-4000 Liège 1, Tel. 02/465 35 54, www.grsen tiers.org). Wer das flache Land bevorzugt, zieht am besten durch Flandern. In allen Landesteilen informieren die örtlichen Verkehrsämter gerne mit Routenvorschlägen und halten entsprechende Karten bereit.

Segeln, Surfen und Strandsegeln

Segler mit eigenem Boot finden in Oostende, Blankenberge, Zeebrügge und Nieuwpoort geeignete Yachthäfen. Segelboote sind in Oostende oder Nieuwpoort zu mieten.

Surfen kann man an der Küste nur an dafür ausgewiesenen Abschnitten, und nur dann, wenn die grüne Flagge weht.

Mit bis zu 120 Sachen über den Strand flitzen: Die Strände von De Panne und Oostduinkerke sind zum Strandsegeln bestens geeignet. Beim Landes-Strandsegelverein LAZEF, Dynastielaan 18bis, B-8660 De Panne, Tel. 058/41 57 47, kann man's lernen.

Wintersport

Sobald sich die Ardennen in ihrem weißen Winterkleid zeigen, werden dort die Loipen gespurt. Ausgezeichnete Skilanglaufgebiete sind das Hohe Venn, die Gegenden von Malmédy, Bütgenbach, Spa-Francorchamps, die Hochebenen von Baraque de Fraiture und Bastogne und die Gegend von Champlon/Saint-Hubert.

Klima, Reisezeit und -kleidung

Das Wörtchen ›durchwachsen‹ bringt Belgiens Wetter auf den Punkt. In den Ardennen lehrt der Wettergott einen gerne das Fürchten, wenn sich dort bei westlichen Winden abregnet, was sich über dem Atlantik an feuchten Luftmassen angesammelt hat. Das hat auch etwas Gutes, wie Kajakfreaks freudig versichern, denn dann schwellen die Flüsschen an und es ist dort gut paddeln. Wasserdichtes Schuhzeug und Anorak sollte daher stets dabei sein. In Gummistiefeln und Friesennerz ist man auch für schöne Strandspaziergänge an Herbst- oder Wintertagen am Meer gut gerüstet. An der Küste und rund 15 km landeinwärts ist es durch die ›Warmwasserheizung‹ des Golfstroms allerdings allgemein milder und im Sommer oft wolkenfrei. Sommerliche Wassertemperaturen am Meer von bis zu 17°C laden hier zum Bad ein. Dass Belgien auch mit richtigen Sommern aufwarten kann, davon zeugen allerorten gemütliche Terrassencafés, die vom Frühlingserwachen bis in den Spätherbst meist bestens besucht sind.

UNTERWEGS IN BELGIEN

Ein Leitfaden für die Reise und viele Tipps für unterwegs.

Genaue Beschreibungen von Städten und Dörfern, Sehenswürdigkeiten und Stränden, Ausflugszielen und Reiserouten.

Belgien erleben: Ausgesuchte Familienhotels und Pensionen, Cafés und Restaurants, Wanderungen, Boots- und Radtouren.

Brügge, Rathaus

Brüssel und Umgebung

Auf der Grand-Place in Brüssel

Belgien-Atlas S. 233

BRÜSSEL

Ein Bummel über die prunkvolle Grand-Place, durch elegante Ladengalerien, zum Manneken Pis und durch das historische Brüssel rund um den Platz, Besuch des Comic-Museums und des Flohmarkts im alten Arbeiterviertel Marolles, Streifzüge zu Kunstschätzen, Jugendstilbauten und Oldtimer-Autos in der Oberstadt, Abstecher zum weltberühmten Atomium.

Belgien-Atlas: S. 233, F 3/4
Mitten in Belgien liegt die Haupt- und Residenzstadt des Landes, Brüssel. Im Zentrum strahlenförmig zulaufender Fernstraßen und über schiffbare Kanäle mit Maas und Schelde verbunden, verfügt sie über exzellente Verkehrsanbindungen. In der Stadt lebt rund eine Million Menschen, ein Zehntel der Bewohner Belgiens. Fast jeder Dritte ist ausländischer Herkunft – eine wahrhaft internationale, multikulturelle Metropole!

Die politische Situation Brüssels ist verwirrend, haben in der Stadt doch die Regierung des Staates, die der selbstständigen Region Brüssel, die Flanderns und die der Französischen Gemeinschaft das Sagen. Kommt hinzu, dass die Stadt in 19 Gemeinden mit eigenen Obrigkeiten zerfällt. Offiziell ist Brüssel zweisprachig, doch lassen die beiden verfeindeten Volksgruppen kaum eine Gelegenheit aus, sich gegenseitig in ihren Vorhaben zu behindern. Eine unerquickliche Situation, die nicht gerade zu einer harmonischen Stadtentwicklung beiträgt. Und dennoch – irgendwie funktioniert es. Und dann ist Brüssel ja auch noch Hauptstadt Europas mit Sitz der EU-Institutionen.

Diese Institutionen haben die Stadt zu ihrem Nachteil verändert. Historische Prachtbauten wurden von öden Verwaltungsgebäuden und Bürotürmen der supranationalen Behörden verdrängt, das Schlagwort ›Brüsselisierung‹ ist zum Synonym für Stadtzerstörung geworden. Und dennoch, immer wieder blitzt etwas vom anarchischen Charme der Brüsseler durch. Neben gesichtslosen Businessbauten bestehen noble Wohnhäuser, neben luxuriösen Einkaufsgalerien Tante-Emma-Läden und bunte Märkte, neben Gourmettempeln schlichte Tavernen. Man tut gut, sich bei einem Besuch Brüssels auf ein stetes Wechselbad der Gefühle einzustellen.

Geschichte

Auf dem Gebiet Brüssels gibt es Hinweise auf neolithische Wohnstätten, römische Villen und Merowinger-Höfe. Um 580 hat der hl. Géry auf einer Insel der Senne eine Kapelle erbaut. 979 taucht in Dokumenten erstmals der Name *Bruoscella* (›Siedlung im Sumpf‹) auf. Damals belehnte Kaiser Otto II. den Herzog von Niederlothringen mit der Siedlung an der Senne, der dort eine Festung baute und sich niederließ. Während das gemeine Volk in der sumpfigen Unterstadt hauste, errichteten Adel und Klerus alsbald auf den Hügeln des rechten Senneufers ihre Residenzen und Gebetshäuser.

Am Handelsweg zwischen dem Rheinland und England gelegen, als Stadt der Händler, Tuchmacher, Tapisseriefabrikanten und Spitzenklöppler blühte Brüssel bald auf, im 13. Jh. besaß es 30 000 Einwohner. Zentrum des Stadtlebens war der *Nedermerct,* ein trockengelegter Platz, aus dem der Grote Markt (Grand-Place) entstand.

Die Herzöge von Brabant und Luxemburg, die Grafen von Flandern, die Burgunder, die spanischen und österreichischen Habsburger, sie alle fanden Gefallen an der Stadt und nahmen sie zur Residenz. Stolz erbauten die Zünfte um den Grote Markt ihre prächtigen Häuser. Zugleich entfaltete sich ein reiches Kulturleben, das namhafte Künstler wie die Maler Rogier van der Weyden und Pieter Bruegel den Älteren anzog.

1695 versank die Stadt unter dem Donner der Kanonen Ludwigs XIV. in Schutt und Asche. Doch wurden die Prachtbauten in nur wenigen Jahren neu erbaut. Nach dem Fiasko Napoleons bei Waterloo wurde die Stadt bis 1830 zur Residenz der Oranier. 1830 ging das Volk in Brüssel auf die Barrikaden und leitete damit die Entstehung des Königreichs Belgien ein.

1958 lockte die Weltausstellung mit ihrem sensationellen Atomium Millionen von Besucher in die Stadt, ein Jahr darauf wurde Brüssel Sitz der Europäischen Wirtschaftsgemeinschaft (EWG) und der EURATOM, 1967 auch der NATO.

Stadtbesichtigung

Die Grand-Place

Einzigartig in ihrer architektonischen Geschlossenheit und ihrem prunkvollen Gepräge ist die **Grand-Place** [1], Brüssels goldenes Herz. Golden im Wortsinn ist der Fassadenschmuck der barocken und gotischen Prachtbauten, die das Geviert einfassen und besonders in der Abendbeleuchtung den Platz in ein goldenes Licht tauchen. Während hier Jahr für Jahr Millionen Besucher unter den gnädigen Blicken der 137 steinernen Gebieter und Gebieterinnen der Rathausfassade ob des Glanzes staunend umherwandeln, konnte der Prunk die aufständischen Grafen Egmond und Hoorn kaum aufmuntern, als sie 1568 auf dem Platz enthauptet wurden. Karl Marx wiede-

Stadtplan S. 58:

Sehenswürdigkeiten

1 Grand-Place
2 Galeries Royales St-Hubert
3 Théâtre Royal de la Monnaie

4 Place des Martyrs
5 Bourse
6 Manneken Pis
7 Jardin Botanique
8 Centre Belge de la Bande Dessinée
9 Notre-Dame de la Chapelle
10 Cathédrale St-Michel
11 Colonne du Congrès
12 Palais de la Nation
13 Palais Royal
14 St-Jacques-sur-Coudenberg
15 Old England
16 Musée d'Art Ancien und Musée d'Art Moderne
17 Bibliothèque Royale Albert I.
18 Musée des Postes
19 Notre-Dame du Sablon
20 Palais de Justice

Übernachten

21 Le Dixseptième
22 Auberge Saint-Michel
23 Matignon
24 Opéra
25 Noga
26 George V.
27 Barry
28 Jugendherberge Bruegel
29 Jugendherberge Jacques Brel
30 Sleep Well

Essen und Trinken

31 L'Ogenblik
32 Castello Banfi
33 La Tentation
34 Aux Armes de Bruxelles
35 Brasserie Horta
36 't Kelderke
37 Le Falstaff

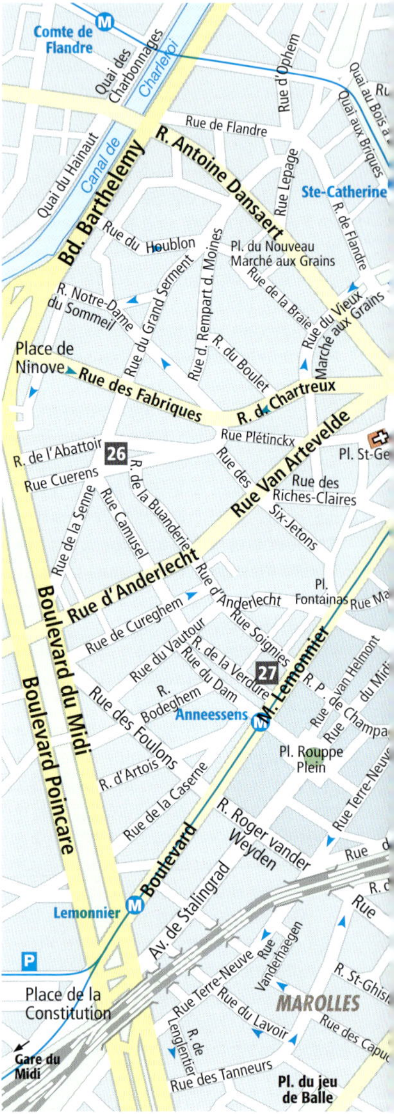

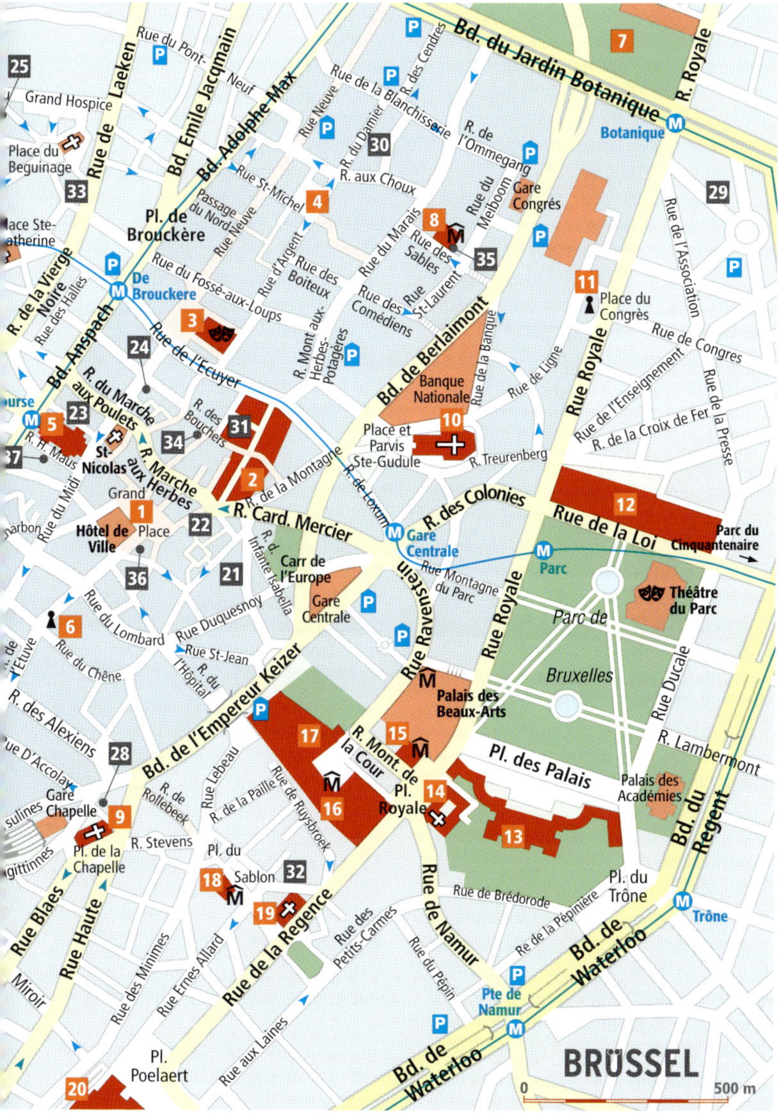
Bd. du Jardin Botanique
R. Royale
Botanique
Rue du Pont-Neuf
Rue de Laeken
Bd. Emile Jacqmain
Bd. Adolphe Max
Grand Hospice
Place du Beguinage
Rue Neuve
R. des Cendres
Rue de la Blanchisserie
R. de l'Ommegang
R. du Damier
R. aux Choux
Rue St-Michel
Passage du Nord
Pl. de Brouckère
Gare Congrés
Rue du Meiboom
Rue du Marais
Rue des Sables
Rue de l'Association
Place Ste-Catherine
R. de la Vierge Noire
Rue des Halles
De Brouckere
Rue du Fossé-aux-Loups
Rue d'Argent
Rue des Boiteux
Rue des Comédiens
Rue St-Laurent
Place du Congrès
Rue de Congres
Bd. Anspach
Rue de l'Ecuyer
R. Mont aux Herbes-Potagères
Bd. de Berlaimont
Rue de la Banque
Banque Nationale
Rue de Ligne
Rue Royale
Rue de l'Enseignement
R. de la Croix de Fer
Rue de la Presse
R. du Marche aux Poulets
R. des Bouchers
Place et Parvis Ste-Gudule
R. Treurenberg
R. H. Maus
St-Nicolas
R. Marche aux Herbes
R. de la Montagne
R. de Loxum
R. des Colonies
Rue de la Loi
Parc du Cinquantenaire
Grand Place
Hôtel de Ville
Rue du Midi
R. Card. Mercier
Gare Centrale
R. d. Infante Isabella
Carr de l'Europe
Rue Montagne du Parc
Parc
Théâtre du Parc
Parc de Bruxelles
Rue Ravenstein
Rue du Lombard
Rue Duquesnoy
Rue St-Jean
R. de l'Hôpital
Rue du Chêne
R. de l'Etuve
R. des Alexiens
Bd. de l'Empereur Keizer
Palais des Beaux-Arts
Rue Ducale
R. Mont. de la Cour
Pl. des Palais
R. Lambermont
Rue D'Accolay
Gare Chapelle
Pl. de la Chapelle
R. de Rollebeek
Rue Lebeau
R. de la Paille
Rue de Ruysbroek
Pl. Royale
Palais des Académies
Bd. du Regent
R. Stevens
Pl. du Sablon
Rue de Namur
Rue de Bredorode
Pl. du Trône
Trône
Rue Blaes
Rue Haute
Rue de la Regence
Rue des Petits-Carmes
Re de la Pépinière
Bd. de Waterloo
Miroir
Rue des Minimes
Rue Ernes Allard
Rue du Pépin
Pte de Namur
Rue aux Laines
Pl. Poelaert
BRÜSSEL
0
500 m

rum, der 1847/48 mit Friedrich Engels im Haus Le Cygne, dem Gildehaus der Metzger, über seinem Kommunistischen Manifest brütete, wird das bourgeoise Gewand der Grand-Place wohl eher in seiner Einstellung zum Kapitalismus bestärkt haben.

Überragt vom 96 m hohen Belfried, mit Ecktürmen, vorspringenden Arkaden und reicher Verzierung mutet das gotische **Rathaus** (15 Jh.) majestätisch an. Nach der infernalischen Kanonade der Stadt durch die Franzosen im Jahr 1695 war es zerstört, nur der Turm blieb, obwohl gerade er den Kanonieren als Zielscheibe diente, unversehrt. Außen einer der prachtvollsten Profanbauten Belgiens, beeindruckt auch das Innere des Rathauses mit kostbaren Brüsseler Tapisserien, Wandvertäfelungen aus edlem Holz und kostbarer Malerei (Führungen in verschiedenen Sprachen, April–Sept. Di, Mi, So; Okt.–März Di, Mi; Zeiten für die Führung auf Deutsch auf Anfrage, Tel. 02/279 43 65).

Gegenüber dem Rathaus beherbergt die **Maison du Roi** das **Stadtmuseum Brüssel,** mit aufschlussreichen Modellen der Stadtanlage, kostbaren Gemälden, Wandteppichen und Fayencen sowie 400 Kleidern des Manneken Pis (Di–Fr 10–17, Sa, So, Fei 10–13 Uhr).

Zu einem malerischen Ensemble treten die Häuser an der Westseite des Platzes zusammen. Mit dem Namen **Le Roi d'Espagne** widmeten die Bäcker ihr kuppelbekröntes Zunfthaus König Karl II. von Spanien. Eine Schubkarre weist das Haus links daneben als das der Händler aus. Das Haus **Le Sac** (Der Sack) war das der Tischler, **La Louve** (Die Wölfin) war Zunfthaus der Bogenschützen, **Le Cornet** (Das Füllhorn), dessen Giebel dem Heck einer Kogge des 17. Jh. entspricht, war das der Flussschiffer und **Le Renard** (Der Fuchs) das Haus der Krämer.

In der Arkade des **Hauses L'Etoile** (Der Stern) links neben dem Rathaus stellt eine liegende Bronzefigur den sterbenden Everard t'Serclaes dar. Er wurde im 14. Jh. während der Verteidigung Brüssels zu Tode gefoltert und erlag in diesem Haus seinen Qualen. Nach dem Volksglauben bringt es Glück, wenn man die Statue berührt. Das **L'Arbre d'Or** (Der Goldene Baum) zwei Häuser weiter war einst die Zunftstätte der Bierbrauer, heute zeigt das **Brauereimuseum** hier alte Brauereigeräte, und es wird – welch Kontrast! – mit High-Tech gebraut. Ein Gläschen Gerstensaft ist im Eintritt inbegriffen und wird in der gemütlichen Schänke kredenzt (tgl. 10–17, Dez.–März Sa, So ab 12 Uhr; Jan.–Juni/Sept.–Dez. 1. Di im Monat geschl.).

Einem italienischen Palazzo gleicht die mit Statuen Brabanter Herzöge geschmückte Fassade der **Maison des Ducs de Brabant.** Dahinter verbergen sich sechs Häuser. In dem sich rechts anschmiegenden Häuschen mit dem **Musée du Cacao et du Chocolat** (Schokoladenmuseum, Di–So 10–17 Uhr) wird der Weg von der Kakaobohne bis zur Schokolade beleuchtet.

Rund um die Grand-Place

›Omnibus omnia‹ – ›Allen alles‹ – verheißt der Wahlspruch über dem Eingang der **Galéries Royales St-Hubert** [2] am

Grasmarkt. König Leopold I. eröffnete die dreigeschossige, mit neoklassizistischen Fassaden, Skulpturen und gewölbtem Glasdach erbaute Ladenpassage 1847. Seitdem reihen sich hier Läden, Cafés und Restaurants, darunter die **Confiserie Neuhaus,** die der Schweizer Apotheker Jean Neuhaus 1857 als ›pharmazeutische Süßwarenhandlung‹ eröffnete. 1912 wurde hier die gefüllte Praline erfunden, und das *ballotin,* die edle Verpackung, dazu.

Von der Galerie gelangt man in die Rue des Bouchers (Metzgerstraße), wegen der rund 80 Restaurants auch ›Bauch von Brüssel‹ genannt. Schon der Anblick der kunstvoll zu Stillleben angeordneten Meeresfrüchte möchte einem das Wasser im Munde zusammenlaufen lassen. Am Ende der Straße stößt man in der Impasse de la Fidelité auf die weibliche Variante des berühmtesten Brüsselers, auf **Janneke Pis.**

In einem der Restaurants speisen und dann ins Theater – so ließe sich hier ein Abend beschließen. Dazu bietet sich das traditionsreiche **Marionettentheater Toone** in der Impasse Schuddeveld 6 an. Oder das **Théâtre Royal de la Monnaie** [3], Brüssels Opernhaus. Berühmtheit erlangte das 1817 errichtete Theater, als am 25. August 1830 während der Vorstellung der Oper ›Die Stumme von Portici‹ in dem Theater der Aufstand ausbrach, der zur Revolution und Gründung des unabhängigen Staates Belgien führte. Imposant ist der große, ovale Theatersaal, ein Prunksaal mit herrlichen Kuppelgemälden.

Durch die **Rue Neuve,** die größte Einkaufsstraße Brüssels, gelangt man zur **Place des Martyrs** [4], einem ruhigen Platz, auf dem die bei den Unruhen 1830 umgekommenen ›Märtyrer‹ ihre letzte Ruhestätte fanden. Auf der anderen Seite der Rue Neuve führt die **Passage du Nord** zur **Place de Brouckère,** einst Wohngegend des gehobenen Bürgertums des 19./20. Jh.

Mächtige Säulen tragen den Vorbau der **Bourse** (Börse) [5]. Am reichen Figurenschmuck soll auch Auguste Rodin gearbeitet haben. Gemütlich ist es nebenan im **Belle-Epoque-Café Le Cirio** (Rue de la Bourse) und im **Art-nouveau-Café Falstaff** (Rue Maus).

Zum Kaffee ins Café Métropole

Genießen Sie die luxuriöse Jugendstil-Atmosphäre des **Café Métropole** an der Place de Brouckère, einer Symbiose aus Grand Café und englischem Herrenclub, bei köstlichem Kaffee und Kuchen.

Art dans le Metro – Kunst in der Metro

Wandgemälde, Mosaike, Reliefs, Deckenskulpturen – in fast allen Metrostationen kann man sich an den Werken zeitgenössischer belgischer Künstler erfreuen. In der Broschüre ›Art dans le Metro‹, kostenlos erhältlich in den Fremdenverkehrsbüros, sind die Kunstwerke beschrieben.

MANNEKEN PIS

Einem steten Blitzlichtgewitter knipsender Touris aus aller Welt ausgesetzt ist der prominenteste Brüsseler – das ewig pinkelnde Bronzemännchen Manneken Pis.

Das nackte Kind ist uralt, es wurde 1619 von dem renommierten Bildhauer Jérôme Duquesnoy d. Ä. gegossen, der sich ansonsten eher auf das Ausschmücken von Gotteshäusern verstand. Doch schon über 200 Jahre davor soll es einen pinkelnden Vorgänger aus Stein gegeben haben. Was sich die Väter von Manneken Pis bei ihrem Schabernack dachten, lässt sich kaum mehr ergründen, deshalb helfen hier zahlreiche wunderliche Geschichten aus. So soll etwa der spätere Gottfried III. von Brabant im 12. Jh. als Knabe von seinem Vater vor der Schlacht bei Ransbeke in einem Korb in eine Eiche gehängt worden sein, von wo er heldenmütig auf den Feind herunterpinkelte. Eine andere Story besagt, das Manneken habe auf die brennende Lunte einer Bombe gepisst, mit der Anarchisten das Rathaus in die Luft sprengen wollten, und die ruchlose Tat damit vereitelt. Kann aber auch sein, dass der Knabe von einer Hexe erwischt wurde, als er gegen ihr Haus strullte, und zur Strafe in Stein verwandelt wurde, sodass er sich nicht mehr heimlich davonmachen konnte.

Einfach ist das Dasein des pausbackigen Knaben nicht. Er wurde schon etliche Male gestohlen, zuletzt 1817 von einem entlassenen Sträfling, der ihn anschließend in Stücke schlug. Der Täter wanderte für etliche Jahre hinter Gitter und von Manneken Pis wurde ein Double aufgestellt. Mittlerweile hat sich ein regelrechter Kult um ihn entwickelt. Man schmeichelt ihm mit über 300 verschiedenen, zum Teil von bedeutenden Persönlichkeiten gestifteten Kostümen und Uniformen, in die er zu entsprechenden Anlässen vom eigens dazu beauftragten ›Gewandmeister‹ gesteckt wird. So schenkte Karl V. ihm ein Festgewand, und Ludwig XV. dekorierte ihn mit einem Brokatrock und dem Kreuz Ludwigs XIV., als Wiedergutmachung für die Entführung der Figur, die seine Soldateska schändlich begangen hatte. Mal trägt er eine Fliegeruniform, mal die eines Wachtmeisters, mal einen Doktorhut, mal verwandelt er sich in Elvis Presley oder Charly Chaplin. Seine gesamte Garderobe, darunter auch eine Uniform, die ihm Erich Honecker geschenkt hat, ist im Musée de la Ville de Bruxelles an der Grand-Place zu bewundern. Immer wieder ziehen vor ihm auch Kapellen auf, um ihm ein Ständchen zu bringen.

Übrigens ist Manneken Pis oder ›Petit Julien‹, wie er von den Frankophonen genannt wird, in Brüssel nicht ganz allein. In der Impasse de la Fidelité stößt man auf sein weibliches Gegenstück – Janneke Pis. Auch wenn der Brüsseler Pinkler der berühmteste ist, landesweit gibt es ein ganzes Quartett. So existiert in der ostflämischen Stadt Geraardsbergen eine ganz ähnliche Brunnenfigur, und das schon seit 1459, und in Zelzate hockt ›Mietje Stroel‹, geboren am Rosenmontag 1976, in eindeutiger Stellung auf einem Sockel.

Manneken Pis in Uniform

Zwei Häuserblöcke südlich stößt man am Kolenmarkt, auf der Rue du Marché au Charbon und der Rue de Bon Secours auf vier der 20 **Brüsseler Comic-Hauswände** mit bekannten Comic-Figuren. Von hier sind es nur wenige Minuten und man steht vor einem der einst zahlreichen Brüsseler Stadtbrunnen – vor **Manneken Pis** [6].

In der Unterstadt

Vom einstigen **Jardin Botanique** (Botanischen Garten) [7] sind fast nur noch die imposanten Gewächshäuser erhalten, heute ein Kulturzentrum mit einem schönen Jugendstil-Café.

Im **Centre Belge de la Bande Dessinée** [8] (Comic-Museum, 20, rue des Sables, Di–So 10–18 Uhr) findet man all die berühmten Comic-Figuren von Tim und Struppi bis zu den Schlümpfen, erfährt, wie Comics gemacht werden, und vieles mehr. Das Museum ist in einem schönen Art-Nouveau-Haus von Victor Horta untergebracht. In der Jugendstil-Brasserie Horta kommen typisch belgische Gerichte auf den Tisch.

Zu Füßen des Justizpalastes liegt das alte Arbeiterviertel **Quartier des Marolles.** Die in den Straßen und Gassen mit teils maroden, teils sanierten Häusern wohnenden *Marolliens* geben sich mitunter kämpferisch, wenn es um ihr Viertel oder soziale Belange geht. So nahmen Streiks im Kampf um das allgemeine Wahlrecht hier ihren Anfang. Etliche Häuser haben die Bewohner in Eigeninitiative saniert und damit vor dem Abriss bewahrt.

Besucher wie Einheimische zieht es besonders zum **Trödelmarkt** (Place du Jeu de Balle, tgl. 7–14 Uhr). In der alten Feuerwehrkaserne am Platz und in der Rue Blaes haben sich etliche Antiquitätenhändler eingenistet, zahlreiche Cafés am Platz, darunter das Café-Restaurant **De Skieven Architek** in der alten Feuerwehrkaserne, laden zu einem Tässchen Kaffee ein. Auch in der Rue Haute findet man reichlich Antiquitäten, aber auch Kunst und modernes Design. Im Haus Nr. 224 hatte Auguste Rodin ein Studio, und in Haus Nr. 123 wohnte der Maler Pieter Bruegel d. Ä. Dessen Grabstätte, mit einem Gemälde von Peter Paul Rubens (heute nur noch eine Kopie) geschmückt, finden wir in der **Kirche Notre-Dame de la Chapelle** [9].

Atlas: S. 233

Die Oberstadt

Strahlender Blickfang ist die **Cathédrale St-Michel** [10] (ab 1225), die auf halber Höhe des zur Oberstadt ansteigenden Hanges steht. Über dem Mittelportal ist in einem farbenprächtigen Fenster das Jüngste Gericht dargestellt. Unter dem spärlichen Kirchenschmuck heben sich die lebensgroßen Statuen der 12 Apostel an den Säulen des Mittelschiffes und die Statue der hl. Gundula, der Schutzpatronin von Brüssel, hervor.

Auf der Place de Congrès erinnert die knapp 40 m hohe **Colonne du Congrès** [11] mit der Figur König Leopolds I. an den verfassungsgebenden Kongress von 1831. Im Quartier Royal liegen das klassizistische **Palais de la Nation** [12], Sitz des Senats und der Abgeordnetenkammer, und das **Palais Royal** [13], der Königspalast. Dazwischen breitet sich die grüne Idylle des **Parc de Bruxelles** aus. Der Königliche Palast wird für feierliche Empfänge genutzt, im Sommer ist er für die Öffentlichkeit zugänglich (Ende Juli–Sept. Di–So 10.30–16.30 Uhr). Täglich um 14.30 Uhr kann man der Wachablösung zusehen. Interessantes über das belgische Königshaus gibt das **Musée de la Dynastie** (Di–So 10–16 Uhr) neben dem Westflügel des Palastes preis.

Die Place Royale, die von hellen, uniform im Stil des Neoklassizismus erbauten und symmetrisch ausgerichteten Bauwerken eingefasst ist, strahlt aristokratische Erhabenheit aus. Nur die einem antiken Tempel nachempfundene Fassade der **Kirche St-Jacques-sur-Coudenberg** [14], der königlichen Hofkirche, lockert das steinerne Geviert etwas auf. Die Mitte des Platzes nimmt das **Reiterstandbild** des Kreuzritters Gottfried von Bouillon ein.

Ein Gedicht aus Schmiedeeisen und Glas ist das 1899 von Paul Saintenoy erbaute Art-Nouveau-Haus **Old England** [15]. Ursprünglich unterhielt die Old England Company hier ein Warenhaus, jetzt beherbergt das Baukunstwerk das **Museum für Musikinstrumente** mit über 6000 Musikinstrumenten (Di, Mi, Fr 9.30–17, Do 9.30–20, Sa, So 10–17 Uhr). Genießen Sie den Blick auf die Stadt von der Dachterrasse!

Roter Backstein, Treppengiebel – das Ende des 15. Jh. erbaute **Hôtel Ravenstein** einige Schritte weiter ist das einzige erhaltene burgundische Herrenhaus Brüssels.

Zu den besten Kunstmuseen des Landes zählen zweifellos die **Museen d'Art Ancien** und **d'Art Moderne** [16] (Di–So 10–17 Uhr) mit ihren umfangreichen Sammlungen von Werken Alter (15.–18. Jh.) und Moderner Kunst (ab dem 19. Jh.). Hier lernt der Besucher Kunst des südniederländischen Raumes aus sechs Jahrhunderten kennen, darunter Werke von Rogier van der Weyden, Hans Memling, Pieter Bruegel d. Ä., Peter Paul Rubens, van Dyck und Frans Hals. Die Moderne Kunst geht in die Tiefe: Sie zeigt in acht in den Hang des Coudenbergs hinunter gebauten Etagen überwiegend Arbeiten belgischer Künstler, darunter von James Ensor, Paul Delvaux und René Magritte, aber auch die einiger ausländischer

Kathedrale St-Michel

DIE NEUNTE KUNST – COMICS

Er zieht seinen Colt schneller als sein eigener Schatten, hat stets einen Glimmstängel zwischen den Lippen und befördert die vier dumpfbackigen Dalton-Brothers regelmäßig ins Gefängnis, und wenn er spricht, dann in einer Sprechblase: Lucky Luke. Wilder Westen in Belgien? Gewiss doch, denn Lucky Luke, die weltbekannte Comic-Figur, kommt aus dem Königreich. 1947 wurde sie von Maurice de Bévère (›Morris‹) zum Leben erweckt. Lucky Luke ist keine Eintagsfliege, und dass eine derart berühmte Comic-Figur aus Belgien stammt, ist kein Zufall – Belgien ist Comic-Land.

Als Stammvater des belgischen Comic gilt Georges Remi (Hergé), Chefredakteur der Jugendbeilage *Le Petit Vingtième* der Brüsseler Tageszeitung *Vingtième Siècle*. In ihr erschienen 1929 erstmals seine Figuren Tintin und Milou (Tim und Struppi). Ihr erstes Abenteuer, »Tintin au Pays des Soviets« (»Tim im Land der Soviets«), führte den rasenden Reporter mit der blonden Haartolle und seinen pfiffigen Terrier gleich ins ferne Ausland. Seitdem haben die beiden überall auf der Welt die spannendsten Abenteuer bestanden, sogar auf dem Mond. Hergés Comics zeichnen sich durch besondere Klarheit und Treue zum Detail aus, sein ›Style clair‹ hat den belgischen Comic weitgehend geprägt.

Etliche der bekanntesten Comic-Figuren, so auch Lucky Luke, hatten ihre Premiere im *Spirou,* einem 1938 erstmals erschienenen Comic-Journal. Benannt wurde es nach der von Robert Velter (Bob Vel) erfundenen Figur des Hotelpagen Spirou, der mit dem Reporter Fantasio (in Deutschland auch: Pit und Pikkolo) und dem Forscher Comte de Champignac unzählige Abenteuer bestreitet. Wie *Spirou* bot auch das *Journal de Tintin*, das noch heute unter dem Namen *Hello B.D.* besteht, jungen Zeichentalenten eine ausgezeichnete Plattform, auf der sie ihr Können unter Beweis stellen konnten. Im ersten, 1946 erschienenen Heft von *Tintin* hat Edgar P. Jacobs das Detektiv-Duo Blake et Mortimer ihre Arbeit aufnehmen lassen. 1952 zeichnete ›Peyo‹ (Pierre Culliford) erstmals die Geschichten um Johan & Pirlout, einen Ritter und dessen Knappen (in Deutschland: Johann und Pfiffikus), in denen später die *Schtroumpfs* (Schlümpfe) auftauchten, zwergenhafte hellblaue Waldwesen mit menschlichen Marotten, denen der Zauberer Gargamel mit seiner Katze Azrael nachstellte. Schon bald brachte Peyo ein eigenes Comic-Heft mit den Schlümpfen heraus. Als die lustigen blauen Kerlchen, unter denen es nur ein weibliches Wesen gibt, in Zeichentrickfilmen, Fernsehserien und TV-Werbespots erschienen und als Plastikfiguren in Kinderzimmern auftauchten, eroberten sie im Nu die ganze Welt.

Die große Zeit des belgischen Comic reichte von den 1950er Jahren bis in die frühen 1970er. Glücklich darf sich schätzen, wer noch Comics von damals besitzt, sie sind begehrte, teuer gehandelte Sammlerobjekte. Zu den bekannten Comics aus jener Zeit zählen unter vielen anderen »Jo et Zette« und »Quick et Fluppke« von Hergé, »Barelli« von Bob de Moor, »Comanche«, »Bernard Prince« und »Jugurtha«, alle drei von Hermann Huppen (Hermann), »Boule & Bill« (in Deutschland: »Pico & Bello«) von Jean Roba, »Bruno Brazile« von William van Cutsen (›Vance‹), »Buck Danny« und »Der Rote Korsar« von Victor Hubison, »Vizir Iznogoud« von Tabary, »Red Indian Oumpah-Pah« von Uderzo und Goscinny.

Von Anbeginn waren belgische Comics nicht nur die lustigen, Kinder ansprechenden Bildergeschichten, die in Deutschland lange Zeit als Kinderkram abgetan wurden, sondern setzten sich mit Witz und Satire mit dem Weltgeschehen auseinander. Nach und nach wurden die Inhalte mehr für Erwachsene konzipiert, und bereits 1968 erschien das Monatsheft *À Suive*, das gezielt Erwachsene ansprach. Heute sind Comics in Belgien populär wie eh und je. Zu den großen zeitgenössischen Comic-Künstlern zählen François Schueten und Benoît Peeters mit ihrer stark intellektuellen Serie »Les Cités Obscures«. In dem Band »Brüsel« nehmen sie die skrupellose Zerstörung des alten Brüssel durch Spekulanten, Bürokraten und Baulöwen aufs Korn. Auch François Walthéry kommt mit seinen Serien um den Jungen Nickel und um die Stewardess Natascha sehr gut an.

Besonders Brüssel ist ein Eldorado für Comic-Fans. Hier findet man zahlreiche auf Comics spezialisierte Läden, die zum Teil auch Comics aus anderen Ländern führen, hier befindet sich auch das weltgrößte Comic-Museum und zahlreiche mit Comic-Szenen bemalte Hauswände.

Meister wie Matisse, Gauguin und Picasso.

Im benachbarten Bauwerk ist die bedeutendste Bibliothek Belgiens, die **Bibliothèque Royale Albert I.** 17, untergebracht (Mo–Fr 9–20, Sa 9–17 Uhr). Im gleichen Gebäude beleuchtet das **Musée de l'Imprimerie** (Druckereimuseum, Mo–Sa 9–17 Uhr) die Kunst des Buchdrucks, und das **Musée de la Littérature** (Literaturmuseum, Mo–Fr 9–12.45, 14–16.45 Uhr) zeigt Manuskripte und Grafiken französischsprachiger Autoren.

Exklusive Antiquitätenläden und Restaurants, Szenekneipen und vornehme Wohnhäuser kennzeichnen die **Place du Grand Sablon** als noble Wohngegend. Stattliche Preise werden denn auch auf dem an Wochenenden hier abgehaltenen **Antiquitätenmarkt** verlangt. Nicht billig, aber die Sünde wert sind auch die köstlichen Pralinen der exquisiten Chocolatiers am Platz.

1490 richtete die Familie Thurn und Taxis hier die erste Poststation ein, kein Zufall daher, dass sich hier auch das **Musée des Postes** 18 (Postmuseum, Di–Sa 10–16.30, So 11–16 Uhr) mit Exponaten von Briefkästen über Uniformen bis zum urtümlichen Telefon befindet. In der oberhalb des Platzes aufragenden, mit herrlichen glasgemalten Fenstern ausgestatteten Kirche **Notre-Dame du Sablon** 19, eine der schönsten spätgotischen Kirchen Belgiens, befindet sich die Grabkapelle der Familie Thurn und Taxis. Jenseits der Kirche umfriedet ein schmiedeeiserner Zaun die **Place du Petit Sablon.** Jeder zweite der steinernen Zaunpfosten ist zur Säule erhöht und trägt eine von 48 Bronzestatuen, die mittelalterliche Brüsseler Zünfte darstellen. 12 weitere Bronzefiguren bedeutender Künstler, Wissenschaftler und Freiheitskämpfer umstehen ein Denkmal für die Grafen Egmont und Hoorn.

Wuchtig ragt auf dem Galgenberg im Süden das **Palais de Justice** 20 (Justizpalast) empor, mit 26 000 m^2 Grundfläche und einer über 100 m hohen Kuppel das größte Bauwerk des 19. Jh. An dem von dem Architekten Poelaert entworfenen Gebäude findet man Elemente griechisch-römischer, ägyptischer, assyrischer und babylonischer Baukunst.

1880 gab es einen bedeutenden Grund zum Jubeln: 50 Jahre Belgien! Zu diesem Anlass hatte man den **Parc du Cinquantenaire/Jubelpark** mit großen Ausstellungshallen angelegt. Zur 75-Jahr-Feier ließ König Leopold II. den Triumphbogen samt den Kolonnaden erbauen. Heute beherbergen die Hallen das **Musée du Cinquantenaire** (Di–Fr 9.30–17, Sa, So 10–17 Uhr) mit einer breit angelegten Sammlung zur Geschichte und Kunst mediterraner Kulturen, Europas, Asiens, Ozeaniens, der islamischen Welt und des belgischen Raumes, das **Musée Royal de l'Armée et d'Histoire Militaire/Armeemuseum** (Di–So 9–12, 13–16.30 Uhr) mit Kriegsmaschinerie aller Art, aber auch Ausstellungen über die Résistance und Déportation, und **Autoworld** (tgl. 9.30–18, Sa, So ab 10 Uhr), das mit 400 zwei- und vierrädrigen Oldtimer-Schätzen aufwartet, darunter Raritäten wie ein Minerve Prototyp von 1902 und Staatskarossen.

Oldtimer-Rallye auf der Place du Cinquantenaire

Am Schuman-Kreisel liegt das Europaviertel mit dem so riesigen wie reizlosen kreuzförmigen **Berlaymont-Bau**, einst Sitz der EU-Verwaltung und -Kommission und Arbeitsstätte von 3000 EU-lern. Seit 1992 ist es geräumt, um es von Asbest zu befreien. Erquicklicher ist da schon der Anblick der noblen Häuser am **Square Ambiorix**, darunter die schmale **Maison St-Cyr** (Nr. 11). Mit seinem filigranen Schmiedewerk und ungewöhnlichen Fensterformen wirkt das 1903 von dem erst 22-jährigen Horta-Schüler Gustave Strauven für den Maler Saint-Cyr erbaute Art-Nouveau-Haus zart und zerbrechlich. Bummeln Sie durch die umliegenden Straßen und Sie werden noch das eine oder andere schöne Jugendstilhaus entdecken, etwa das **Hôtel van Eetvelde** (4, rue Palmerton).

Südwestlich des Schuman-Kreisels überragt der Kuppelbau des kolossalen Glaspalastes des **Europa-Parlaments** die Stadtlandschaft. Spötter haben der Kuppel mit dem Parlamentssaal den Namen ›caprice des dieux‹ (›Laune der Götter‹) verpasst, nach der Ähnlichkeit mit der Form des gleichnamigen französischen Weichkäses. Weshalb dieser Name auch aus einem anderen Grund passt, liegt auf der Hand.

Außerhalb des Zentrums

Im nördlichen Stadtteil Laeken befindet sich die Attraktion der Weltausstellung von 1958, das 102 m hohe **Atomium**. Im Innern des 165-millionenfach vergrößerten Modells eines Eisenatoms wird der Bau des Riesengebildes dokumentiert. Aus der obersten Kugel erhält man einen herrlichen Ausblick auf die Stadt (April–Aug. 9–19.30, Sept.–März 10–17.30 Uhr).

25-fach geschrumpft sind dagegen die berühmtesten Bauwerke Europas wie die Akropolis, der Eiffelturm und der Big Ben im **Mini-Europe** (Ende März–Juni, Sept. 9.30–17, Juli–Aug. bis 19, Okt.–4. Jan. 10–17 Uhr), das im Freizeitpark **Bruparck** zu Füßen des Atomiums liegt. 20 Kinosäle, darunter ein IMAX-Saal mit 600 m² Leinwand, die subtropische Badewelt Océade und zahlreiche Shops und Imbissläden bieten hier ungebremstes Freizeitvergnügen.

Im Park von Laeken, südöstlich des Atomiums, liegen die Privatresidenz des belgischen Königs, das **Königliche Schloss von Laeken** und die **Königlichen Gewächshäuser.** Die unter den Kuppeln des riesigen Glashauses blühende Pflanzenpracht wird Besuchern jeweils Ende April für zwei Wochen zugänglich gemacht.

Brussels Card – 3 Tage, 30 Museen, 30 Euro

Die Brussels Card gewährt 3 Tage freie Fahrt mit öffentlichen Verkehrsmitteln und freien Eintritt in fast alle Brüsseler Museen. Erhältlich für 30 € bei der Touristeninformation, in Hotels und in den teilnehmenden Museen. (www.brusselsinternational.be)

Monumental ragt im Nordwesten des Stadtzentrums die ab 1905 errichtete **Basilique Nationale du Sacré-Cœur** empor, eine der größten Kirchen der Welt. An ihr lassen sich Stilelemente der Neoromanik, des Expressionismus und des Art déco erkennen.

Ende des 19. Jh. erbaute Victor Horta, der berühmte ›Vater des Art Nouveau‹, im Viertel St-Gilles südlich des Stadtzentrums sein Wohnhaus mit Atelier, eines der schönsten dieses Stils. Heute lässt sich in dem als **Musée Horta** zugänglichen Haus die Kunst des großen Architekten bewundern (25, rue Américaine, Di–So 9–12 Uhr).

Bureau d'accueil et d'information touristique: 63, rue du Marché aux Herbes, Tel. 02/504 03 90, Fax 02/ 513 04 75.
Brussels International – Tourisme: Hôtel de Ville, Grand-Place, Tel. 02/513 89 40, Fax 02/513 83 20, www.bruxelles.irisnet.be, tourism@brusselsinternational.be

Le Dixseptième 21: 25, rue de la Madeleine, Tel. 02/517 17 17, Fax 5 02 64 24, www.ledixseptieme.be. Luxushotel in der ehemaligen Residenz des spanischen Botschafters, viele Zimmer mit Barockeinrichtung, ruhige Lage nahe der Grand-Place. 18 Zimmer, DZ 200–350 €.
Auberge Saint-Michel 22: 15, Grand-Place, Tel. 02/511 09 56, Fax 02/511 46 00, www.accueilettraditiongrandplace.be. Einfach, charmant, in toller Lage direkt an der Grand-Place. Zimmer mit Aussicht auf den Platz. 15 Zimmer, DZ 98–140 €.
Matignon 23: 10, rue de la Bourse, Tel. 02/511 08 88, Fax 513 69 27, www.hotelmatignon.be. Zentral, gegenüber der Bör-

se, schönes Belle-Epoque-Haus, komfortable Zimmer, Restaurant mit Straßenterrasse. DZ 85–105 €.

Opéra 24: 53, rue Grétry, Tel. 02/219 43 43, Fax 219 17 20, www.hotel-opera.be. Zwischen Börse und Theater, angenehme Zimmer, Frühstücksbuffet, 49 Zimmer, DZ 85–92 €.

Noga 25: 38, rue du Béguinage, Tel. 02/218 67 63, Fax 218 16 03, www.nogahotel. com. Geschmackvoll eingerichtete Zimmer, Salon und Bar im Stil alter Schiffe. 19 Zimmer, DZ 95 €.

George V 26: 23, rue t'Kint, Tel. 02/513 50 93, Fax 513 44 93, www.george5.com. Angenehmes, 1998 renoviertes Haus, komfortable Zimmer, auch Nichtraucherzimmer. DZ 74 €.

Barry 27: 25, place Annessens, Tel. 02/511 27 95, Fax 514 14 65, www.touris line. com. Zentral, einfach, aber OK. DZ 57–67 €.

Jugendunterkünfte

JH Bruegel 28: 2, rue du Saint-Esprit, Tel. 02/511 04 36, Fax 512 07 11, www.vjh.be, Übernachtung mit Frühstück 13,75–24 €.

JH Jacques Brel 29: 30, rue de la Sablonnière, Tel. 02/218 01 87, Fax 217 20 05, www.laj.be. Übernachtung mit Frühstück 13–23 €.

JU Sleep Well 30: 23, rue du Damier, Tel. 02/218 50 50, Fax 218 13 13, info@sleep well.be

Camping

Druivenland: Nijvelsebaan 80, Overijse, Tel. 02/687 93 68, April–15. Okt. Ruhig, in Waldnähe, südöstlich Brüssel. Stellplatz 16,50 €.

Beersel: Steenweg op Ukkel 75, Beersel, Tel. 02/331 05 61, ganzjährig. Gemütliches Familiencamping. Stellplatz ca. 10 €.

Berühmt-berüchtigt ist Brüssels **Schlemmermeile** in der rue des Bouchers mit rund 80 Restaurants, doch haben überteuerte Rechnungen und aufdringliche Kellner die ›Fressgasse‹ in Verruf gebracht. Zwecks Imageverbesserung haben sich seriöse Restaurants zusammengetan und ein Qualitätslabel einfallen lassen. Die aktuelle Liste mit Restaurants, die das Label führen, findet man unter www.ilot-sacre.be

Wer gerne Fisch isst, wird in einem der Restaurants in der Gegend von St-Catherine fündig. In der Nähe der **Place St-Géry** gibt es zahlreiche asiatische Restaurants.

L'Ogenblik 31: 1, galérie des Princes, Tel. 02/511 61 51, tgl. Pariser Bistro-Flair in den Galerien St-Hubert, Gerichte von Carpaccio bis Kalbsbries mit Zucchini. Tagesgericht 11 €.

Castello Banfi 32: 12, rue Bodenbroek, Tel. 02/512 87 94, So, Mo geschl. Italienische Spezialitäten. Menü 49 €, Lunch 27–33,50 €.

La Tentation 33: 28, rue de Laeken, Tel. 02/223 22 75, tgl. 8.30–1 Uhr, So geschl. Art-déco-Interieur, spanische Spezialitäten. Lunch 20 €, Tagesgericht 9 €.

Aux Armes de Bruxelles 34: 13, rue des Bouchers, Tel. 02/511 55 50, Di–So 12–23 Uhr. Belgische Spezialitäten und Meeresfrüchte in Brüssels Schlemmermeile. Köstlich: *Les moules de Zélande* (in Weißwein marinierte Miesmuscheln). Menüs ca. 29–45 €, Lunch 23 €.

Brasserie Horta 35: 20, rue des Sables, Tel. 02/217 72 71, Di–So 10–18 Uhr. Art-Nouveau-Restaurant im Comic-Zentrum. Tim und Struppi an der Wand, auf dem Teller Frites Américains, Blätterteigpasteten mit Huhn oder in Bier geschmortes Fleisch. Tagesgericht um 10 €.

't Kelderke 36: 15, Grand-Place, Tel. 02/512 30 81, tgl. 12–2 Uhr. Bodenständige belgische Küche in Kellergewölben aus dem 17. Jh. Tagesgericht 7,50 €.

Le Falstaff 37: 17, rue Henri Maus (neben der Börse), Tel. 02/511 87 89, tgl. 10–20

Das Auge isst mit: Auslagen eines Restaurants in der Rue des Bouchers

Uhr. Nettes Jugendstil-Café. Man kocht gern in Bier: Kaninchen in Gueuze-Bier oder Entenkeule in Kriek-Bier. Tagesgericht 8,50 €, Menü ab 20 €.

Kunst, Antiquitäten, Trödel und Dekoration findet man im Viertel Marolles, rund um den Grand Sablon hauptsächlich Antiquitäten. **Mitbringsel und Andenken:** Schokolade, Pralinen, Brüsseler Spitze, Kristallglaskunst und Wandteppiche gibt es rund um die Grand-Place. Für **Haute Couture** und trendy Klamotten sind die Place Louise, Porte de Namur, Rue de Namur, Rue Antoine Danseart und Umgebung und die Galérie du Roi bekannt. Sammler von **Briefmarken, Münzen** und manch anderem Sammelobjekt werden in der Rue de Midi und Umgebung fündig, Künstler können sich hier mit Farben und Pinsel eindecken.

Comic-Buchläden: Bande des Six Nez, 179, chaussé de Wavre; Brüsel, 100, bd. Anspach; La Bulle d'Or, 124, bd. Anspach; Multi Jeunesse, 122, bd. Anspach; Schlirf Book, 336, chaussée de Waterloo; Little Nemo, 25, bd. De Monnier.

Besonderes: Tim und Struppi Laden, 13, rue de la Colline. **Kunstkarten, Poster:** Flammarion, 17, galérie du Roi; Galerie Sisley, 27, rue St-Jean. **Spiele:** Dédale, Galérie Cinquantenaire (am Anfang der avenue de Tervuren).

Pralinen, Schokolade: Pierre Marcolini, 39, place du Grand Sablon; Wittamer, 6, place du Grand Sablon; Godiva, 22, Grand-Place.

Café Leffe: 46, place du Grand Sablon. Stilvoll im Art-déco-Stil, Unmengen Biersorten.
Le Cercueil: 10, rue de Hareng. Hübsch gruselig dekoriert, mit Särgen, Schädel, schwarzem Samt ...
La Fleur en Papier Doré: 55, rue des Alexiens. Voller musealem Trödel, einst Treff von Magritte und Delvaux.
Mokafé: 9, galérie du Roi. Einheimische lesen hier stundenlang bei Kaffee und Croissant ihre Zeitung.
A la Mort Subite: 7, rue des Montagnes aux Herbes Potagères. Traditionelle belgische Brauereikneipe, verschiedene Brüsseler Gueuze-Biere.
Le Roi d'Espagne: 1, Grand-Place. Ehemals Gildehaus der Bäcker, offener Kamin, zahlreiche verwinkelte Räume im Obergeschoss, an Fenstertischen Blick auf die Grand-Place.

Diskotheken

Die meisten Diskos öffnen gegen 22/23 Uhr.
Le Mirano Continentas: 38, chaussée de Louvain. Jet-Set.
Le Nostalgia: 49, rue de la Fourche. Oldies aus den 60er und 70er Jahren.
Le Why Not: 7, rue des Riches Claires. Schwulen-Disko.
Fuse – la Demence: 208, rue Blaes. Techno-Tempel, Deep House.
Montecristo: 25, rue Henri Maus. Do, So Latino Dancing, Fr, Sa Salsa und anderes, Techno in der Lounge.

Musik live

Travers: 11, rue Traversière. Jazz-Bar, in der die besten Jazzer Belgiens spielen.
Les Jeux d'Hiver: 1, chemin du Croquet, bois de la Cambre. Do, Fr, Sa Treff der Jeunesse dorée.
Le Fuse: 208, rue Blaes. Trendy Techno- und House-Tempel.
Le Cercle: 22, rue Ste-Anne, Tel. 02/5 14 03 53. Do World Music, Fr Salsa, Sa Klassik, Afro, Folk.
Upside Down: 24, rue des Lombards. Funk, Soul, Afro, Jazz, Rap, World Music.

Informationen zum kulturellen Angebot findet man in den Zeitschriften *Kiosque* (monatl., franz.), *The Bulletin* (wöchentl., engl.), im Magazin *What's on* und auf der Homepage des *Timeout*-Magazins www.time-out.com/brussels
Karten für Theater, Oper und Konzert gibt es an den Kassen der jeweiligen Häuser, im BIT kann man Karten reservieren lassen.
Théâtre Royal de la Monnaie: Place de la Monnaie, Tel. 02/229 12 11, Reservierung 02/229 12 00; Kasse: rue de la Reine, Di–Sa 11–18 Uhr. Ballett- und Operninszenierungen.
Conservatoire Royal de la Musique: 30a, rue de la Régence, Tel. 02/511 04 27. Klassische Konzerte.
Palais des Beaux-Arts: 23, rue Ravenstein, Tel. 02/507 82 00. Klassische Konzerte.
Théâtre Royal de Toone: 6, Impasse Schuddeveld, Tel. 02/511 71 37. Puppentheater, Aufführungen in Französisch, Niederländisch, seltener in Englisch oder Deutsch.

Kino

Die Filme werden meist in Originalfassung

Last Minute Ticketing

Tickets für große Veranstaltungen zum halben Preis! Wann? Vor 16 Uhr. Wo? Schalter **Arsène 50** in den Galéries St-Hubert, Info 02/512 57 45, www.arsene50.be

mit französischen oder niederländischen Untertiteln gezeigt, montags zu ermäßigtem Eintritt.

Actor's Studio: 16, petite rue des Bouchers, Tel. 02/512 16 96.

Arenberg/Galéries: 26, galérie de la Reine, Tel. 02/512 80 63.

Kinemathek (Filmmuseum): 9, rue Baron Horta, Tel. 02/507 83 70. Retrospektiven, Stummfilme mit Klavierbegleitung.

Kinépolis: im Bruparck beim Atomium, Tel. 02/474 26 00, Programm 0900/00 555. Multi-Kinokomplex, 20 Säle, IMAX-Projektion auf 600 m² Leinwand.

UGC de Brouckère: 38, place de Brouckère, Tel. 0900/104 40.

Blumenteppich: Christi Himmelfahrt, ca. vier Tage, alle zwei Jahre (2004, 2006, ...), riesiges ›Blumengemälde‹ aus 1 Mio. Begonien auf der Grand-Place.

Concours Reine Elisabeth: Mai, renommierter internationaler Musikwettbewerb im Palais des Beaux-Arts.

Brüsseler Jazz-Marathon: letztes Mai-Wochenende, Brüssel im Jazz-Fieber (www.brussels-jazzmarathon.be).

Königliche Gewächshäuser: Ende April, zwei Wochen (Zeiten Tel. 02/513 89 40, www.monarchie.be).

Ommegang: 1. Do abends im Juli, prunkvolle Nachstellung des historischen Umzugs zu Ehren Karls V. im Jahr 1549 auf der Grand-Place (Karten 41–63 €, Tel. 02/512 19 61, www.ommegang-brussels.be).

Stadtführungen: Das Angebot an Führungen zu verschiedenen Themen (Kunstgeschichte, Jugendstil, Stadtgeschichte, Ungewöhnliches und Avantgardistisches, ...) und Zeiten und in verschiedenen Sprachen ist enorm – am besten, man lässt sich beim Fremdenverkehrsdienst im Stadthaus (02/513 89 40) beraten.

Flugzeug: Airport Zaventem, 14 km außerhalb Brüssels. Mehrmals pro Stunde S-Bahn Airport City Express zum Stadtzentrum (Gare Centrale).

Bahn: Thalys und ICEs von Köln–Aachen nach Bruxelles-Midi (Südbahnhof), von dort IC-Verbindungen in die großen Städte Belgiens.

Bus: Euroliner der Deutschen Touring (Tel. 069/79 03 50, www.deutsche-touring.com) verkehren regelmäßig zwischen Brüssel und zahlreichen Großstädten in Deutschland.

Mietwagen: Am Airport Zaventem und am Bahnhof Bruxelles-Midi:
Avis, Tel. 02/720 09 44;
Europcar, Tel. 02/721 05 92;
Hertz, 02/720 60 44;
Sixt 02/753 25 61, Budget 0800/1 55 55.

Verkehrsmittel innerstädtisch:
Tram (im Zentrum), **Metro** und **Bus** (im Zentrum und zur Peripherie). Es gibt Einzel- (1,40 €), 5er- (6,30 €) und 10er-Fahrkarten (9,20 €), die 1 Std. lang in allen drei Verkehrsmitteln gültig sind. Günstig ist die **Ein-Tageskarte** (ticket d'un jour, 3,70 €, an Wochenenden und Feiertagen sogar für 2 Personen gültig) und die Ein-Tag-Gruppenkarte für bis zu 5 Personen (6,30 €, an Werktagen erst ab 9 Uhr gültig). Die Karten müssen vor dem Einsteigen in dafür vorgesehenen Automaten abgestempelt werden.

Taxi: Tel. 02/268 00 00, Tel. 02/349 43 43, Tel. 02/349 49 49.

Haben Sie etwas verloren? Im Flugzeug? Anfragen: Tel. 02/723 07 07. In Metro, Bus oder Tram? Fundbüro Tel. 02/515 23 94. In der Bahn? Anfragen: Tel. 02/224 55 91. Auf der Straße? Anfragen: Tel. 02/279 79 79.

Benötigen Sie einen Arzt? Hier wird Ihnen geholfen: Bereitschaftsdienst der Ärzte: Tel. 02/479 18 18; der Zahnärzte: Tel. 02/426 10 26.

IN DER UMGEBUNG VON BRÜSSEL

Schlösser und Parkanlagen, Einblicke in die afrikanische Kultur während der belgischen Kolonialzeit, alles über die legendäre Schlacht bei Waterloo.

Tervuren

Aus der Kolonialzeit stammen die meisten Exponate des **Königlichen Zentral-Afrikanischen Museums** in **Tervuren**, östlich von Brüssel. Mit Gegenständen aus der afrikanischen Kunst und Folklore, aus dem Alltag und aus rituellen Zeremonien, aber auch mit allerlei ausgestopften Wildtieren werden Einblicke in das kulturelle Leben und die Eigentümlichkeiten zur Zeit der Kolonialisierung gegeben (Di–Fr 10–17, Sa, So 10–18 Uhr, Tram 44 bis Endstation). Im umliegenden **Park von Tervuren** lassen sich im **Arboretum** über 450 Baumarten aus aller Welt entdecken. Wem das noch zu wenig ist, der kann im daran anschließenden, bis nach Waterloo reichenden, über 4000 ha großen **Forêt de Soignes** stundenlange Wanderungen unternehmen.

Beersel und Halle

Drei wuchtige halbrunde Ecktürme verleihen dem backsteinernen **Wasserschloss Beersel** (um 1300) im Süden Brüssels eine markante Gestalt. Natürlich bergen die wehrhaften Gemäuer auch eine Folterkammer (März–15. Nov. Di–So, sonst nur Sa, So, Fei 10–18 Uhr).

Seit über 700 Jahren zieht es Pilger in das südwestlich von Brüssel gelegene **Halle** zur Schwarzen Madonna. Das Gesicht der romanischen Holzfigur (um 1200) in der **Onze-Lieve-Vrouwbasiliek** (14. Jh.) soll, so die Legende, von Pulverdampf geschwärzt worden sein, als die Muttergottes Dutzende der auf Halle abgeschossenen Kanonenkugeln auffing. Unzählige Votivgaben in der reich mit Kunstwerken ausgestatteten Basilika zeugen von der anhaltenden Verehrung.

Gaasbeek

Ein beliebtes Ausflugsziel im hügeligen Pajottenland, wenige Kilometer westlich, ist das mittelalterliche **Kasteel van Gaasbeek** (13./16. Jh.), dessen stilvoll eingerichtete Räume eine sehenswerte Kunstsammlung beherbergen (April–Okt. Di–Do, Sa, So 10–18 Uhr).

Zu den um Brüssel erbauten prächtigen Schlössern zählt auch das **Wasserschloss Bouchout** (12. Jh.) bei Meise im Norden der Hauptstadt, einst Refugium der vor der mexikanischen Revolution geflohenen Kaiserin Charlotte, der Schwester Leopolds II. Im Schlosspark entfaltet sich in Gärten und Gewächshäusern Pflanzenpracht aus aller Welt, denn das Schloss liegt inmitten des Nationalen Botanischen Gartens (**Nationaal Plantentuin,** Sommer 9–18.30, Winter bis 17 Uhr).

Waterloo

Belgien-Atlas: S. 233, F 4
In Waterloo (25 000 Einw.), Synonym für Napoleons legendäre Niederlage, stimmt das **Wellington-Museum** (149, chaussée de Bruxelles, Apr.–Sept. tgl. 9.30–18.30, Okt.–März 10.30–17 Uhr) mit Plänen und Modellen auf einen Besuch der Schlachtfelder ein. In der **Kirche St-Joseph** gegenüber gedenkt man mit Fahnen und Tafeln der Gefallenen der Schlacht.

Südlich der Stadt markiert der 45 m hohe **Butte du Lion** (Löwenhügel) das Schlachtfeld. Die Kuppe des 1821 von Lütticher Arbeiterinnen aufgeschütteten Hügels nimmt ein 28 t schwerer, über das Schlachtfeld blickender Löwe ein.

Das **Besucherzentrum und Panorama-Museum** am Löwenhügel informiert mit einem großen Modell der Schlachtfelder und einem Film über das blutige Drama, dessen Schauplatz sich von der Kuppe des Löwenhügels überblicken lässt (April–Okt. tgl. 9.30–18.30, Nov.–März 10–17 Uhr). Beeindruckend ist die Darstellung der Schlacht im **Panorama de la Bataille** mit einem 12 m hohen und 110 m langen Rundgemälde des französischen Militärmalers Louis Dumoulin (1913).

Löwenhügel in Waterloo

Im **Musée de Cire** (April–Sept. tgl. 9.30–19, Okt. 10–18, Nov.–März Sa, So 10–17 Uhr) gegenüber dem Hügel sind sie alle versammelt: Napoleon, Wellington, Blücher und ihre Marschälle, aber auch einfache Soldaten – alle in ihren prächtigen Uniformen, und alle aus Wachs. Echt ist hingegen, was der geflohene Kaiser in seinem letzten Hauptquartier im Gehöft **Le Caillou** (66, chaussée de Bruxelles, tgl., April–Okt. 10–18.30, sonst 13–17 Uhr) zurückgelassen hat, darunter sein Feldbett.

Verstreut über die Schlachtfelder erinnern zahlreiche Denkmäler an die 48 000 Toten und Verwundeten.

Maison de Tourisme: 149, chaussée de Bruxelles, Tel. 02/354 99 10, www.waterloo.be

Biwak und Nachstellung der Schlacht: Wochenende um 18. Juni, 500–1000 Teilnehmer in historischen Uniformen stellen in großem Spektakel mit Reiterei, Biwak und Aufmärschen die legendäre Schlacht nach.

Bus: TEC-Bus W von Brüssel Gare de Midi nach Waterloo hält beim Touristenbüro/Waterloo in der Nähe des Butte du Lion (Haltestelle Cosmos).

WATERLOO – NAPOLEON KAM, SAH UND VERLOR

»Ich wollte, es wäre Nacht oder die Preußen kämen.« Beunruhigt blickt der Herzog von Wellington abwechselnd durch sein Fernrohr und auf das Chronometer. Etwa 3000 Meter entfernt tut Napoleon dasselbe. »Wo bleibt nur Grouchy?«, raunt der Kaiser und schaut immer wieder durch sein Glas zum Waldrand im Osten. Es ist Sonntag, der 18. Juni 1815, 16 Uhr. Ein Wettlauf mit der Zeit hat begonnen.

Seit 11.30 Uhr donnern Hunderte von Kanonen, rennen Zehntausende napoleonische Soldaten gegen Wellingtons Stellungen an. Um 16 Uhr kann Wellington noch unter starken Verlusten 5000 weitere, von Marschall Ney in einen Hohlweg zwischen den Fronten getriebene französische Kürassiere und Dragoner abdrängen, doch als Ney abermals 9000 Mann Kavallerie und Fußtruppen in den Sturmangriff hetzt, dringen diese bis zum Gehöft La Hay Sainte vor. Wellingtons Befehlsstand im Schatten einer Ulme ist nur noch wenige hundert Meter von den vorrückenden Franzosen entfernt, seine Truppen sind stark dezimiert. Das Schicksal der Briten scheint besiegelt.

Rückblick: Ende Februar flieht Napoleon aus Elba, am 20. März zieht er triumphierend in Paris ein. Daraufhin beschließen England, Preußen, Österreich und Russland, dem Korsen endgültig das Handwerk zu legen. Als Napoleon mit 72 000 Mann von Süden gegen Brüssel vorrückt, sollen sich ihm die Heere Wellingtons und Blüchers gemeinsam entgegenstellen. Napoleon will jedoch die Vereinigung der 68 000 Mann starken Truppen Wellingtons und der vom Rhein herbeieilenden 45 000 Mann Blüchers verhindern und beide getrennt voneinander besiegen. Am 16. Juni greift Napoleon die Preußen an, bringt ihnen schwere Verluste bei und zwingt sie zum Rückzug. 33 000 Franzosen unter Marschall Grouchy setzen den nach Norden zurückweichenden Preußen nach. Wellington war in der Nacht zuvor mit seiner Streitmacht von Brüssel nach Süden aufgebrochen, um den Franzosen bei Waterloo entgegenzutreten, bis Blücher eintreffen würde.

Um 16.30 Uhr vernehmen die Kontrahenten am linken Flügel zunehmenden Kampfeslärm – es sind Blüchers Brigaden, die zu Napoleons Entsetzen in die Schlacht eingreifen. Um 19 Uhr wirft Napoleon seine Alte Garde in die Schlacht, vergebens. Die Aufforderung zur Kapitulation quittiert der Gardekommandeur mit »Merde!« In Panik fliehen die Überlebenden des aufgeriebenen französischen Heeres – samt dem Schlachtenlenker. Um 21.30 Uhr reichen sich Wellington und Blücher unter dem Torbogen des Gutes La Belle Alliance die Hand zum Sieg. Während über dem Schlachtfeld die qualvollen Schreie Tausender Sterbender und Verwundeter hängen, spielt eine Regimentskapelle ›God save the King‹ und ›Großer Gott wir loben Dich‹. Bei der Schlacht ließen 48 000 Menschen das Leben oder wurden verwundet.

Flandern und die Nordseeküste

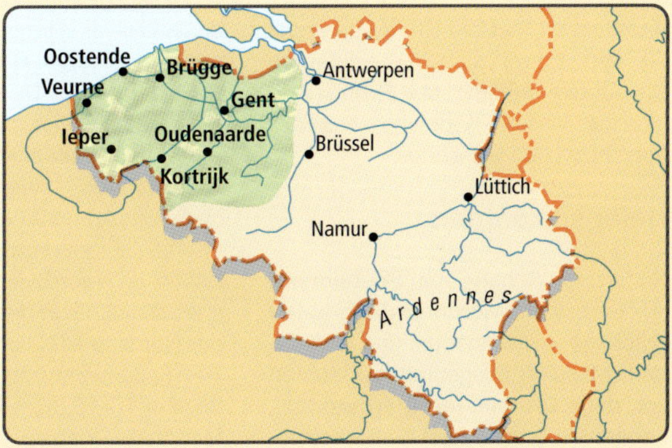

Jachthafen und Seebahnhof in Oostende

Belgien-Atlas S. 232–233

DIE BELGISCHE KÜSTE

Nach Oostende, der ›Königin der Seebäder‹ mit Hafenflair, zum Pier von Blankenberge, in Zeebrügges Fischerhafen, in die Badeorte Knokke-Heist und De Panne, in das wiedererbaute Nieuwpoort und sein Seebad, Wandern in Dünen und Badespaß an 67 km Strand.

Oostende

Belgien-Atlas: S. 232, B 2
Salzige Meeresluft, ein- und auslaufende Fischerboote und England-Fähren, dümpelnde Segler im Yachthafen, Krabben und fangfrischer Fisch am Fischmarkt, Nautikläden und Kneipen für Seebären – Oostendes besonderes Hafenflair ist überall spürbar. Etwas von der mondänen ›Königin der Seebäder‹, in der Belgiens Regent einst seine Sommerresidenz hatte und sich die illustre *crème de la société* Europas einfand, ist auch noch zu ahnen. Andererseits hat die Stadt (Ostende; 70 000 Einw.) sich zu eklatanten Bausünden entlang der Promenade hinreißen lassen – Kehrseite eines dennoch reizvollen Badeortes.

Hafenspaziergang

Nur wenige Schritte vom **Seebahnhof** [1] dümpeln im **Mercator-Jachthafen** prächtige, mit Mahagoni und blinkendem Messing ausgestattete Jachten vor dem **Dreimaster Mercator** [2]. Landratten erhalten auf dem ehemaligen Segelschulschiff faszinierende Einblicke in das Bordleben der Matrosen und die nautische Ausrüstung (Jan.–März/Okt.–Dez. Sa, So und in Ferien 10–12.30, 14–16.30, April–Juni, Sept. tgl. und bis 17.30; Juli, Aug. tgl. 10–18 Uhr). Bei der Mercator Sluis ist das Fischerboot **Ijslandvaarder Amandine** [3] (tgl. 10–19, Mo 14–19, Zugang bis 18 Uhr) zu einem interaktiven Museum über die Islandfahrt geworden. Die 1907 erbaute, neogotische **St.-Petrus-en-Pauluskerk** [4] ähnelt dem Kölner Dom. Der **Sint-Pietertoren** (St.-Peter-Turm) hinter dem Gotteshaus, vom Volksmund ›Pfefferbüchse‹ genannt, ist der einzige erhaltene Teil einer Vorgängerkirche. Neben der Kirche erinnert ein **Kriegsopfer-Denkmal** an die Toten der Weltkriege.

Am **Visserskaai** kann man an Verkaufsständen Meeresfrüchte-Häppchen aller Art genießen oder sich in 40 Fischrestaurants kulinarisch verwöhnen lassen. Im **Noordzeeaquarium** [5] tauchen Besucher in die Fauna und Flora der Nordsee ein (Jan.–Mai tgl. 10–12, 14–18; Juni–Sept. tgl., Okt.– März Sa, So, Fei 10–12.30, 14–18 Uhr). In der Markthalle **Vistrap** [6] kommt außer Fisch manche lokale Neuigkeit über die fischbeladenen Tische. Schiffsmodelle und silberne Exvotos in der **Kapucijnenkerk** 7 aus dem 17. Jh. sind Gaben der Fischer, die um sichere Fahrt auf dem Meer gebetet haben. Ein- und auslaufende Schiffe lassen sich auf dem **Weststaketsel** 8, der 600 m langen Hafenmole, beobachten.

Bummel auf der Strandpromenade

Am Anfang der **Albert-I.-Promenade** erinnert die Figur des **Nationaal Zeeliedengedenkteken** 9 (Nationales Seeleute-Denkmal) an nicht mehr vom Meer zurückgekehrte Seeleute.

Der Spaziergang führt am **Casino** 10 vorbei zu den **Venezianischen Galerien** 11, in dessen Nähe die ehemalige **Königliche Residenz** 12, heute ein Nobel-Hotel, liegt. Im Koninkspark dahinter kann man im **Japanischen Garten** lustwandeln. Ein Stück weiter genießt **König Leopold II.** hoch zu Ross die Aussicht aufs Meer.

Die sich anschließenden **Königlichen Galerien** 13 dienten der königlichen Familie und ihrem Gefolge auf ihrem Weg von der Residenz zur Pfer-

Fischerboote in Oostende

Atlas: S. 232

Sehenswürdigkeiten

1 Seebahnhof
2 Dreimaster Mercator
3 Ijslandvaarder Amandine
4 St. Petrus und Paulus
5 Noordseeaquarium
6 Fischmarkt
7 Kapuzinerkirche
8 Weststaketsel
9 Seeleute-Denkmal
10 Casino
11 Venezianische Galerien
12 Ehemalige Königliche Residenz
13 Königliche Galerien
14 Thermenpalast
15 Wellington-Pferderennbahn
16 Museum für Bildende Kunst
17 Historisches Museum ›De Plate‹
18 James-Ensor-Haus
19 Museum für Moderne Kunst
20 Blumenuhr

Übernachten

21 Thermae Palace
22 Ter Kade
23 Burlington
24 Louisa
25 Jugendherberge De Ploate

Essen und Trinken

26 Au Vigneron
27 Old Fisher
28 Picadelly
29 Wiener Caffee

derennbahn als Schutz vor Sonne und Regen. Am anderen Ende der Arkaden errichtete man in den 1930er Jahren den **Thermenpalast** 14, dessen mineralhaltiges Brunnenwasser bei den Kurgästen Anwendung fand.

Auf der **Wellington-Pferderennbahn** 15 werden von Mai bis September fast täglich Rennen ausgetragen. Seit ihrer Gründung 1883 fanden sich zahlreiche illustre Gäste auf der Tribü-

ne ein, unter ihnen Aga Khan und der Schah von Persien, der auch einmal auf das richtige Pferd setzte und 675 Francs gewann.

Stadtbummel

Im Zentrum der alten Stadt liegt der **Wapenplein** mit einem schönen Belle-Epoque-Pavillon. Im Sommer finden hier Konzerte statt, denen man bei Muscheln und Wein auf den Terrassen der Restaurants lauschen kann. Das **Stedelijk Feest- un Kultuurpaleis** 16 (Städtisches Fest- und Kulturpalais) am Platz beherbergt das **Museum voor Schone Kunsten** (Museum für Bildende Künste, tgl. außer Di 10–12, 14–17 Uhr) mit einer Kunstsammlung belgischer Künstler von der Romantik bis zum Post-Expressionismus und einer James-Ensor-Sammlung. Zur Mu-

JAMES ENSOR

Oostendes großer Sohn, James Sidney Ensor, dessen Werk lange Zeit kaum Würdigung fand, zählt heute zu den bedeutenden Wegbereitern der Moderne. Der 1860 in Oostende geborene Sohn eines Engländers und einer Oostenderin, die einen kleinen Souvenirladen mit Muscheln, Karnevalsmasken und chinesischem Kunstgewerbe betrieb, wandte sich frühzeitig der Malerei zu und begann mit 17 Jahren ein Studium an der Brüsseler Akademie. Nach drei Jahren kehrte er nach Oostende zurück und richtete sich auf dem Dachboden des elterlichen Hauses ein Atelier ein.

Der junge Maler litt unter den ständigen Streitereien zwischen seiner Mutter, für die seine Malerei wenig taugte, und seinem gebildeten Vater, der ihn unterstützte und der – ohne Arbeit zum Trinker verkümmert – später ein unrühmliches Ende in der Gosse fand. »Der Leser«, ein Porträt seines Vaters, »Verärgerte Masken«, eine Auseinandersetzung mit dessen Trunksucht, und die in seinem berühmtesten Gemälde, »Christi Einzug in Brüssel Fastnacht 1888«, unter der Bühne auftauchende Mutter und Tante geben Einblicke in Ensors Gefühle für seine Familie. Andererseits fühlte er sich mit seiner Umgebung verbunden, ließ sich von den exotischen Gegenständen im elterlichen Laden inspirieren, stellte die Menschen aus dem Fischermilieu der bürgerlichen Umgebung gegenüber und fand im Anblick des Meeres Inspiration.

Anfängliche Ausstellungserfolge wurden immer wieder von Rückschlägen unterbrochen, die Annahme von Bildern zu großen Ausstellungen verweigert, es kam sogar zu persönlichen Beschimpfungen durch konservative Kritiker. 1883 wurde Ensor zum Mitbegründer der Gruppe *»Les XX«* (Die Zwanzig), einer Vereinigung junger Avantgardisten, in der er zunächst Bestätigung fand und sich richtungsweisend engagierte. Doch Unverständnis und Ablehnung seiner expressiven Malerei sowie Konflikte wegen vermeintlicher Nachahmung seiner Arbeit führten dazu, dass er sich bald in die Rolle des Außenseiters zurückzog. Er fühlte sich in seinem Genie verkannt, litt schwer und identifizierte sich mit der Leidensfigur Christus, was er in zahlreichen Christusbildern zum Ausdruck brachte.

Zwei in zahlreichen Arbeiten Ensors immer wiederkehrende Motive sind Skelette und Masken, was ihm den Ruf eines ›Malers der Masken‹ einbrachte. Die Ablehnung seiner Bilder machte seinen Malstil aggressiver, er setzte sich geradezu karikierend mit seinen Kritikern auseinander. 1893 resignierte der Maler und versuchte – erfolglos –, alle seine Bilder für einen Gesamtpreis von 10 000 Franken zu verkaufen. Doch während Ensors schöpferische Kraft zu versiegen begann, stellte sich zunehmende Anerkennung ein. 1903 wurde er zum Ritter des Leopold-Ordens geschlagen und 1929 vom König zum Baron ernannt. Neugierig auf seinen Nachruf brachte der exzentrische Maler bereits vor seinem Tod seine eigene Todesanzeige in Umlauf. Als er 1949 starb, wurde er, von einem tausendköpfigen Trauerzug begleitet, auf dem Kirchhof von Mariakerke zu Grabe getragen.

seumslandschaft Oostendes gehören ferner das **Oostends Historisch Museum De Plate** 17 (Langestraat 69, So 10–12, 14–17, in Ferien tgl. außer Di), das die Geschichte und Folklore der Stadt beleuchtet, das **James Ensorhuis** 18 (tgl. außer Di 14–17, Juni–Sept. und Osterferien auch 10–12 Uhr), Wohnhaus mit Salon-Atelier des Oostender Malers, und das **PMMK** 19 (Museum für Moderne Kunst, Romestraat 11, tgl. außer Mo 10–18 Uhr).
Eine grüne Oase inmitten der Stadt ist der **Leopoldpark**, in dem sich seit 1933 die Zeiger der berühmten **Blumenuhr** 20 drehen.

Umgebung Oostendes

In der **Domein Raversijde** westlich von Oostende wird die Erinnerung an Prinz Karl wach gehalten. Der Bruder König Leopolds III. und kurzzeitige Regent von Belgien lebte hier bis zu seinem Tode im Jahr 1983. In dem weitläufigen Dünenareal kann man auch deutsche Festungsanlagen und Stellungen des Atlantikwalls aus den beiden Weltkriegen sowie Teile eines mittelalterlichen Fischerdorfes besichtigen (April–11. Nov. tgl. 14–17, Juli–Aug. 10.30–18 Uhr, letzter Einlass 75 Min. vor Schluss).

Dienst voor Toerisme: Monacoplein 2, Tel. 059/70 11 99, Fax 059/70 34 77, www.oostende.be

Thermae Palace 21: K. Astridlaan 7, Tel. 059/80 66 44, Fax 059/80 52 74. Luxushotel, 159 Zimmer, die meisten mit Blick aufs Meer. DZ 125–235 €.
Ter Kade 22: Visserskaai 49, Tel. 059/50 09 15, Fax 059/51 04 87. Zimmer mit Panoramablick auf Strände, Pier und Hafen. DZ 74–98 €.
Burlington 23: Kapellestraat 90, Tel. 059/55 00 30, Fax 059/70 81 93. Am Jachthafen, nahe Bahnhof, Zimmer mit allem Komfort. DZ 67–100 €.
Louisa 24: Louisastraat 8b, Tel. 059/50 96 77, Fax 059/51 37 55, www.hotellouisa.be, März–Dez. Gemütlich, im Art-déco-Stil. 2 Häuserblöcke vom Strand. Lift, Bar. 15 komfortable Zimmer. DZ 55–80 €.
Jugendherberge
JH De Ploate 25: Langestraat 82, Tel. 059/80 52 97, Fax 059/80 92 74, www.vjh.be. Übernachtung mit Frühstück 15,75 €.
Camping
Oasis: Duinenstraat 284, Tel. 059/30 19 55, Mariakerke-Bad, April–Okt. Nahe Dünen und Strand, Restaurant, Cafeteria. Im Sommer Grillfeste und Discoabende. Stellplatz 15 €.

Au Vigneron 26: Koningsstraat 79, Tel. 059/70 48 16, Mo, So abends geschl. Speisen, Ambiente, Preise – in dem Gourmet-Tempel Oostendes in der ehemaligen königlichen Residenz ist alles königlich. Menü 43 €.
Old Fisher 27: Visserskaai 34, Tel. 059/50 17 68, Di abends, Mi geschl. Verlockende Fisch- und Meeresfrüchtespezialitäten. Menü 18 €.
Picadelly 28: Van Iseghemlaan 54, 059/50 44 26, tgl. Erstklassige Fisch- und Fleischgerichte, Spezialität: Oostender Bouillabaisse mit sieben Sorten Fisch und Hummer. Menü 15 €.
Wiener Caffee 29: Christinastraat 20, Tel. 059/80 99 69, tgl. Gemütliches Jugendstil-Interieur, Fisch- und Fleischspezialitäten, Tearoom, 18 verschiedene Kaffeezubereitungen. Menü 15 €.

Oostendes **Einkaufsmeile** ist die Kapellestraat.

Casino: Monacoplein, Tel. 059/70 51 11, www.cko.be, tgl. ab 15 Uhr. Zahlreiche **Discos und Kneipen findet** man auf der Langestraat, Van Iseghemlaan und Louisastraat.
Le Dôme: Langestraat 15, Tel. 059/80 32 15, tgl. ab 16 Uhr. Dancing bis tief in die Nacht.
Manuskript: Langestraat 23, Tel. 059/51 11 88. Do Musik live.
Taverne Botteltje: Louisastraat 19, Tel. 059/70 09 28. Die meisten – 300! – Biersorten an der Küste.
Triton Karaoke: Langestraat 44, Tel. 059/80 64 54, tgl. ab 20 Uhr. ›Selber Singen‹ für jedermann.

Ciné Rialto: Langestraat 39, Tel. 059/70 61 58, www.cine-rialto.be. Kinokomplex mit acht Sälen.

Neujahrstauchen: 1. So nach Silvester, Bad von über tausend Hartgesottenen in der eiskalten Nordsee.
Karneval: Sa nach Aschermittwoch, **Cimateire-Umzug** mit *kjoefen*-Wurf (kleine Holzschuhe, einer aus Gold) vom Glockenturm.
Bal du Rat mort: März, berühmter Benefiz-Maskenball im Casino.

Oostendes **Strände** sind frei zugänglich, weniger überfüllt sind der Oosterstrand östlich der Hafeneinfahrt und der Raversijdestrand im Westen.
See-Exkursionen und **Sportfischen** auf See: Juli/Aug., Franklin, Tel. 059/70 62 94.
Bootstouren mit dem Motorboot De Seastar entlang der Küste: Juli–Aug., Tel. 058/23 24 25.
Wellington-Pferderennbahn: Tel. 059/80 60 55. Auch abends finden Rennen statt.

Bahnhof, Bushof und **Fährhafen** liegen dicht beieinander.
Bahn: IC nach Brügge, Brüssel, Gent, Antwerpen, Leuven, Lüttich, Eupen.
Bus: Verbindungen nach Veurne, Diksmuide, Tel. 059/56 53 53.
Küstenstraßenbahn: Fährt die ganze Küste entlang.
Fähren: Sally Ferries nach Dover, Tel. 059/55 99 11. Hoverspeed nach Dover, 00800/12 11 12 11.

Blankenberge

Belgien-Atlas: S. 232, B 2
Markenzeichen des beliebten Familienseebadeortes Blankenberge (18 000 Einw.) ist der 350 m ins Meer reichende **Pier,** in dessen Pavillon **TrainCity** man alles Erdenkliche über Eisenbahnen erfährt (Mo–Do, So 10–18; Fr, Sa bis 19, Juli–Aug. tgl. bis 21 Uhr).

Im **Lustigen Velodrom** neben dem Pier kann, wer Lust hat, auf einem der merkwürdigen Fahrräder mit eiförmigen Rädern oder verkehrt herum montierten Sätteln seine Fahrkünste unter Beweis stellen (Ostern–3. Sept.-Wochenende). Im **Serpentarium** lassen Klapperschlangen ihre Klappern rasseln, winden sich aalglatte Nattern, wenn sie nicht gerade dösen oder sich häuten (Zeedijk 146, Juli, Aug. 9–21, Okt.–Ostern 13–17, sonst meist 10–18 Uhr). Um Tiere geht's auch im **Sea-Life-Centre**, hier drehen u. a. Hai und Rochen ihre Runden (Koning-Albert-I.-laan 116, tgl. 10–18, Juli, Aug. 10–20 Uhr).

Das **Fun & Mystery House** lehrt das Gruseln und den Kampf gegen die Zentrifugalkraft auf der großen Drehscheibe (Kerkstraat 27, Juli, Aug. 10–21, Sept.–Okt. u. Osterferien Sa, So

11–18, April–Juni wochentags 14–18 Uhr).

Am Rand des Jachthafens schützt der **Paravang,** ein langer, neogotischer Windschirm mit putzigem Dach, rastende Spaziergänger vor dem Westwind. Am nahen Leuchtturm vorbei geht es auf die 447 m lange Oosterstaketsel, die östliche Hafenmole, an deren Ende man in einem Café bei einer Erfrischung geruhsam ein- und auslaufende Schiffe betrachten kann.

Dienst voor Toerisme: Leopold-III-plein, Tel. 050/41 22 27, Fax 050/41 61 39.

Helios: Zeedijk 92, Tel. 050/42 90 20, Fax 050/42 86 66. Luxus-Hotel mit Meeresblick, Sauna, Solarium, Hot-Whirlpool, Fitness, Tiefgarage. DZ 105–150 €.
Concordia: Molenstraat 29, Tel. 050/41 12 20, Fax 050/41 84 13. Ruhige Lage in der Fußgängerzone, 150 m vom Strand. Lift, Parkmöglichkeit. DZ 46–58 €.
Camping
Dallas: Ruzettenlaan 191, Tel. 050/41 81 57. März–Mitte Sept. Luxus-Camping, 50 m vom Strand, separate Jugendplätze. Hauptsaison: Stellplatz 28 €, sonst um 18 €.
Jugendherberge
De Wullok: Ruitersstraat 9, Tel. 050/41 53 07, Fax 050/42 60 14. Zimmer für 2–8 Gäste. Übernachtung mit Frühstück 11,75–14,85 €.

t'Fregat: Zeedijk 108, Tel. 050/41 34 86, tgl. (außer Di im Winter) 15–23 Uhr. Spezialität: Fisch und Muscheln, auch Vegetarisches, dazu klassische Musik und Meeresblick. Tagesgericht 10 €, Menü 15–35 €.
Panda: Grote Markt 5, Tel. 050/41 83 84, tgl. 15–24 Uhr. Chinesische Küche, Spezialität: Dim Sum. Sonnenterrasse. Tagesgericht 10 €, Menü 17–43 €.
Triton: Zeedijk 92, Tel. 050/42 90 20, Mitte Jan.–Mitte Nov. tgl. (außer Di, Mi im Winter) 13.45–20.45 Uhr. Fischrestaurant mit Designeinrichtung und Meeresblick. Tagesgericht 15 €, Menü 15–50 €.

Casino: Zeedijk 150, Tel. 050/43 20 20. Spielsaal, Restaurant & Bar, tgl. ab 15 Uhr.
King Beach: Zeedijk. Beach-Club.
Metro: Kerkstraat 157. Dancing, Computer-Orgel.

Windsurfen: Surfclub Offshore, Ostseite Pier, 15. Juni–Aug.

Küstenstraßenbahn: Fährt die ganze Küste entlang.

Zeebrugge

Belgien-Atlas: S. 232, C 2
Mit seinen großen Außen- und Binnenhäfen ist Zeebrügge (4 400 Einw.) Drehscheibe des internationalen Schiffsverkehrs, Fähr- und Jachthafen sowie größter Fischereihafen Belgiens. Doch weist sich die Hafenstadt auch als Seebad aus.

Ein Bummel auf der Strandpromenade kann bis zum **Leuchtturm** am Ende der Hafenmole führen. Auf dem Weg dorthin liegt das **St. George Memorial**, das an die Schlacht bei Zeebrügge am St.-Georgs-Tag 1918 erinnert. Damals sperrte die britische Marine in heldenhaftem Einsatz den Hafen, der den Deutschen als wichtigster U-Boot-Stützpunkt diente.

Bunte Fischkutter, elegante Luxusjachten und kleine Schiffswerften fügen sich zu einem malerischen Hafenbild. Fischrestaurants und -geschäfte bieten Gelegenheit, vom köstlich zubereiteten frischen Fang zu kosten. Größte Attraktion am Fischereihafen ist der **Seafront-Maritimes Themapark** mit dem Feuerschiff ›Westhinder‹, einem russischen U-Boot und dem Aquastrip mit seinem märchenhaften Unterwasserparadies (tgl. 10–18, Juli, Aug. bis 19 Uhr, Jan geschl.).

Dienst voor Toerisme: Zeedijk, Tel. 050/54 50 42.

Maritime: Zeedijk 6, Tel. 050/54 40 66, Fax 050/54 66 08, www.hotel-maritime.be. An der Strandpromenade, mit Meerblick. 12 komfortable Zimmer. Bar, Parkplatz. DZ 78–90 €.

Mon Manège à Toi: Rederskaai 13, Tel. 050/55 05 60, tgl. Fisch und Meeresfrüchte, fangfrisch auf den Tisch. Lunch-Menü 20 €.
Michel's: Baron de Maerelaan 18, Tel. 050/54 57 86. Mi abends (außer in Ferien), So (außer Juli, Aug.) geschl. Fisch und Meeresfrüchte, klassisch zubereitet, aber auch Fleischgerichte. Tagesgericht ca. 16 €.

Sandskulpturenfestival: Mitte Aug.–Mitte Sept., mit riesiger Sandskulptur am Strand.

Hafenrundfahrt: März–Sept. tgl. Abfahrt: Oude Vismijn, Euro-Line, Info: 050/55 09 00, www.euro-line.be

Bahn: Nahverkehrszug Brügge-Zeebrügge. **Küstenstraßenbahn** entlang der ganzen Küste.

Fähren: Tgl. Fährverbindung für Passagiere und Kfz: North Sea Ferries nach Hull (England), Tel. 050/54 34 30, www.ponsf.com. Personen: Superfast Ferries (www.super-fast.com).

Knokke-Heist

Belgien-Atlas: S. 233, C 2
Das Seebad Knokke-Heist (33 000 Einw.) prunkt mit schicken Boutiquen, Salons und Juwelierläden. Badevergnügen, gemütlich in Heist, lebhaft in Knokke, lockt an fünf breite Sandstrände. Mondän präsentieren sich die Villen im Vorort Het Zoute.

Das im Art-déco-Stil gestaltete **Casino** (Zeedijk-Albertstrand 509) ist Spielbank und Kunsttempel zugleich. Hier stößt man auf Kunstwerke von Ossip Zadkine, Niki de Saint-Phalle, Paul Delvaux und René Magritte sowie auf einen kolossalen Kronleuchter, der es mit seinen 37 000 Stücken venezianischen Kristalls ins ›Guinness-Buch der Rekorde‹ geschafft hat.

Harmonisch in die Dünenlandschaft eingefügte Villen bestimmen das Bild von **Duinbergen,** einem ruhigen Wohngebiet ohne Hochhäuser und mit einem weniger dicht bevölkerten Strand, westlich von Albertstrand. Der einladende **Willempark** geht in das bereits mit den Ausläufern von Zeebrügge verschmelzende Heist über, das im Ruf eines Familienbadeortes mit ungezwungener Atmosphäre steht. Das **Museum Sincfala** widmet sich dem Brauchtum der Seeleute und Polderbauern (Pannestraat 140, tgl. 10–12, 14–17.30 Uhr).

Im **Vlindertuin** am Rand des noblen Villenortes Het Zoute tummeln sich Hunderte bunter Schmetterlinge in einer verglasten Landschaft mit Teichen, Wasserfällen und tropischen Pflanzen (Schmetterlingsgarten, Bronlaan 14, Ostern–Sept. tgl. 10–17.30 Uhr).

Het Zwin

Über die holländische Grenze hinaus reicht das Naturreservat Het Zwin an der Mündung der versandeten Meeresbucht Zwin mit einer artenreichen Tier- und Pflanzenwelt. Über 100 Vogelarten, darunter Austernfischer, Löffler, Störche, Enten und Wildgänse, sind hier heimisch, rasten während des Vogelzugs oder machen im Winter Quartier. Fernglas mitnehmen! (Tgl. 9–19, Okt.–Ostern tgl. 9–17 Uhr, Nov.–März Mi geschl.)

Dienst voor Toerisme: Zeedijk-Knokke 660, Tel. 050/63 03 80, Fax 050/63 03 90, www.knokke-heist.be.

Best Western Golfhotel Zoute: Zoutelaan 175, Tel. 050/61 16 14, Fax 050/62 15 90. Luxuriöse Zimmer, Restaurant und Tea-Room mit Terrasse, Golf, Tennis. DZ 110–175 €.
Marie Siska: Zoutelaan 177, Tel. 050/60 17 64, Fax 050/62 32 00. In Het Zoute, luxuriöse Zimmer im Laura-Ashley-Stil. Großer Spielplatz, Minigolf, Ponyfarm. DZ 97–112 €.
St. Yves: Zeedijk 204, Tel. 050/51 10 29, Fax 050/51 63 87. Am Meer, 8 gemütliche Zimmer mit allem Komfort. Restaurant,

Der Zwin ist ein Paradies für Störche

gastronomische Aufenthalte. DZ 81–106 €.

Camping

Vuurtoren: Heistlaan 168, Tel. 050/51 17 82. Mitte März–Mitte Okt. Großer Familien-Campingplatz, moderne sanitäre Anlagen, Laden, Restaurant. Stellplatz 16 €.

La Villa: Oosthuoekplein 27, Het Zoute, Tel. 050/60 60 49, Mo, Di, Juli/Aug. nur Di geschl. Authentische italienisch-mediterrane Küche. Menü 20 €

L'Artiste: Van Bunnenplein 20, Tel. 050/60 35 55, tgl. außer Di ab 12 Uhr. Französische Küche, auch Fondue und Raclette. Menü 10–30 €.

La Table du Marché: De Judestraat 1, Tel. 050/62 38 33, tgl. ab 18 Uhr. Dekor und Menüs: französisch. Menü 10–42 €.

Auf der Lippens-, Dumortier- und Kustlaan und auf dem Zeedijk reihen sich exklusive Geschäfte bekannter Modemacher, Juweliere, Hairstylisten, Antiquitätenläden und Kunst- und Antikgalerien.

Casino: Zeedijk-Albertstrand 509, Tel. 050/63 05 00, tgl. ab 15 Uhr. Diskothek Number One (Fr, Sa ab 22.30 Uhr, während Ferien tgl.).

Internationales Fotofestival: Osterferien.

Folkloremarkt: Juli, Aug., Do ab 14 Uhr, Volksmusik, Puppenspiel, Handwerk, Antikmarkt.

Weltcartoonale: ab Mitte Juni, internationales Cartoonfestival.

Internationales Feuerwerks-Festival: August, funkensprühende Spektakel zu synchroner Musik.

Segeln und Windsurfen: VVW Heist; RBSC Duinbergen; Channel Surfing und Surfers Paradise in Het Zoute.

Bahn: IC nach Brügge, Brüssel, Leuven, Diest, Tongeren.

Küstenstraßenbahn: Fährt die ganze Küste entlang.

Nieuwpoort

Belgien-Atlas: S. 232, A 2

Wie Phönix aus der Asche auferstanden ist die wenige Kilometer landeinwärts liegende Stadt Nieuwpoort (Nieuport; 10 000 Einw.), nachdem sie Ende des Ersten Weltkriegs vollkommen zerstört war. Das Resultat des Wiederaufbaus ist großartig und lässt den ursprünglichen Charme des Ortes erahnen. Und noch immer spielt hier die Fischerei eine bedeutende Rolle. 3 km entfernt liegt an der Hafenzufahrt der im Sommer von Badegästen bevölkerte Ableger Nieuwpoort-aan-Zee.

Im Stadtzentrum bilden das im Stil flämischer Renaissance errichtete **Stadhuis,** die ursprünglich mittelalterliche **Graanhalle** (Kornhalle) mit Belfort und die neogotische **Onze-Lieve-Vrouwkerk** mit frei stehendem Glockenturm ein malerisches Ensemble. In der Kirche befinden sich sehenswerte Gemälde, darunter das 1820 geschaffene Bild ›Die Schlacht bei Nieuwpoort‹, ein Geschenk des niederländischen Königs, Wilhelm I.

In der **Vismijn** (Fischhalle) am Visserskaai wird morgens der frische Fang versteigert und kommt schon mittags köstlich zubereitet in den zahlreichen Fischrestaurants am Visserskaai auf die Teller, z. B. als *Nieuwpoorts Zootje,* einer Platte mit verschiedenen Fischsorten. Am Kai hinter der Vismijn bildet die versammelte Nieuwpoorter Fischereiflotte ein buntes, malerisches Bild.

Jenseits der IJzerbrücke überragt das **Koning-Albert-I.-Monument** den Hafenbereich: ein gewaltiger kranzförmiger Bau um das Reiterstandbild des Königs, der hier 1914 die Schleusen öffnen ließ, um den Vormarsch der Deutschen aufzuhalten. Vom oberen Säulenkranz bietet sich ein einzigartiger Ausblick auf den Hafen, die Stadt und die IJzer-Schleusen, hinter denen das **Ijzerdenkmal** für die im Ersten Weltkrieg gefallenen Belgier die bedeutende Rolle der Schleusen hervorhebt.

Mehrere Kilometer lang ist der von einer langen Promenade gesäumte Strand von **Nieuwpoort-aan-Zee.** Ein Spaziergang führt auf den westlichen, 500 m weit ins Meer hinausragenden Pier. Angler nutzen den Steg, wer selbst fischen möchte, kann eines der absenkbaren Kreuznetze mieten. Jenseits der Hafenrinne wacht der **Leuchtturm** inmitten der Dünen, dort hat man den kilometerlangen Sandstrand und die Dünen fast ganz für sich allein.

Landeinwärts schließt das Naturreservat **De Ijzermonding** an, Tummelplatz für 30 verschiedene Arten von Wattvögeln, aber auch Singvögel und Enten. Das Naturreservat ist nur in Begleitung eines Führers zugänglich.

Dienst voor Toerisme: Stadhuis, Marktplein 7, Tel. 058/22 44 44, Fax 058/22 44 28, www.nieuwpoort.be

Cosmopolite: Albert-I.-laan 141, Tel. 058/23 33 66, Fax 058/23 81 35. Behindertengerechtes Hotel mit 51 komfortablen Zimmern, Bar. DZ 69 €.

Sandeshoved: Zeedijk 25, Tel. 058/23 41 53, Fax 058/23 95 23. Großhotel mit 188 komfortablen Zimmern am Zeedijk, Aufzug, Bar. DZ 69 €.

Camping

IC-Camping: Brugsesteenweg 49, Sint-Joris, Tel. 058/23 60 37. Ende März–Anfang Nov. Luxus-Campingplatz mit Schwimmbad, Wassersportmöglichkeiten. 4 Wanderhütten, keine Zelte, Stellplatz 28 €.

Fangfrischen Nordseefisch erhält man in den Restaurants Nordex, Chamberlain, La Marée, De Roos, Centrale und Café de Paris, die alle am Kai gegenüber dem Fischereihafen liegen. Tagesgerichte und Menüs ab ca. 10–20 €.

Cosmopolite: Albert-I.-laan 141, Tel. 058/23 33 66, tgl. Fisch, Muscheln, Aal und Kaninchen sind Spezialitäten, Pfannkuchen gibt es im Tea-Room. Menü 15 €.

Segelausflüge: AS TIAN, Tel. 058/23 91 25. Magic Sailing, Tel. 09/282 46 92.

Küstenstraßenbahn: Fährt die ganze Küste entlang.

De Panne

Belgien-Atlas: S. 232, A 3

Der breiteste Strand, die größte Dünenlandschaft, die meisten Naturreservate an Belgiens Küste, der kinderfreundlichste Badeplatz – Superlativen, die für das dicht an der französischen Grenze liegende De Panne (La Panne; 10 000 Einw.) stehen.

Im Ersten Weltkrieg residierte die Königliche Familie in De Panne; von dort und aus dem Hauptquartier in

Am Strand von De Panne

Veurne leitete der König die Verteidigung. Im Hotel l'Océan auf dem Zeedijk Nr. 70 – eine Gedenktafel an der heutigen **Residenz l'Océan** erinnert daran – hatte man ein Lazarett eingerichtet, in das sich die belgische Königin Elisabeth häufig begab, um die Verwundeten persönlich zu versorgen. Mit dem **Heldendenkmal** auf dem Albertplein gedenkt man der Kriegstoten.

Auf dem 5 km langen und über 400 m breiten Strand finden im September die internationalen **Wettkämpfe der Strandsegler** statt. Dabei erreichen die dreirädrigen Flitzer bis zu 120 km/h.

Rund um De Panne befindet sich ein Drittel aller Dünen des gesamten belgischen Küstenstreifens, der größte Teil steht unter Naturschutz. Wanderwege, deren Beschreibungen man in der Touristen-Information erhält, machen die Naturreservate für Besucher zugänglich. Das 340 ha große Naturreservat **De Westhoek** gilt als die schönste Dünenlandschaft zwischen Mont St.-Michel in der Normandie und den niederländischen Wattinseln. Im **Calmeynbos** trotzen 25 Baumarten dem salzhaltigen Wind, im Naturreservat **Oosthoek** bestehen noch die nach dem 8. Jh. entstandenen Paraboldünen. Der 13 km lange Dünenstreifen der bis nach Frankreich reichenden **Domaine Cabourg** kann auf einem ebenso langen Weg durchwandert werden.

Dienst voor Toerisme: Gemeindehaus, Zeelaan 21, Tel. 058/42 18 18, Fax 058/42 16 17. www.depanne.be

Europe: Meeuwenlaan 58, Tel. 058/42 11 51, Fax 058/42 12 27. Ruhige Lage 50 m vom Strand und Zentrum, Schwimmbad, Restaurant, Bar und Salon. DZ 62–72 €.

Mon Bijou: Zeelaan 94, Tel. 058/41 11 05, Fax 058/42 07 54. Im Zentrum, 28 komfortable Zimmer, stimmungsvolle Sonnenterrasse, Restaurant. DZ 56–68 €.

Camping: Greenpark: Veurnestraat 177,

058/42 01 06. Ende März–Mitte Sept. 150 m vom Markt in bewaldeten Dünen. Laden, Spielplatz, Schwimmbad. Stellplatz ca. 12 €.

La Coupole: Nieuwpoortlaan 9, Tel. 058/41 54 54, Mi, Do geschl. Fisch- und Meeresfrüchte, frisch aus der Nordsee und köstlich zubereitet. Menü 15–40 €.
Baan Thai: Sloepenlaan 22, Tel. 058/41 49 76, Di geschl. Thailändische Küche, Interieur im Kolonialstil, prächtiger Garten, Terrasse. Geröstete Entenbrust, aber auch Teriyakki vom Springbock, Känguruﬁlet, Krokodilscheiben. Menü 14–40 €.

Zeilwagenwedstrijden: Sept., Strandsegler-Rennen.

Küstenstraßenbahn: Fährt die ganze Küste entlang.

FLANDERN

In die mittelalterliche Stadt Brügge, zur Uilenspiegel- und Bücherstadt Damme, zu mächtigen Belfrieden und Kathedralen, riesigen Tuchhallen, prunkvollen Rathäusern und stillen Beginenhöfen der altflämischen Städte, zu historischen Festen und Prozessionen, in Museen, die das kulturelle Erbe Flanderns bewahren.

Brügge

Belgien-Atlas: S. 232, C 2
Stolz präsentiert sich Brügge (Brugge, Bruges; 116 800 Einw.), die Königin der mittelalterlichen Städte, ihren Besuchern. Im großartig erhaltenen mittelalterlichen Stadtbild mit seinen prächtigen Patrizier- und Zunfthäusern spiegelt sich der Glanz vergangener Zeiten, als Brügge eine der wohlhabendsten Städte Europas war, in der die burgundischen Herzöge Hof hielten und reiche Patrizier Welthandel trieben. 2000 wurde der historische Stadtkern UNESCO-Weltkulturerbe.

Geschichte

Brügges Existenz geht auf die normannische Landungsstelle *bryggia* am Ufer des Zwin, einer schon lange verschwundenen Meeresbucht, zurück. Dort errichtete Balduin Eisenarm, Flanderns erster Graf, im 9. Jh. eine Burg, um die eine Siedlung entstand. Die Lage am Zwin erwies sich als überaus segensreich. Brügge wuchs zu einer geschäftigen Hafenstadt heran, wurde Mitglied der Hanse und, im ausgehenden Mittelalter, die reichste Stadt nördlich der Alpen.

Als der Zwin versandete und Kaiser Maximilian I. im 15. Jh. die Freiheiten der Stadt drastisch beschnitt, sank Brügges Stern, es verarmte und verharrte Jahrhunderte im Dornröschenschlaf. Erst 1907 erhielt die Stadt durch den Anschluss an den Seehafen Zeebrügge eine neue wirtschaftliche Perspektive. Heute zieht sie ihr größtes Kapital aus ihrem einstigen Stillstand, wurde sie dadurch doch vor baulicher Verschandelung bewahrt.

Besichtigung

Am **Burgplein** [1] steht das älteste erhaltene Bauwerk Brügges, die **Heilig-Blut-Basilika.** Über der romanischen St. Baseliuskapelle (ab 1139) wurde die spätgotische Heilig-Blut-Kapelle erbaut, in der die Reliquie des Heiligen Blutes aufbewahrt wird. Dietrich von Elsass brachte diese vom Zweiten Kreuzzug (1128–68) mit. Jeden Freitag wird der Kristallflakon mit Tropfen des Blutes Christi dem Schrein entnom-

Brügge

men und ausgestellt. Während der Heilig-Blut-Prozession wird der Schrein mit der Reliquie durch die Straßen geführt. (Besichtigung: April–Sept. tgl. 9.30–11.50, 14–17.50 Uhr; Okt.–März tgl. außer Mi nachmittags, 10–11.50, 14–17.50 Uhr; Reliquienverehrung: Fr 8.30–10 Uhr, unten, 10–11, 15–16 Uhr, oben)

Filigranes Maßwerk, Spitztürmchen und Statuen der flandrischen Grafen schmücken die schöne Fassade des **Stadhuis** (1376–1420). Der gotische Ratssaal beeindruckt mit seiner skulpturengeschmückten, goldbemalten Holzgewölbedecke und kunstvoller Wandmalerei mit Szenen aus der Geschichte Brügges (tgl. außer Mo 9.30–17 Uhr). Die zierliche, 1534–37 im Renaissancestil erbaute **Civiele Griffie** (Zivilkanzlei) mit den Figuren von Justitia, Moses und Aaron auf den Schweifgiebeln, nebenan, diente als Friedensgericht.

Das klassizistisch-barocke **Paleis van het Brugse Vrije** (Brügger Freiamt) war Sitz des Gerichtshofs und beherbergt heute die Touristen-Info und das **Museum Het Brugse Vrije**. Prunkstück des Museums ist der ›Schwarze Kamin‹ im Renaissancesaal, mit dem Kaiser Karl V. gehuldigt wurde (tgl. außer Mo 9.30–12.30, 13.30–17 Uhr).

Am Markt bezeugt die monumentale **Tuchhalle** [2] mit ihrem 88 m hohen Belfried (13.–15. Jh.) die einstige Bedeutung des Handels für die Stadt und das freiheitliche Selbstbewusstsein der Brügger. Wer die 366 Stufen emporsteigt, kommt an der alten Schatzkammer, dem mächtigen Uhrwerk und dem Glockenspiel vorbei und erhält eine einzigartige Aussicht (tgl. außer Mo 9.30–17, Tickets bis 16.45 Uhr). Auf dem Marktplatz steht ein Monument für Jan Breydel und Pieter de Coninck, die 1302 während der Brügger Mette und der Goldsporenschlacht die Freiheitskämpfer anführten.

Durch Brügges Süden

Nicht weit vom **Fischmarkt** [3] bietet sich am **Rozenhoedkaai** [4] eine Postkartenansicht auf die Reie und den dahinter aufragenden Belfried, die manchen Maler zum Pinsel greifen lässt.

Das **Groeningemuseum** [5] zeigt eine beeindruckende Sammlung von Werken flämischer, holländischer und belgischer Meister des 15. Jh. bis heute, darunter Jan Van Eyck, Lanceloot Blondeel, Pieter Bruegel, Constant Permeke, René Magritte und Paul Delvaux (tgl. außer Mo 9.30–17 Uhr).

Das **Brangwynmuseum** [6] widmet sich dem Werk des englischen Malers Frank William Brangwyn (1867–1956) und verfügt über schöne Sammlungen von Spitzen und von Gemälden des alten Brügge (tgl. außer Mo 9.30–17 Uhr).

Der gotische **Palast der Heren van Gruuthuse** (15. Jh.) mit seinen Türmchen, hübschen Treppengiebeln und dem mit Figurenschnitzwerk verzierten Eingangstor ist eine wahre Idylle. Die Gruuthuses besaßen im 14. Jh. ein Monopol auf die *gruyt,* eine Kräutermischung, mit der Bier gewürzt wurde. Jetzt beherbergen die Gemäuer das **Gruuthuse-Museum** [7], in dem neben feinster Klöppelspitze, wertvollen Gobelins, Barockmöbeln, alten Hand- und Feuerwaffen, Kacheln und Grabsteinen alle Arten von Instrumenten gezeigt werden (tgl. außer Mo 9.30–17 Uhr).

Dahinter ragt der Turm der ab 1210 errichteten gotischen **Onze-Lieve-Vrouwkerk** [8] empor. Die von imposantem Strebewerk gestützte Kirche birgt faszinierende Kunstwerke, darunter ein lebensgroßes Madonnenbildnis mit Kind aus weißem Marmor von Michelangelo und die Sarkophage des Burgunderherzogs Karl des Kühnen und seiner Tochter Maria (Di–Fr 9.30–12.30, 13.30–17, Sa bis 16, So 13.30–17 Uhr).

Das malerische **Sint-Jansspital** (1118) diente über 800 Jahre als Krankenhaus. In ihm befindet sich das **Memlingmuseum** [9] mit Werken des flämischen Malers Hans Memling (um 1430–94), darunter der berühmte Ursulaschrein, ein Prunkstück der Miniaturenmalerei (tgl. außer Mo 9.30–17 Uhr).

In der **Brauerei De Halve Maan** [10] wird seit 1856 Bier gebraut, u. a. das ›Straffe Hendrik‹, das bei einer Führung auch ausgeschenkt wird (Apr.–Sept. tgl. 11–16, sonst bis 15 Uhr).

Am gotischen **Schleusenhaus** (1519) wird der Übergang des mittelalterlichen Hafenbeckens **Minnewater** in eine Gracht reguliert. Wenige Schritte entfernt liegt der 1230 von Johanna von Konstantinopel gestiftete **Begijnhof en Wijngaarden** [11], dessen weiße Häuschen und das Kirchlein einen baumbestandenen, grünen Innenhof säumen. Die meisten der Häuser sind aus dem 17./18. Jh. und werden heute von Benediktinerinnen bewohnt. Ein Museum gibt Einblicke in das Leben der einst hier wohnenden Beginen

Sehenswürdigkeiten

1 Burgplein mit Heilig-Blut-Basilika, Rathaus und Brügger Freiamt
2 Tuchhalle
3 Fischmarkt
4 Rozenhoedkaai
5 Groeningemuseum
6 Brangwynmuseum
7 Gruuthuse-Museum
8 Kirche Unsere Liebe Frau
9 Memlingmuseum
10 Brauerei De Halve Maan
11 Begijnhof en Wijngaarden
12 St. Salvator-Kathedrale
13 Kantcentrum
14 Volkskunde-Museum
15 Kruispoort
16 St. Janshuys-Mühle

Übernachten

17 De Barge
18 't Putje
19 Notre Dame
20 Cavalier
21 Bauhaus International Youth Hotel

Essen und Trinken

22 Hemelrycke
23 Maria van Bourgondie
24 Bhavani
25 Gruuthuse Hof

Fort Lapin
Sint Pieterskaai
Kanaal Gent-Brugge-Oostende
Walwein-
straat
Noorwegskaai
Kanaal Brugge Sluis
Damse Vaart
Zuid
Dampoort
Buiten
Dampoort
Zuidervaartje
Diksmuidestr.
Kolenkaai
Baron
Ruzettepark
Kom Vest
Komvest
Leopold II-Laan
N. Gombertstr.
Kalvariebergstr.
's Gravenstr.
Wulpenstr.
Potterierei
Potterie-Museum
Buiten Kruisvest
Dampoortstr.
Sportstr.
Kardinaal Mercierstr.
Werfstr.
St-Claradreef
Julius en Maur. Sabbestr.
Lange Rei
O.-L.-Vrouw
ter Duinen
Peterseliestr.
Kon. Elisabethlaan
Vlamingdam
Atheneum
St-Clarastr.
Ballestr.
Oliebaan
Dampoortstr.
Ezel-
poort
Annuntiatenstr.
Gotje
Elis. Zorghestr.
Klaverstr.
Biddersstr.
Snaggaardstr.
Engels-
klooster
Sint Jorisstr.
Schrijver-
str.
Lange Rei
Potterierei
Gezelle-
Museum
Gulden-Vlieslaan
Ezelstr.
Jan Bonninstr.
Handstr.
Carmerstr.
Rolweg
16
Augustijnenrei
14
15
Raamstr.
Kortewinkel
Genthof
Jeruzalemstr.
13
Stijn Streuvelsstr.
Rozendal
Poitevinstr.
Spiegelrei
Peperstr.
str.
Academie-
str.
St-Annarei
21
Groene-
Verversdijk
Gerechts-
hof
Beenhou-
Haus ter Beurze
Vlamingstr.
Molenmeersstr.
Oude Zak
St-Jakobsstr.
20
St-Jansstr.
Riddersstr.
Verbrand Nieuwland
Langestr.
Vuldersstr.
Geerwijnstr.
Hoogstr.
Philipstockstr.
Geldmuntstr.
Bilkske
str.
Moerstr.
1
Predikheren
Witte Leertouwersstr.
Predikherenrei
Ganzestr.
wersstr.
2
3
Hallestr.
Wollestr.
Zwarte Leertouwersstr.
Coupure
Hoefijzerlaan
Hooi-
Kazernevest
Spelmansrei
Noordzandstr.
Waalsestr.
24
Zilver-
str.
Park
Minderbroeders-
str.
Steenstr.
4
Eekhout-
str.
Dijver
22
Hoogstuk
19
Koningin
Astrid
Park
Smedenstr.
Schaarstr.
'T Zand
25
6
Zuidzandstr.
Mariastr.
5
Vrijdagmarkt
7
Gapaardstr.
12
Garen-
markt
18
Goezeputstr.
23
Willemijnen-
dreef
9
Groe-
ninge
Nieuwe
Gentweg
8
Hauwertstr.
Boninvest
Buiten-
boninvest
Gentpoortstr.
Nieuwe Gentweg
Zonnekemeers
Wal-
plein
Gent-
poort
Katelijnestr.
Oude Gentweg
Generaal
Lemanlaa
Westmeers
Oostmeers
Boeveriestr.
10
Noordstr.
Gentpoortvest
Buitengentpoortvest
Visspaanstr.
Wijngaard-
plein
Arsenalstr.
Sulferberg-
str.
11
Wagnerstr.
Vestingstr.
Daverlostr.
Koning Albertlaan
Minnewater
Boeverie-
poort
Begijnenvest
Bargeweg
Spoorwegstr.
Bahnhof
Buiten Beginenvest
Buitenkatelijnevest
17
BRÜGGE
0
400 m

ÜBER DAS KLÖPPELN VON SPITZE

»Die Spitzenklöpplerin hält eine Art Kissen auf ihren Knien, an dem ein Streifen Pappe befestigt ist. Dieser Streifen ist bereits im Spitzenmuster durchstochen. Sie steckt Gruppen von Nadeln in die Löcher und spinnt ihr Fadennetz darum herum. Die zahllosen Fäden laufen von den Nadelgruppen aus auseinander wie die Speichen eines Rades, und die Spulen, von denen die Fäden abgewickelt werden, bilden den äußeren Kranz dieses Rades. Die Frau wirft die Spulen mit fliegenden Fingern um sich, nach innen und nach außen, über- und untereinander her und so schnell, dass man den Bewegungen kaum mit den Augen folgen kann. In dem Chaos und der Verwirrung übersprungener Spulen fragt man sich, wie sie wohl jedesmal die richtige greifen kann, und vor allem, wie sie so unablässig mit ihren Freundinnen schwätzen kann und doch anscheinend keinen Stich auslässt.«

Mark Twain, Juni 1883

(Dez.–Feb. Mo, Di, Fr 10–12, Mi, Do 14–16, März–Nov. tgl. 10–12, 13.45–17 Uhr).

Die gotische, ab 1280 erbaute **Sint-Salvatorkathedraal** 12 verfügt über zahlreiche sehenswerte Kunstwerke, darunter das Chorgestühl mit den Wappen der Ritter vom Goldenen Vlies und eine barocke Orgelempore mit einer Statue Gottvaters von Artus Quellin d. J. Im Museum der Kathedrale sind u. a. Gemälde von Pieter Pourbus, Hugo van der Goes und Lanceloot Blondeel zu bewundern (Mo 14–18, Di–Fr 8.30–11.45, 14–18, Sa 14–15.30, So 9–10, 14–17 Uhr).

Zu den Windmühlen durch Brügges Osten

In den **Jeruzalemgodshuizen**, ehemaligen Armenhäusern neben der Jeruzalemkerk, befindet sich das **Kantcentrum** 13 (Spitzenzentrum) mit einem kleinen Museum und Ateliers, in denen die Tradition des Spitzenklöppelns gepflegt wird (Mo–Fr 10–12, 14–18, Sa bis 17 Uhr; nachmittags Vorführungen).

Interessant ist das **Museum voor Volkskunde** 14 mit seinen authentisch eingerichteten historischen Werkstätten von Schuhmachern, Hutmachern und Fassbindern, einer Küche, Schulklasse und Apotheke. Gemütlich ist die Museumsschänke ›De Zwarte Kat‹ (tgl. außer Mo 9.30–17 Uhr).

Die mächtige, 1402 aus weißem Kalksandstein erbaute **Kruispoort** 15 ist ein Stadttor der mittelalterlichen Stadtfestung. Außer diesem sind noch die südlich gelegene **Gentpoort,** die **Ezelpoort** und die **Smedepoort** im Westen der Stadt erhalten.

Im Mittelalter drehten auf der Stadtumwallung **Kruisveste** 25 Mühlen ihre Flügel im Wind, heute sind es noch vier, von denen die **St. Janshuysmolen** 16 innen besichtigt werden kann (April–Sept. tgl. 9.30–12.30, 13.15–17 Uhr).

Toerisme Brugge: Burg 11, Tel. 050/44 86 86, Fax 050/44 86 00, www.brugge.be

De Barge 17: Bargeweg 15, Tel. 050/38 51 50, Fax 050/38 51 50, www.debargehotel.com. In altem Binnenschiff nahe dem Minnewater. 22 gemütliche Zimmer mit Bad, TV, Telefon. Frühstücksbuffet. Bar, Tea-Room, Restaurant. DZ 85–125 €.
't Putje 18: 't Zand 31, Tel. 050/33 28 47, Fax 050/34 14 23, www.hotelputje.com. 14 komfortable Zimmer mit Bad, TV, Telefon. Terrasse, Bar, Lift, Restaurant. DZ 92–105 €.
Notre Dame 19: Mariastraat 3, Tel. 050/33 31 93, Fax 050/33 76 08, www.hotelnotredame.be. Nahe Gruuthuse-Museum. 10 Zimmer mit Bad, TV, Telefon. DZ 63–69 €.
Cavalier 20: Kniperstraat 25, Tel. 050/33 02 07, Fax 050/34 71 99, www.skynet.be/hotel.cavalier. 100 m vom Markt. 8 komfortable Zimmer mit Bad, TV, Telefon. DZ 55–62 €.

Camping
St.-Michiel: Tillegemstraat 55, Tel. 050/38 08 19, Fax 050/38 01 31. Gut geführte Anlage im südlichen Vorort St. Michiels, 1,5 km vom Zentrum. Restaurant. Stellplatz ca. 13–15 €.

Jugendunterkünfte
JH Herdersbrug: B-8380 Brugge (Dudzele), Louis Coiseaukaai 46, Tel. 050/59 93 21, Fax 050/59 93 49, www.vjh.be. Übernachtung mit Frühstück 14 €.
JH Europa: B-8380 Brugge (Assebroek), Baron Ruzettelaan 143, Tel. 050/35 26 79, Fax 050/35 37 32,. www.vjh.be. Übernachtung mit Frühstück 13,75–15,75 €.
Bauhaus International Youth Hotel 21: Langestraat 135, Tel. 050/34 10 93, Fax 050/33 41 80, www.bauhaus.be. Ein-, Zwei- bis Achtbettzimmer. Café-Restaurant. Pro Person 13,50 €.

Brügge, Markt und Denkmal für Jan Breydel und Pieter de Coninck

Hemelrycke 22: Dweersstraat 12, Tel. 050/34 83 43, Di, Mi geschl. Im kulinarischen Himmelreich wähnt sich, wer hausgemachte Gänseleberpastete, Fisch oder Meeresfrüchte auf dem Teller hat. Menü 21–56 €.

Maria van Bourgondie 23: Guido Gezelleplein 1, Tel. 050/33 20 66, Mi geschl. »Authentisch burgundisches« Interieur, Terrasse mit schöner Aussicht, ausgezeichnete Fisch- und Grillspezialitäten. Menü 18–40 €.

Bhavani 24: Simon Stevinplein 5, Tel. 050/33 90 25, tgl. Koloniales Interieur, indische Musik. Lamm, Huhn oder Seeteufel mit Kokosnuss sind die besonderen Delikatessen des indischen Restaurants. Menü 16–40 €.

Gruuthuse Hof 25: Mariastraat 36, Tel. 050/33 06 14, Mi geschl. Romantisch-gemütlich, typisch flämische Gerichte von Lammkrone über Muscheln bis Schmorfleisch in Bier. Menü 13–30 €.

Verheecke: Steenstraat 30. Exquisite belgische Pralinen und Schokolade. **Pralinette:** Wollestraat 31b. Schauen Sie zu, wie Pralinen von Hand gemacht werden!

The Woolstreet Company: Wollestraat 31a. 200 verschiedene Biere und die passenden Gläser. **Bottle Shop:** Wollestraat 13. Noch mehr Bier, aber auch Genever.

Spitzen findet man in mehreren Dutzend Läden im historischen Zentrum, etliche in der Wolle- und der Breidelstraat.

Brugs Diamanthuis: Katelijnestraat 43. Diamanten kann man in dem Laden des Diamantenmuseums kaufen.

't Brugs beertje: Kemelstraat 5. Über 300 verschiedene Biere.

De Garre: de Garre 1. 135 Biere, darunter fünf echte Trappisten.

't Dreupelhuisje: Kemelstraat 9. Über 100 Genever und Liköre.

Drinks und Dance:

Joey's Cafe: Zilverpand 16a.

Rica Rokk: 't Zand 7–8.

Mayflower Pub: Bargeweg 13.

Charlie Rockets: Hoogstraat 19. Auch Tex-Mex-Food.

Cactus Café: Sint-Jakobsstraat 36. Film, Theater und Live-Musik.

Vino: Grauwwerkersstraat 15. Blues und Tapas.

Du Phare: Sasplein 2. Jazz.

De Versteende Nacht: Langestraat 11. Jazz.

Ravel: Karel de Stoutelaan 172. Schwulenkneipe.

Cultuurcentrum: Infos & Tickets 050/44 30 60, www.brugge.be. Theater, Konzerte.

Concertgebouw: 't Zand 34, Tel. 050/47 69 99, www.concertgebouw.be. Konzerte.

Kinos

Van Eyck: Smedenstraat 12.

Ciné Liberty: Kuipersstraat 23, Tel. 050/33 20 11.

Lumière: St.-Jakobsstraat 36, Tel. 050/33 48 57.

Heilig-Blut-Prozession: an Himmelfahrt.

Reiefeest: Grachtenfest, August, alle drei Jahre (2004, 2007).

Fest des Goldenen Baumes: Juli/August, alle fünf Jahre (2007, 2012).

Zandfeesten: je ein So im Juli, Aug., Sept., Flanderns größter Trödel- und Antikmarkt.

Grachtenrundfahrt: tgl. 10–18 Uhr (Dez.–Feb. nur an Wochenenden und in den Ferien); Bootsanlegestellen: entlang des Rozenhoedkaai, am Dijver und an der Rückseite des St.-Jansspitals. Stadtrundfahrt mit der **Pferdekutsche:** Abfahrt vom Marktplatz. Sightseeing-Rundfahrt im **Minibus:** Abfahrt vom

Marktplatz, Dauer ca. 50 Min. Über individuelle Kopfhörer erhalten die Fahrgäste in der von ihnen gewählten Sprache interessante Erläuterungen zu den Sehenswürdigkeiten. Mit dem **Pferdezug** durch das historische Brügge: Abfahrt: 't Zand, Dauer ca. 45 Min. mit Halt am malerischen Minnewater. **Bus-Ausflüge** nach Damme mit Sightseeing Line Damme: Start 14 und 16 Uhr, Marktplatz. Hin geht es per Bus, zurück mit dem Raddampfer Lamme Goedzak.

Bootsfahrt: Brügge–Damme, mit dem Raddampfer Lamme Goedzak, April–Sept. tgl. 10, 12, 14, 16.20, 18 Uhr. Abfahrt: Noorweegse Kai.

Fahrradvermietung: Bahnhof, Gepäckaufbewahrung, Tel. 050/30 23 29; 't Koffieboontje: Hallestraat 4, Tel. 050/33 80 27; De Ketting: Gentpoortstraat 23, Tel. 050/34 41 96.

Bahn: IC nach Oostende, Blankenberge, Knokke, Gent, Brüssel, Kortrijk, Antwerpen, Eupen.

Damme

Belgien-Atlas: S. 232, C 2

Das idyllische Städtchen Damme (11 000 Einw.) kam als Vorhafen von Brügge zu Wohlstand, versank aber wie Brügge nach der Versandung des Zwin in die Bedeutungslosigkeit. Nur noch in der Literatur spielte die Stadt eine Rolle: Hier ließ Charles de Coster ›Till Uilenspiegel‹ das Licht der Welt erblicken (s. S. 35). Mit dem geschichtsträchtigen Namen im Gepäck hat sich das Städtchen zum ›Bücherdorf‹ Flanderns gemausert und rühmt sich außerdem einer ausgezeichneten Gastronomie.

Juwel der Stadt ist das gotische **Rathaus** (1468) mit hohen Treppengiebeln, Türmchen und Figurenschmuck. Die Gerichtssteine an der rechten Ecke des Gebäudes mussten Verurteilte am Halse tragen, wenn sie zur Kirche gingen, um Buße zu tun. Auf dem Marktplatz davor hat man dem Dichter Jacob von Maerlant (um 1235–1393) ein Denkmal errichtet.

Das romanische **St.-Janshospiz** (1249) beherbergt das **Museum St.-Janshospitaal**, dessen Sammlung von liturgischen Gegenständen, Möbeln, Gemälden und Delfter Fayencen die Vergangenheit des Hospizes illustriert (Kerkstraat 33, April–Sept. tgl. 11–12, 14–16.30 Uhr, Mo, Fr nur nachmittags).

In der gotischen, ab 1225 erbauten **Onze-Lieve-Vrouwkerk** sind vor allem die eichenen Apostelstatuen (1400), die barocken Beichtstühle und der barocke Heilig-Kreuz-Altar (1636) sehenswert. Der Legende nach bargen Dammer Schiffer ein Kreuz aus dem Meer, welches sie in die Kirche brachten, woraufhin sich zahlreiche Wunder ereigneten. Das Ereignis ist auf einem Gemälde aus dem 16. Jh. dargestellt. In der Halle unter dem Turm befand sich einst das Grab von Jacob van Maerlant. Vom Kirchturm erhält man eine schöne Aussicht auf das Polderland (April–Sept. tgl. 10.30–12, 14.30–17.30 Uhr).

Am Kanal gegenüber der Windmühle **Schellemolen** bildet eine lustige Figurengruppe auf einer Mauer das zum 100. Todestag von Charles de Coster geschaffene **Uilenspiegel-Denkmal** (Jef Claerhout, 1979).

BEGINENHÖFE – REFUGIEN DER STILLE

Weiß getünchte Häuschen und eine Kapelle, um einen begrünten Hof geschart, winzige Hausgärtchen mit Geranien und Rosen, Fenster mit Spitzengardinen und Blumenkästen geschmückt, und eine auffallende Stille am Ort – Beginenhöfe sind malerische Oasen im hektischen Treiben der Städte.

Der Name ›Begine‹ geht auf den Spottnamen ›Begina‹ zurück, mit dem man einst Frauen der Scheinfrömmigkeit bezichtigte. Tatsächlich führten Beginen eine Art klösterlich-frommes Leben, ohne jedoch Nonnen zu sein. Sie gelobten Keuschheit, aber nicht Armut. Und sie konnten jederzeit die Gemeinschaft verlassen. Dies bot Frauen, die mangels Mitgift nicht heiraten konnten, ebenso Zuflucht wie Witwen und adeligen Damen. Trotz der zuweilen erheblichen Standesunterschiede hatten alle Beginen gleiche Rechte und Pflichten. Beginenhöfe waren eigenständig und wurden von einer gewählten *Grootjuffrouw* oder *Grande Dame* geleitet. Die Frauen sorgten selbst für ihren Unterhalt, klöppelten Spitzen und webten Leinen für den Verkauf. Sie widmeten sich zudem der Armenfürsorge und der Krankenpflege, einige Beginenhöfe hatten ein eigenes Hospiz. Innere Einkehr und das Gebet hatten einen festen Platz in ihrem Leben. Tagsüber konnten die Frauen die oft von Mauern umgebenen Höfe verlassen, nachts wurden die Portale verschlossen.

Dem Klerus ging die weibliche Eigenständigkeit bisweilen zu weit, er witterte ›ketzerische Tendenzen‹. So verbot Papst Clemens V. im Jahr 1311 auf Betreiben deutscher Bischöfe die Beginenbewegung. Sein Nachfolger, Papst Johannes XXII., beauftragte die südniederländischen Bischöfe damit, die Beginen auf ihre Glaubensfestigkeit zu überprüfen. Der Befund fiel derart positiv aus, dass der Papst das Verbot aufhob.

Die ersten Beginengemeinschaften bildeten sich Ende des 12. Jh. bei Lüttich. Von dort verbreiteten sie sich über West- und Mitteleuropa. Anfangs fanden sich Frauen, die wegen der Überfüllung der Klöster nicht aufgenommen werden konnten, in der Nähe eines Klosters, eines Gebetshauses oder eines Hospitals zu Wohn- und Lebensgemeinschaften zusammen. Nach und nach gründeten sie ihre ummauerten Beginenhöfe. Die Orientierung am klösterlichen Leben ging später soweit, dass sie ihre Tracht dem Habit von Nonnen anglichen: schwarze Kutte und weißer Haube.

Die malerischen Höfe werden jetzt meist von allein stehenden Frauen oder von Studenten bewohnt. Den schützenswerten Charakter der Höfe hat man schon vor Jahrzehnten erkannt und zahlreiche von ihnen liebevoll restauriert. 1998 wurden 13 Beginenhöfe in Belgien zum UNESCO-Weltkulturerbe erhoben: Lier, Mechelen, Turnhout, Hoogestraten, Sint-Truiden, Tongeren, Dendermonde, Gent, Sint-Amandsberg, Leuven, Diest, Brügge und Kortrijk.

Lissewege

Ein Abstecher nach Lissewege führt zur alten **Zisterzienserabtei Ter Doest,** von deren noch erhaltenen Resten besonders der monumentale gotische Kornspeicher (um 1275) imponiert. An diesen hatten die Lehnsbauern jedes zehnte Körnchen ihrer Getreideernte abzuliefern.

Verkehrsamt: Rathaus, Tel. 050/35 33 19, Fax 050/37 00 21.

Welkom: Damse Vaart Noord 34, Hoeke, Tel. 050/62 30 40. Rustikales Hotel mit 10 Zimmern am Dammer Kanal. DZ 60 €.
Camping
Hoeke: Damse Vaart-Ost 10, Hoeke, Tel. 050/50 04 96. März–15. Nov. Kleiner Platz, auf dem auch Wohnwagen vermietet werden, Schwimmgelegenheit 100 m entfernt, Stellplatz 14 €.

Bij Lamme Goedzak: Kerkstraat 13, Tel. 050/35 20 03, außerhalb der Saison Mi, Do geschl. Schlemmerlokal gegenüber dem Rathaus, Spezialitäten: *Visschotel voor de fijnproever* (Fischplatte für Feinschmecker). Interieur im flämischen Stil; im Sommer sitzt man im schönen spanischen Innenhof, Menü 32–40 €.
Pallieter: Markt 12, Tel. 050/35 46 75, Mo geschl. Zünftig, gegrillt wird im offenen Kamin. Spezialitäten: Aal, Muscheln. Menü 30 €.

Damme ist das ›Bücherdorf Flanderns‹: Alte und neue **Bücher** findet man in zahlreichen Buchläden. **Dammer Pralinen:** Laden von Thyl und Nele, Jacob van Maerlantstraat 2 (auch Belgische Spitzen, Dammer Patersbier, Flämischer Genever).

Büchermarkt: Jeden 2. So.

Fahrradverleih: Laden von Thyl und Nele: Jacob van Maerlantstraat 2.

Bahn: Nächster Bahnhof in Brügge.
Bus: Von Ostern bis Sept. Bus-Verbindung vom Markt und Bahnhof Brügge nach Damme.
Schiff: Der Raddampfer Lamme Goedzak fährt April–Sept. tgl. von Brügge nach Damme (Abfahrt: 10, 12, 14, 16.20, 18 Uhr) und von Damme nach Brügge (Abfahrt: 9.15, 11, 13, 15, 17.20 Uhr).

Gent

Belgien-Atlas: S. 233, D 3
Ist das mittelalterliche Brügge die Verträumte unter den belgischen Kunststädten, so ist Gent die Geschäftige. In der vitalen Industrie- und Handelsstadt (Gand; 228 000 Einw.) mit dem zweitgrößten Hafen Belgiens stehen die Uhren nie still. Ein lebhaftes Völkchen von 43 000 Studenten trägt dazu bei, dass die Provinzhauptstadt Ostflanderns putzmunter und bunt bleibt. Das alte Zentrum weist viele Baudenkmäler auf, die seit Jahrhunderten die Genter Silhouetten bestimmen.

Geschichte

Im 7. Jh. gründeten die Heiligen Amandus und Bavo am Zusammenfluss von Leie und Schelde zwei Abteien, zwischen denen eine Siedlung entstand. Seit dem 9. Jh. existierte zudem zum Schutz vor den Normannen eine Festung, auf deren Fundamenten der Graf von Flandern 1180 eine der mächtigsten Wasserburgen Europas, den Gravensteen, errichtete.

Tuchweberei und Handel mit englischer Wolle führten im Mittelalter zu Wohlstand der Stadt. Im 14./15. Jh. prägten Konflikte zwischen den von Englands Wolle abhängigen Webern, den mal Frankreich, mal England zugeneigten flandrischen Grafen und rebellischen Patriziern die Stadtgeschichte. Es kam zur Blockade der Wolleinfuhr, zu blutigen Aufständen, Mord und Kriegen. Immer wieder verweigerte die nach Eigenständigkeit strebende Stadt den Herrschern des Landes die Gefolgschaft: den Burgunderherzögen, den Habsburgern, selbst Karl V., dem großen Sohn der Stadt. Im 16. Jh. widersetzte sich die Stadt der spanischen Vorherrschaft, doch wurde der Widerstand brutal niedergeschlagen, die Stadt lag danieder. Erst im 18. Jh. konnte sich Gent durch eine aufblühende Baumwollindustrie erholen.

Besichtigung

Imposant ragt am St.-Baafsplein die mächtige **St.-Baafskathedraal** [1] empor (April–Okt. tgl. 8.30–18, sonst bis 17 Uhr). 1228 wurde ihr Grundstein gelegt. Im Kircheninnern wenden sich viele Besucher zunächst den Gemälden »Eintritt des hl. Bavo ins Kloster« (1623) von Peter Paul Rubens und »Jesus unter den Schriftgelehrten« (1571) von Frans Pourbus sowie der herrlichen Kanzel aus Marmor und Eiche (1741) von Laurent Delvaux zu, um sich dann in die Schlange Wartender einzureihen, die den bedeutendsten Kunstschatz der Kathedrale bestaunen möchte: den berühmten **Genter Altar** (um 1430) von Hubert und Jan van Eyck (April– Okt. Mo–Sa, Fei 9.30–16.45, So 13– 16.30, Nov.–März Mo–Sa 10.30– 15.45, So 13–15.30 Uhr). Der beeindruckende Flügelaltar stellt auf 26 Tafeln die Heilsgeschichte vom Sündenfall bis zur Erlösung dar und gilt als eines der bedeutendsten Beispiele des Übergangs von der ikonenhaften zur realistischen Darstellung (s. a. S. 106).

Der Beiname ›der Teufel‹, den der Vogt Ser Geraard trug, lässt ahnen, dass der Gute 1245 nicht von ungefähr zum eigenen Schutz eine wuchtige Burg erbaute: **Geraard de Duivelsteen** [2] genannt. Wie ein verwunschenes Schlösschen nimmt sich dagegen das im 14. Jh. erbaute Patrizieranwesen **De Achtersikkel** [3] mit seinen Türmen, Galerien und der Kapelle aus.

Der ab 1300 erbaute **Belfried** [4] strebt 91 m hoch empor, bis zur Wetterfahne mit dem kampfeslustigen ›Drachen von Gent‹. Im ›Secreet‹, der untersten Kammer des Turms, wurden die Freiheitsurkunden der Stadt bewahrt. Im Turm läutete seit 1325 die gewaltige ›Roeland‹ die Bürger zu Waffen und Löscheimern, bis man die Glocke 1659 einschmolz und daraus ein Carillon mit 37 Glocken goss. Die Turmplattform, die man über Treppen oder per Lift erreicht, bietet einen herrlichen Rundblick über die Stadt (Mitte März–Mitte Nov. tgl. 10–12.30, 14–17.30 Uhr).

Haupttafel des Genter Altars: Christus, Maria und Johannes der Täufer, darunter ›Die Anbetung des Lammes‹

DAS MYSTERIUM DES GENTER ALTARS

Die Genter Kathedrale St. Bavo birgt eines der großartigsten Kunstwerke altflämischer Malerei: den aus 26 Tafeln bestehenden Genter Altar, nach der Darstellung des Mittelbildes auch »Anbetung des Lamms Gottes« genannt. Das Werk der Gebrüder Hubert und Jan van Eyck, das 1432 nach mehr als zehn Jahren Arbeit fertig gestellt wurde, rief selbst bei dem als reichlich kritisch geltenden Albrecht Dürer Bewunderung hervor: »Ein über köstlich hoch verständig gemähl, und sonderlich die Eva, Maria und Gott der vatter sind fast gut«. Doch ist es nicht nur die vollendete Kunst, die regelmäßig zu Belagerungen des Flügelaltars führt, es ist die Geschichte um das Mysterium, das in den Gemälden liegen soll.

Dass das Retabel überhaupt noch existiert, grenzt an ein Wunder. Fast hätte man es in der Frührenaissance einmal durch eine dilettantische Reinigung ruiniert. Lancelot Blondeel und Jan Scord, zwei der bekanntesten flämischen Maler, wurden mit der Restauration des Kunstwerks beauftragt, die Rettung gelang.

1559 hätte sich Philipp II. das Kunstwerk fast unter den Nagel gerissen, als Ausgleich für 50 000 Kronen, die sein Vater, Karl V., in den Bau der Kathedrale gesteckt hatte. Die Domherren konnten den Spanier mit einer Kopie des Malers Michiel Coxie abspeisen. Kurz darauf brach der Bildersturm über die reich ausgestatteten flämischen Kirchen herein, und die vorsorglich im Kirchturm versteckten Tafeln wurden von marodierenden Calvinisten aufgespürt. Sie wollten sie Königin Elisabeth I. von England zum Geschenk machen, als Dank für ihre Hilfe während des Glaubenskrieges. Auch diesmal konnte ihre Verschleppung gerade noch verhindert werden.

Als Ende des 18. Jh. Kaiser Joseph II. von Österreich über die Niederlande herrschte, nahm er an der Nacktheit von Adam und Eva Anstoß und ließ die beiden Tafeln durch neue ersetzen, auf denen die Stammeltern bekleidet erschienen. Dann kamen die Franzosen, raubten vier Mitteltafeln und schafften sie 1794 nach Paris in die Grand Galérie. Nach Napoleons Niederlage holte Marschall Blücher 1815 das Kunstwerk zurück und geleitete es persönlich nach Gent. Kurz darauf verkaufte das Domkapitel von St. Bavo die Flügel (ohne Adam und Eva) einem Brüsseler Händler, der sie für 10 000 Gulden einem englischen Sammler überließ. 1821 erwarb der preußische König die Tafeln für 400 000 Gulden und ließ sie im Kaiser-Friedrich Museum in Berlin aufstellen. Erst nach Ende des Ersten Weltkrieges gelangten die Altartafeln entsprechend dem Vertrag von Versailles zurück nach Gent.

Während der NS-Zeit wollten sich die Nazis in Gent des Kunstwerks bemächtigen – sie kamen zu spät. Es befand sich bereits auf dem Weg in die sichere Obhut des Vatikans. Als Italien jedoch mit Deutschland paktierte, war es mit der Sicherheit dahin. Schließlich versteckte man die Bilder auf Schloss Pau im Südwesten Frankreichs. Es heißt, die Nazis hätten 7000 französische Kriegsgefangene für das Retabel geboten. 1942 wurden sie von den deutschen Besatzern aufgespürt und fortgeschafft. Sie überdauerten den Krieg in einem Salzstollen bei Alt-Aussee, dort wurden sie von vorrückenden Amerikanern gegen Ende des Krieges entdeckt. 1945 kamen sie zurück nach Gent. Heute ist das einzigartige Kunstwerk in der Genter Kathedrale zu bewundern, komplett und im Original – fast: Eine Tafel, ›Die Gerechten Richter‹, ist eine Kopie.

Mitte April 1934 sorgte ein Ereignis für Schlagzeilen: Der dreiste Raub einer Tafel des linken unteren Altarflügels, die auf der linken Hälfte die ›Gerechten Richter‹ zeigt, auf der rechten die ›Streiter Christi‹ . Die Polizei stand vor einem Rätsel, vom Diebesgut fehlte jede Spur. Acht Monate später brach der angehende Politiker Arsen Goedartier, genannt ›Arsen, der Gutmütige‹, nach einer Rede mit einem Herzanfall zusammen. Auf seinem Sterbebett gestand er die Tat und orakelte über das Versteck der Tafel: »Sie ist für jedermann sichtbar, aber nur der Bischof kann sie an sich nehmen.« Hinweise über den Verbleib des Bildes fände man in seinem Sekretär. Sein Anwalt benachrichtigte merkwürdigerweise nicht die Polizei, sondern die vier höchsten belgischen Richter. Diese hüllten sich in Schweigen und nahmen geheime Ermittlungen auf. Am Tag der Beerdigung des Diebes bot der belgische Justizminister in Zusammenhang mit dem Fall seinen Rücktritt an, der König lehnte ab. In der Nacht darauf starb einer der beiden Komplizen Goedartiers an einem Schlaganfall. Der andere lag tot in seinem Haus, die Wände blutbespritzt, das Telefon ausgehängt, offizielle Todesursache: Magenblutung. Schließlich fand man das Gemälde in der Gepäckaufbewahrung des Brüsseler Bahnhofs – doch es war nicht vollständig, jemand hatte die Tafel zersägt. Die ›Streiter Christi‹ konnten dem Altar wieder eingefügt werden, die ›Gerechten Richter‹ blieben verschwunden – bis heute.

Was hat es mit van Eycks »Anbetung des Lamms Gottes« auf sich? Birgt es ein Geheimnis? Warum interessierte sich ausgerechnet die Abteilung ›Ahnenerbe‹ der deutschen SS für den Genter Altar, so ungemein, dass sie 1942 eigens einen Oberstleutnant nach Gent abkommandierten, um dort nach dem Bild der ›Gerechten Richter‹ zu fahnden. Weist eine geheime Bildsprache in den Gemälden zum Versteck des Heiligen Grals, wie manche vermuten? Warum wenden sich die kirchlichen Würdenträger auf dem Gemälde demonstrativ vom Lamm Gottes ab? Was haben die Ritter des geheimnisvollen, von Päpsten und Königen verbotenen und verfolgten Templerordens auf dem Gemälde zu suchen? Wenden sich die Schöpfer der Gemälde gegen die Frömmigkeit jener Tage, obwohl ihr Auftrag das Gegenteil ist?

Bis auf den heutigen Tag wird nach den ›Gerechten Richtern‹ gefahndet. Man hat das Haus Goedartiers immer wieder auf den Kopf gestellt, die Wohnungen seiner Mätressen durchwühlt, Privatdetektive und Wünschelrutengänger eingeschaltet. 1984 führte eine angebliche Spur zum Kriegerdenkmal nach Melle. Man hat es zerlegt, so wie man es 1990 mit einer Brücke tat, in der man die Bildtafel vermutete – vergebens. Sind sie etwa doch irgendwo in der Kathedrale versteckt?

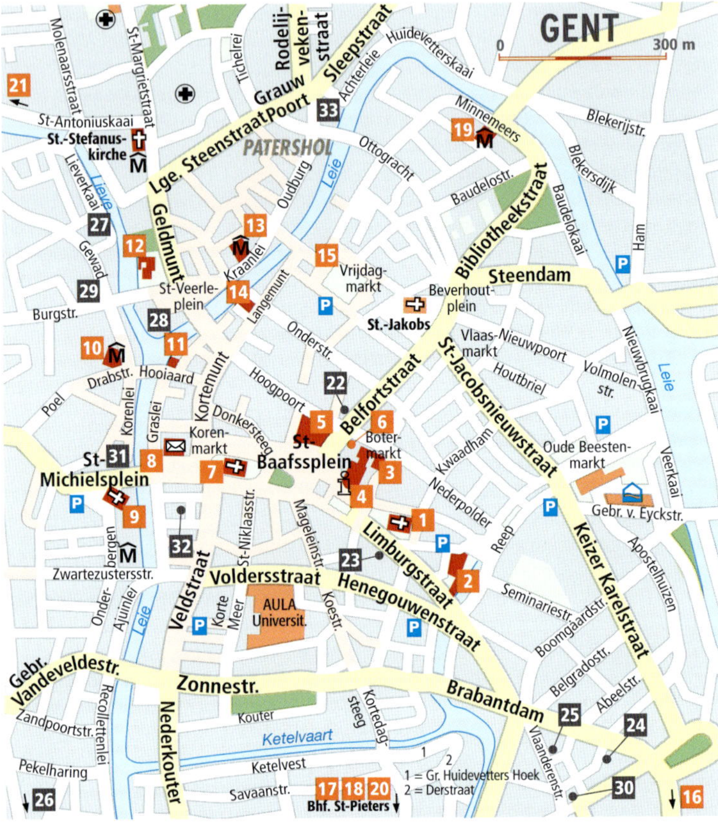

Die an den Belfried angebaute **Lakenhalle** (1426–41) war 300 Jahre Sitz der Tuch- und Wollhändler. Daran lehnt sich das einstige Gefängnis mit einer Fassade von 1741 an. Wenig tröstlich dürfte für die Einsitzenden das über dem Portal angebrachte ›Mammelocker‹-Relief gewesen sein. Es zeigt den römischen Greis Cimon, der, zum Hungertod verurteilt, durch seine Tochter gesäugt wurde. Das **Stadhuis** [5] wurde ab dem 15. Jh. mit verspielt gotischer Fassade erbaut und im kühlen Renaissancestil erweitert. Der 1477 gegenüber erbaute **St.-Jorishof** [6] war das Gildehaus der Armbrustschützen. Am Korenmarkt ragt die ab 1200 errichtete **St.-Niklaaskerk** [7] empor, ein schönes Beispiel der Scheldegotik. An dem populären Platz bieten gemütliche

Sehenswürdigkeiten

1 St.-Baafskathedrale
2 Geraard de Duivelsteen
3 De Achtersikkel
4 Belfried und Lakenhalle
5 Rathaus
6 St.-Jorishof
7 St.-Niklaaskerk
8 Postgebäude
9 St.-Michielskerk
10 Museum für Kunstgewerbe
11 Große Fleischhalle
12 Gravensteen
13 Museum für Volkskunde
14 Dulle Griet
15 ›Ons Huis‹
16 Kleiner Beginenhof
17 Museum voor Schone Kunsten
18 Stedelijk Museum voor Actuele Kunst
19 Museum für Industrielle Archäologie und Textilien (M.I.A.T.)
20 Museum ›De wereld van Kina: het Huis‹
21 Museum Dr. Guislain

Übernachten

22 Sofitel Gent Belfort
23 Ibis Centrum Kathedraal
24 Eden
25 Den Yzer
26 Charl's Inn
27 Jugendherberge De Draecke

Essen und Trinken

28 Waterzooi
29 Gekroonde Hoofden
30 Eat@café
31 Crypte
32 Pakhuis
33 Quicherie Patiron

Restaurants und Cafés Möglichkeiten zur Einkehr. Stilgerecht fügt sich das wie ein Palast wirkende neogotische **Postgebäude** [8] von 1907 in seine Umgebung ein.

Von der **St.-Michielsbrug** hat man eine einzigartige Ansicht auf das Ensemble aus St.-Niklaaskerk, Belfried und Kathedrale sowie auf Graslei und Korenlei, Herz des mittelalterlichen Hafens an der Leie. Bevor wir uns diesen zuwenden, ist ein Blick in die ab 1440 im Stil Brabanter Gotik erbaute, mit zahlreichen Kunstwerken geschmückte **St.-Michielskerk** [9] zu empfehlen. Hervorzuheben ist »Die Kreuzigung Christi« (1630) von Anton van Dyck. Nun aber über die Treppe hinunter zur **Korenlei,** an der prächtige Fassaden vom Reichtum und Stolz ihrer Erbauer zeugen, etwa das **Gildehaus der Unfreien Schiffer** (Nr. 7, 1739, Barock), leicht erkennbar am Segelschiff auf dem Giebel. Die **Graslei** mit ihren schönen Gildehäusern gegenüber gilt als die schönste Häuserzeile Gents.

Schöner Wohnen im 18. Jh. – was man darunter verstand, offenbart das fürstlich ausgestattete ehemalige Domizil des reichen Tuchhändlers de Coninck, jetzt **Museum voor Sierkunst** 10 (Museum für Kunstgewerbe, Di–So 9.30–17 Uhr), das zudem eine Retrospektive über Möbeldesign von 1880 bis heute gibt.

Malerisch spiegelt sich die Fassade des **Groot Vleeshuis** 11, der 1406–10 erbauten mittelalterlichen Fleischhalle, im Wasser der Leie. Im **Penzhuizeken** (Kaldaunenhäuschen) nebenan wurden Innereien an die Armen verschenkt.

Wer sich früher in der **Gravensteen** 12 verschanzte, dürfte sich sicher gewähnt haben – schon der Anblick der düsteren Burg schreckte ab. Angreifer hätten zuerst den Wassergraben zu überwinden, derweil durch Schießscharten Pfeile und kochendes Pech auf sie niedergingen, dann wäre noch der mächtige Donjon, das Herz der Burg, einzunehmen – ziemlich aussichtslos. Erbaut hat die Festung Philipp von Elsass 1180 nach dem Vorbild syrischer Kreuzritterburgen. Nachdem die Grafen im 14. Jh. den behaglicheren Prinsenhof zur Residenz erkoren hatten, diente die Burg u. a. als Münzstätte und Gefängnis und beherbergt jetzt ein Gerichtsmuseum – natürlich mit grausiger Folterkammer! (April–Sept. tgl. 9–18, sonst bis 17 Uhr)

Nordöstlich der Gravensteen liegt das pittoreske alte Gerberviertel **Patershol,** in dessen mittelalterlichen Gassen heute etliche Antiquitätenhändler, Kunsthandwerk und Boutiquen anzutreffen sind.

In den hübschen, weiß gekalkten Häuschen des 1363 gegründeten Kinderhospizes Huis van Alijn befindet sich das sehr sehenswerte **Museum für Volkskunde** 13. In ihm verdeutlichen eine Bäckerei, eine Kerzengießerei, eine Apotheke und eine urige Herberge das Leben in Flandern zu Urgroßmutters Zeiten (Kraanlei 65, Di–So 11–17 Uhr).

Auf dem Grootkanonplein lagert die 16 t schwere Kanone **Dulle Griet** 14 (Tolle Grete) aus dem 15. Jh. – wehe dem Bauwerk, das von einer ihrer fast sieben Zentner schweren Steingeschosse getroffen wurde!

Wenige Schritte und man ist auf dem weitläufigen, von zahlreichen schmalen Gildehäusern gesäumten **Vrijdagmarkt,** seit dem 13. Jh. Schauplatz politischen Lebens und blutiger Kämpfe der Weber mit dem Patriziat. Größtes Bauwerk ist das 1902 erbaute Jugendstilgebäude **Ons Huis** 15 der sozialistischen Arbeitervereine. Gegenüber, am Sitz der Gerberzunft im 1460 mit Türmchen erbauten Haus **Het Toreken** (Haus Nr. 37), wurde auch die Qualität von Tuchen geprüft. Die Mitte des Platzes nimmt die Statue des von aufständischen Webern ermordeten prominenten Stadthauptmanns von Gent, Jacob van Artevelde, ein.

Der südöstlich des historischen Zentrums 1234 gegründete **Kleine Beginenhof** 16 (Lange Violettenstraat) ist

Burg Gravensteen

seit dem 17. Jh. unverändert. Kleine Backsteinhäuser mit ummauerten Vorgärten umgeben einen großen baumbestandenen Rasenplatz. Die Kirche Onze-Lieve-Vrouw ter Hoyen (ab 1658) weist ein schönes Barockportal auf.

Im **Museum voor Schone Kunsten** 17 sind herrliche Brüsseler Wandteppiche, Gemälde der Alten Meister wie Hieronymus Bosch, Frans Pourbus, Peter Paul Rubens, Jacob Jordans und Frans Hals sowie der Maler der Moderne wie Emile Claus, James Ensor, Constant Permeke zu bewundern (Citadelpark, bis Herbst 2006 geschl., Sammlung auf andere Ausstellungsstätten in Gent verteilt).

Ebenfalls im Citadelpark befindet sich das **Stedelijk Museum voor Actuele Kunst** 18 (Di–So 10–18 Uhr) mit einer interessanten Sammlung von Werken zeitgenössischer belgischer und ausländischer Künstler wie Bacon, Beuys, Panamarenko, Broodthaers, Long, Nauman. Zu den Top-Museen Gents zählen ferner das sich überwiegend der Weberei widmende **Museum für Industrielle Archäologie und Textilien** 19 (Minnemeers 9, Di–So 10–18 Uhr), das naturhistorische **Museum De wereld van Kina: het Huis** 20 (St.-Pietersplein 14, Mo–Fr 9–17, So, Fei 14–17.30 Uhr), und das **Museum Dr. Guislain** 21 (Jozef Guislainstraat 43, Di–Fr 9–17, Sa, So 13–17 Uhr) mit einer ungewöhnlichen Ausstellung zur Psychiatrie, darunter auch eine Sammlung von Außenseiterkunst.

Günstig – die Museum Card

Mit der 3 Tage gültigen Museum Card (12,50 €) erhält man Zugang zu den 15 bedeutendsten Museen und Monumenten Gents, darunter auch dem Genter Altar in der St.-Bavokathedraal. Die Zeit rechnet ab dem Besuch des ersten Museums. Erhältlich in Museen, bei der Touristeninformation und in vielen Hotels.

Dienst voor Toerisme: Belfried, Tel. 09/266 52 32, Fax 09/225 62 88, www.visitgent.be. **Use-it Gent:** Bagattenstraat 43, Tel. 09/324 39 06, www.use-it.be, Mo–Fr 13–18 Uhr. Gute Info-Stelle für Reisende mit kleinem Budget.

Sofitel Gent Belfort 22: Hoogpoort 63, Tel. 09/233 33 31, Fax 09/233 11 02, www.sofitel.com. Luxushotel der Spitzenklasse, behindertengerecht. Restaurant, Garage, Bar. DZ 235 €, Frühstück 18,50 €.
Ibis Centrum Kathedraal 23: Limburgstr. 2, Tel. 09/233 00 00, Fax 09/233 10 00, www.ibishotel.com. Zentral gelegen, moderne Einrichtung, behindertengerecht, eigene Garage. Frühstücksbuffet. DZ 90–107 €.
Eden 24: Zuidstationstraat 24, Tel. 09/223 51 51, Fax 09/233 34 57. Einfaches Haus, zentral. Zimmer mit Bad, TV, Telefon. Eigener Parkplatz. DZ 70–95 €.
Den Yzer 25: Vlaanderenstraat 117, Tel. 09/234 32 53, Fax 09/223 91 07, www.hoteldenyzer.be. Zimmer mit Bad und TV. Restaurant, Bar. DZ 55–75 €.
Charl's Inn 26: Autoweg Zuid 4, Tel. 09/220 30 93, Fax 09/221 26 19, www.charlsinn.be. 9 Zimmer mit Bad, TV, Telefon. Bar, Parkplatz. DZ 38–48 €.
Jugendherberge
De Draecke 27: St. Widostraat 11, Tel. 09/233 70 50, Fax 09/233 80 01, www.vjh.be. Übernachtung mit Frühstück 15,75–24 €.
Camping: Blaarmeersen: Zuiderlaan 12, Tel. 09/266 81 60, Fax 09/266 81 66, www.gent.be/blaarmeersen, März–Mitte Sept. Sehr komfortabler Platz mit Laden, Restaurant, Schwimm- u. Angelmöglichkeit und mehr. Stellplatz ca. 14–16 €.

Waterzooi 28: St.-Veerleplein 2, Tel. 09/225 05 63, Mi geschl. Spitzenrestaurant in schönem Renaissancehaus gegenüber der Burg Gravensteen, Spezialität: Gentse waterzooi. Lunch 37 €.
Gekroonde Hoofden 29: Burgstraat 4, Tel. 09/233 37 74, tgl. 17–24 Uhr. Rustikal mit hölzernen Deckenbalken. Knackige Salate und Fleischgerichte vom Grill, Spezialität: Spareribs. Menü 19–30 €.
Eat@café 30: Vlaanderenstraat 129, Tel. 09/233 36 00, tgl. Lokale, französische und italienische Gerichte. Hauptgericht ab 12,50 €, Menü ab 29 €.
Crypte 31: Korenlei 24, Tel. 09/233 06 95, Mo geschl. Intimes Restaurant in herrlichem altem Gewölbe, Spezialitäten: Fleisch- und Fischgerichte vom Grill. Menü ab 15 €.
Pakhuis 32: Schuurkenstraat 4, Tel. 09/223 55 55, So geschl. Modern, in altem Speicherhaus. Große Auswahl an Fisch- und Austerngerichten. Lunch 10–21 €, Menü 22–29 €.
Quicherie Patiron 33**:** Sluizeken 30, Tel. 09/233 45 87, Di, So geschl. Helles, gemütliches Restaurant, Riesenauswahl an Quiches. Ab 7,50 €, Menü ab 10,50 €.

Kaufhäuser: Gents Hauptgeschäftsstraße mit C&A, FNAC, Inno, P&C, H&M ist die Veldstraat.

Exklusive Mode: Mageleinstraat, Brabantdam und in der Umgebung der Koestraat.
Antiquitäten: Burgstraat und Umgebung der Kirche St-Jacques.
't Vlaams Wandtapijt: St.Baafsplein 6. Wandteppiche.
Home Linen: Korenlei 3. Handgefertigte belgische Tuche.

De Witte Leeuw: Graslei 6. Dreihundert verschiedene Biersorten.
Het Tollhuisje: Graslei 10. Urgemütliche Kneipe im winzigen Zollhäuschen von 1682.
Dulle Griet: Vrijdagmarkt 50. Uriger Biertempel mit 250 Biersorten; wer ein Kwak-Bier bestellt, muss einen Schuh hinterlegen.
Het Waterhuis aan de Bierkant: Groentenmarkt 9. Riesige Auswahl an Bieren, herrliche Terrasse an der Wasserseite.
Het Galgenhuisje: Groentenmarkt 5. Kleinste und angeblich älteste Kneipe Gents, die Treppe runter, und man ist im Restaurant 't Galgenkelder.
Musik live
Vijf voor Twaalf: Korenmarkt 18, Tel. 09/233 69 22. Am Wochenende HipHop, Rap, House, DJ-Funk.
Damberd: Korenmarkt 19, Tel. 09/225 84 33. Funky Jazz.
De Onvrije Schipper: Korenlei 7a, Tel. 09/233 60 45. Do/Fr Live-Musik von R&B bis Piano-Jazz.
Gele Zaal: Nonnemeerstraat 26, Tel. 09/235 37 00. Der Platz für Weltmusik und klassische Gegenwartsmusik.
Nachtclubs
Club Casanova: Vanderdoncktdoorgang 17, Tel. 09/234 25 56.
Maxim's: Schepenenvijverstraat 23, Tel. 09/234 12 05.

Infos zum Kulturleben zum Kulturleben findet man in den Magazinen *Week Up* (Theater, Kino, Live-Musik, auch online unter www.weekup.be) und *Muziek in de Stad* (klassische Musik).
Concert Hall De Bijloke: Jozef Kluyskensstraat 2, Reservierung: Tel. 09/269 92 92, www.debijloke.be. Klassische Musik.
Arts Centre Vooruit: Sint-Pietersnieuwstraat 23, Reservierung & Info Tel. 09/267 28 28, www.vooruit.be. Tanz und Aufführungen gastierender Theater.
De Vlaamse Opera: Schouwburgstraat 3, Info-Tel. 09/268 10 11, Reservierungs-Tel. 09/225 24 25, www.vlaamseopera.be. Große Opernaufführungen.
Kinos
Decascoop: Ter Platen 12, Info-Tel. 0900/005 55, www.kinepolis.com
Studio Skoop: Sint-Annaplein 63, Tel. 09/225 08 45, www.studio-skoop.be
Sphinx: Sint-Michielshelling 3, Tel. 09/225 60 86, www.cinebel.be/sphinx.

Gentse Feesten: 3.–4. Juliwoche, 10 Tage dauerndes kulturelles Volksfest im Stadtzentrum mit Musik, Theater, Pantomime und Folklore.
Festival van Vlaanderen: Mitte Sept.–Mitte Okt., Festival der klassischen Musik, Info: Tel. 09/243 94 94, www.festival.be.
Internationales Filmfestival: Okt., über 300 Filmaufführungen.
Vooruit Geluid Festival: Frühjahr, Weltmusik.

Bootsrundfahrten: Durch das mittelalterliche Zentrum (40 oder 90 Min., März–Nov. tgl. 10–18 Uhr, Abfahrt alle 10 Min. von der Graslei und Kornlei, sonstige Monate 11–16 Uhr, Graslei); große historische Rundfahrt (90 Min. Sa, So, Fei 15 Uhr, Korenlei).
Sport und Rekreation Park Blaarmeersen: Zuiderlaan 5, Tel. 09/266 81 70, www.gent.be/blaarmeersen. Breites Angebot an Sportarten wie Rugby, Volley-

ball, Leichtathletik, Tennis, Hallenfußball und etliches mehr.
Bloso Center: Zuiderlaan 14, Tel. 09/244 72 22, tgl. 8–23 Uhr. Umfangreiches Angebot: Aikido, Badminton, Gymnastik, Handball, Judo, Karate und zahlreiche weitere Sportarten.

Bahn: Hauptbahnhof St.-Pieters, 2 km vom Stadtzentrum. IC nach Brüssel, Oostende, Antwerpen, Lille, Tongeren.
Bus: Eurolines, Koningin Elisabethlaan 73, Tel. 09/220 90 24, Verbindungen in zahlreiche europäische Städte.
Mietwagen: Avis: Kortrijksesteenweg. 676, Tel. 09/2 22 00 53, www.avis.be. Europcar Gent: Brusselsesteenweg 506, Tel. 09/210 46 62, www.europcar.com.
Verkehrsmittel innerstädtisch
Tram/Bus: De Lijn, Tel. 09/210 94 91. Tickets und ein kostenloser Plan sind u. a. beim Info-Kiosk außerhalb des Bahnhofs Sint-Pieters erhältlich.
Fahrradverleih: Bahnhof Sint-Pieters, Kon. Maria Hendrikaplein, Tel. 09/241 22 24, tgl. 7–20 Uhr. Biker, Sint-Michielsstraat 3, Tel. 09/224 29 03, Di–Sa 9–12.30/13.30–18, Sa bis 17 Uhr. 1 Tag ca. 9 €, $^1/_2$ Tag 6,50 €.
Taxi: Tel.09/2 22 22 22 oder 09/2 23 23 23 oder 09/2 25 25 25.

Dendermonde

Belgien-Atlas: S. 233, E 3
Der Name der ›Ross-Bayardstadt‹ Dendermonde (Termonde; 43 000 Einw.) geht auf ihre Lage an der Mündung der Dender in die Schelde zurück, ihr Beiname auf die sagenhafte Begebenheit um ein Pferd namens Bayard, die sich vor rund tausend Jahren dort ereignet haben soll. Damals trug dieses riesige Ross alle vier Söhne des Haimon, Herr von Dendermonde, auf ihrer Flucht vor den Mannen Karls des Großen über Stock und Stein, nachdem einer der Brüder den Sohn des Kaisers im Streit erschlagen hatte, Grund: Mogelei beim Schachspiel. Am Ende der grausigen Moritat ließ der Herrscher Gnade walten, doch musste, so die Bedingung, das Riesenross Bayard, mit Felsbrocken beschwert, ertränkt werden. Den Kadaver werden wohl die Fische verspeist haben, doch das Andenken an das brave Pferd lebt hier fort und wird alle zehn Jahre (zuletzt 2000) mit einem riesigen Umzug, dem ›Ros Beiaardommegang‹, gefestigt.

Malerisches Zentrum der Stadt ist der von spätmittelalterlichen Giebelhäusern gesäumte **Grote Markt** mit der strahlend weißen **Lakenhal** (14. Jh.) mit Belfried, heute Rathaus. Das Schmuckstück flämischer Renaissance beherbergt eine kleine, aber feine Gemäldesammlung.

Die Nordseite des Marktplatzes nimmt das gotische **Vleeshuis** (Fleischhalle, 1460) mit seinem schlanken Turm ein. Wo einst Koteletts und Blutwurst feilgeboten wurden und sich Mitglieder einer Rhetorikgilde Rededuelle lieferten, zeigt jetzt das **Stedelijk Oudheidkundig Museum** Exponate zur lokalen Kulturgeschichte, darunter ein ca. 28 000 Jahre altes Mammutskelett, das man im St.-Onolfspolder gefunden hat (Apr.–Okt. Di–So 9.30–12.30, 13.30–18 Uhr). An der alten Dender liegt hinter dem Stadhuis der mit ›Speckschichten‹ aus hellem Stein erbaute wuchtige **Justizpalast** (20. Jh.). Von dort kommt man auf der Kerkstraat zur gotischen **Onze-Lieve-Vrouwekerk** (13./14. Jh.), die mit einer kostbaren Kircheneinrichtung überrascht. Dazu zählen ein romanisches Taufbecken aus blauem Kalkstein (12. Jh.), das u. a. mit Szenen des hl. Abendmahls geschmückt ist, sowie zahlreiche sehenswerte Gemälde, u. a. von Anthonis van Dyck.

Südlich des Vlasmarkt liegt der **St.-Alexiusbegijnhof**, dessen 61 Häuser aus dem 17. Jh. sich um eine Kapelle scharen. Die letzte Begine des Hofes starb 1975. In Haus Nr. 11 informiert das Begijnhofmuseum über das schlichte Leben der Beginen, in Haus Nr. 25, dem ehemaligen von kleinen Gärten umgebenen Haus der Oberin, ist ein interessantes Museum für Volkskunde eingerichtet (beide Museen Apr.–Okt. Di–So 9.30–12.30, 13.30–18 Uhr).

Dienst voor Toerisme: Stadhuis, Grote Markt, Tel. 052/21 39 56, Fax 052/22 19 40, www.dendermonde.be

City Hotel: Oude Vest 121, Tel. 052/20 35 40, Fax 052/20 35 50. Einfache, aber komfortable Zimmer. DZ 75 €.

B&B Petit Château: Voortweg 15, Tel. 052/22 21 33. Zwei romantische Zimmer, eins mit Terrasse. 2 km vom Stadtzentrum. DZ 35 €.

't Truffeltje: Bogaertstraat 20, Tel. 052/22 45 90, Sa mittags, So abends, Mo geschl. Exzellente französisch-belgisch-asiatische Küche, Spezialitäten u. a. Dim Sum. Lunch 32 €; Menü ab 46 €, Wein inklusive.

Den Ommeganck: Grote Markt 18, Tel. 052/21 34 08, www.denommeganck.be,

Denkmal für das Ross Bayard in Dendermonde

Mi geschl. Exzellente Fisch- und Fleischgerichte. Lunch-Menü 10 €, Menü ab 23 €.
Het Schaak: Grote Markt 15, Tel. 052/21 00 62. Mi geschl. Brasserie mit schöner Aussicht auf den Marktplatz, Tagesgericht ca. 8 €.

Dendermondse Feesten: 2. Hälfte Aug., Kirmes, Pop, Jazz, Spießbraten, Grill.
Reuzenommegang: Do nach 4. So im August, Umzug der tanzenden Riesenfiguren Indiaan, Mars und Goliath und Hunderter kostümierter Teilnehmer.
Internationales Jazz-Festival: Anfang Sept.

Bahn: IC nach St.-Niklaas, Brüssel, Gent, Mechelen.
Bus: Verbindungen nach Aalst, Lokeren, St.-Niklaas.

Aalst

Belgien-Atlas: S. 233, E 3
Früher war Aalst (Alost; 77 000 Einw.) an der Dender als *Ajuinenstad* (Zwiebelstadt) bekannt. Bis heute erinnern daran Delikatessen wie Aalster Zwiebelsuppe, Zwiebeltorte und Zwiebelpastete, aber auch die leckeren Aalster *Ajuintjes* (Pralinen). Und immer am Karnevalsmontag – Aalst ist eine Hochburg des Faschings – findet der traditionelle *Ajuinworp* (Zwiebelwurf) statt. Inzwischen haben Blumenzwiebeln das Tränen treibende Lauchgewächs weitgehend von den Feldern verdrängt und Aalst befindet sich inmitten von Belgiens größtem Blumen-Anbaugebiet.

Der **Grote Markt** wird vom **Oud-Schepenhuis**, dem ältesten erhaltenen Schöffenhaus des Landes, dominiert. An dem verspielt wirkenden Bauwerk mit dem vorspringenden ›Gebietshäuschen‹ im flamboyant-gotischen Stil (1543) und dem schönen **Belfried** (1460) wurde seit dem 13. Jh. gebaut.

In Bronze und tief in Gedanken versunken steht der Aalster Buchdrucker **Dirk Martens** (1446–1534) vor dem Gebäude. Er druckte als Erster Thomas Morus' ›Utopia‹ und den ersten Bericht von Christoph Columbus über dessen Entdeckungsreise.

Weiterer Blickfang ist die **Börse von Amsterdam** (1630, flämische Renaissance) mit Bogengang und schlankem Zwiebelturm, ehemals Treff der Rhetorikergilde und Raststätte an der Handelsroute Lille–Amsterdam, jetzt Restaurant. Weniger markant wirkt das **Stadhuis** gegenüber, dessen hinterer Teil auf ein Landhaus im Rokokostil (1643) zurückgeht, während das vordere Gebäude von 1830 eine spätklassizistische Fassade aufweist.

Die **St.-Martinuskerk** (ab 1481), ein Prunkstück brabantisch-gotischer Sakralarchitektur, birgt gut 400 meist barocke Kirchenkunstwerke, darunter das Gemälde ›Der hl. Rochus und die Pestkranken‹ (1624) von Peter Paul Rubens und ein dreitürmiges Sakramentshaus aus Marmor, Blaustein und Alabaster von Jérôme Duquesnoy d. Ä.

Hinter der Kirche befindet sich im alten Kloster **Oud-Hospitaal** (14. Jh.) das **Stedelijk Museum** mit einer archäologisch-heimatkundlichen Sammlung, die durch Kunstobjekte aus Bildhauerei, Malerei und Teppichweberei ergänzt wird (Di–Fr. 10–12/14–17, Do bis 19, Sa, So 14–17 Uhr).

Dienst voor Toerisme: Grote Markt, im Belfried, Tel. 053/73 22 70, www.aalst.be

Ibis: Villalaan 20, Tel. 053/71 18 19, Fax 053/71 07 11. Zentral, komfortable Zimmer mit Bad, TV, Telefon. Ein Zimmer für körperbehinderte Gäste. Eigener Parkplatz. DZ: Mo–Do 69 €, Fr–So 65 €, Frühstück 8,50 €.
De Lion d'Or: Lion d'Orweg 1, Tel. 053/78 00 35, Fax 053/78 01 20. Sieben Zimmer mit Bad. Eigener Parkplatz. DZ 45 €.

Eet- en Koffiehuis Rozemarijn: Rozemarijnstraat 7, Tel. 053/21 44 01, tgl. außer So 11–18 Uhr. Gemütlich, Snacks, vegetarische Lasagne, leckere Pfannkuchen, köstlicher Apfelkuchen. Tagesgericht ca. 10 €.

Karneval: So, Mo vor Aschermittwoch, großer Umzug, Mo außerdem Besentanz, Zwiebelwurf, Straßenkarneval. Di: Voil-Jeanette-Umzug (mit als Frauen verkleideten Männern), abends Puppenverbrennung.
Festival van Vlaanderen: Mitte Sept.–Mitte Okt., Festival der klassischen Musik, Info: Tel. 09/243 94 94, www.festival.be

Bahn: IC nach Gent, Brüssel.

Oudenaarde

Belgien-Atlas: S. 233, D 4
Das an der Schelde gelegene Oudenaarde (Audenarde; 27 000 Einw.), Tor zu den flämischen Ardennen, ist ein eher ruhiges Städtchen. Schlagzeilen machte es zuletzt im Mittelalter, als die Bürgerstochter Joanna van der Gheynst ein Mädchen gebar, dessen Vater Karl V. war und das später als Margarete von Parma, Statthalterin der Niederlande, in die Geschichte einging.

Gleich einem riesigen Schrein prunkt das überreich geschmückte gotische **Rathaus** (ab 1526), eines der schönsten des Landes, am Marktplatz. Auf der Spitze des filigranen Turms hält der Stadtwächter ›Hansje de krijger‹ Ausschau. Im **Stedelijk Museum** im **Rathaus** und der anschließenden **Tuchhalle** (13. Jh.) ist man besonders stolz auf den Besitz der zwölf ›presentkannen‹ aus Zinn, die mit Wein gefüllt hohem Besuch vorgesetzt wurden: einem Prinzen zwei, dem König sechs, alle zwölf jedoch nur dem Kaiser. In der Tuchhalle werden zahlreiche der berühmten Oudenaarder Verdüren, Tapisserien mit Motiven aus Bibel, antiker Historie und Mythologie in gelblich-blauen Tönen aus dem 15.–17. Jh., ausgestellt (Führungen April–Okt. Mo–Fr 11, 15, Sa, So, Fei 14, 16 Uhr).

An der Westseite des Marktplatzes ragt majestätisch der Turm der spätgotischen **St.-Walburgakerk** empor, deren Räume mit Gemälden, Verdüren und Apostelfiguren an den Säulen des Hauptschiffes geschmückt sind. Im Sommer hat man von der Straßenterrasse der beiden winzigen Häuschen des **Café Carillon** vor der Kirche eine schöne Aussicht auf den Markt. Das ehemalige **Vleeshuis,** ein neoklassizistischer Bau am Markt, beherbergt jetzt die Stadtbibliothek. Dort vorbei geht es durch die Burgstraat zum kleinen, 1367

Das Rathaus von Oudenaarde ist eines der schönsten des Landes

gestifteten **Begijnhof,** der nach der Zerstörung durch Bilderstürmer im 17. Jh. wieder aufgebaut wurde. Vom nahen Scheldeufer blickt man auf die Kirche **Onze-Lieve-Vrouw-van-Pamele** (ab 1234), ein schönes Beispiel der Scheldegotik. Sie birgt u. a. das Prunkgrab der Barone von Pamele.

Office Toerisme: Stadhuis, Tel. 055/31 72 51, Fax 055/30 92 48, www.oudenaarde.be

La Pomme d'Or: Markt 62, Tel. 055/31 19 00, Fax 055 30 08 44. Zehn charmante Zimmer, vorn mit Blick auf das Rathaus. Restaurant. DZ 98 €.
Cesar: Markt 6, Tel. 055/30 13 81, Fax 055/33 02 36. Zentral, 10 komfortable Zimmer. Brasserie. DZ 80 €.
Camping
IC-Camping: Kortrijkstraat 342, Tel. 055/31 54 73, ganzjährig. Mit Laden, Cafeteria, Restaurant, Fahrradverleih, Sportanlagen, Wanderhütten. Stellplatz: Wohnwagen/-mobil 19–24 €, Zelt 7,60–9,50 €.

La Pomme d'Or: Markt 62, Tel. 055/31 19 00, Mo geschl. Französisch-belgische Cuisine, köstlich: Kaninchen in Oudenaarder Bier. Lunch-Menü 14 €, gastronomisches Menü 45 €.
Brasserie De Mouterij: Markt 42, Tel. 055/31 88 98, tgl. außer Mi 11–23 Uhr. In einer alten Mälzerei, Spezialitäten: Spareribs und Spießbraten. Zahlreiche Biersorten. Hauptgericht 10–15 €.

Adriaan Brouwer bier feesten: letztes Juni-Wochenende, Spektakel mit Musikgruppen, Riesen und viel Bier.

Bahn: IC nach Kortrijk, Ieper, Poperinge, Brüssel. Nahverkehrszug nach Ronse, Gent.

Kortrijk

Belgien-Atlas: S. 232, C 4
Kortrijk (Courtrai; 76 000 Einw.) an der Leie setzt auf Dynamik. Den ersten wirtschaftlichen Schwung brachte Gräfin Johanna von Konstantinopel im 13. Jh. in den Ort, indem sie den ersten 50 Webern Steuerfreiheit gewährte. Kortrijk wurde eine der führenden Tuchmacherstädte Europas, auch heute ist die Textilindustrie einer der stärksten Wirtschaftszweige der Stadt. Eine kleine Universität, ein Satellit der katholischen Universität Leuven, hat Kortrijk auch. Die Stadt hat übrigens als Erste in Belgien eine Fußgängerzone eingerichtet.

Schönstes Bauwerk am **Grote Markt** ist das gotische **Rathaus**, bei dessen Besichtigung man im Schöffen- und im Ratssaal überaus kunstvoll geschnitzte Kamineinfassungen bestaunen kann (Mo–Fr 9–12, 14–17 Uhr). Der verlassen auf dem Marktplatz emporragende **Belfried** ist der einzige Rest der einstigen Tuchhallen. Vom Markt erblickt man den gotischen Turm der **St.-Maartenskerk**, die ein schönes sechseckiges Sakramentshäuschen (1585) birgt.

Der **Begijnhof** (1242) neben der Kirche ist mit seinen weißen Häuschen, der Kapelle der hl. Jungfrau vom Schnee und dem Haus der Grootjuffrouw (Beginenältesten) mit doppelten Treppengiebeln (heute Beginenhofmuseum, März–Nov. tgl. 14–18 Uhr) eine wahre Idylle. Die dahinter aufragende **Onze-Lieve-Vrouwkerk** (13. Jh.) war einst Teil der Grafenburg. In der Kirche, in der die ›Kreuzaufrichtung‹ von Anton van Dyck sehenswert ist, hingen 80 Jahre lang die in der legendären Goldsporenschlacht erbeuteten 4000 goldenen Sporen der besiegten französischen Ritter. Weiter nördlich der Kirche dienten die **Broeltorens**, wuchtige Türme der einstigen Stadtfestung, dem Schutz der Brücke über die Leie.

Das **Nationale Flachsmuseum** und das **Leinen- und Spitzenmuseum**, beide in einem alten flämischen Flachsbauernhof eingerichtet, beleuchten die Jahrhunderte alten Handwerke der Leinen- und Spitzenherstellung vom Flachsanbau bis zum fertigen Produkt (Etienne Sabbelaan 4, März–Nov. Di–Fr 9–12, 13.30–18, Sa, So 14–18 Uhr).

Dienst voor Toerisme: St.-Michielsplein 5, Tel. 056/23 93 71, Fax 056/23 93 72, www.kortrijk.be

Broel: Broelkaai 8, Tel. 056/21 83 51, Fax 056/20 03 02. Bei den Broel-Türmen, 70 Zimmer, gehobene Ausstattung. Restaurant, Fitnessraum, Sauna, Hallenbad, Parkhaus. DZ 145 €.
Belfort: Grote Markt 52, Tel. 056/22 22 20, Fax 056/20 13 06. Schöne Barockfassade. 29 komfortable Zimmer mit Bad, TV, Klimaanlage. Lift, Restaurant, Taverne. DZ 85 €.
Center Broel: Graanmarkt 8, Tel. 056/21 97 21, Fax 056/20 03 66. Zentral, 26 Zimmer mit Bad, TV. Lift, Sauna, Solarium, Fitnessraum, Restaurant. DZ 65 €.
Jugendherberge Groeninghe: Passionistenlaan 1a, Tel. 056/20 14 42, Fax 056/20 46 63, www.vjh.be. Übernachtung mit Frühstück 13.75–19 €.

Mamma Mia: Koning Albertstraat 13, Tel. 056/20 02 92, Mo abends, Di, Sa mittags geschl. Vornehme Atmo-

KAMPF UM DIE FREIHEIT FLANDERNS

Als am 18. Mai 1302 die Brügger Turmglocke zur dritten Morgenstunde schlug, war es so weit. Aufständische Weber und Metzger unter Führung ihrer Zunftmeister Pieter de Coninck und Jan Breydel brachen aus ihren Verstecken hervor und kamen wie das Fegefeuer über die verhassten französischen Besatzer. Keiner entkam. Wer die Parole, »Flandern den Löwen«, nicht kannte oder den Wahlspruch *»schildt ende vriend« (»Schild und Freund«)* mit Akzent aussprach, war des Todes. Am Abend lagen 5000 Franzosen in ihrem Blut.

Nachdem die Nachricht von der ›Brügger Mette‹ Frankreich erreicht hatte, machte sich von dort ein mächtiges Heer von 62 000 Mann, darunter etliche zehntausend Reiter, auf den Weg, die Bluttat zu sühnen und die Aufsässigen wieder zu unterwerfen. Den Grafen Robert d'Artois, alt, aber rüstig, hatte der König zum Befehlshaber dieser Streitmacht gemacht.

Ihnen entgegenzutreten wurde ein flämisches Heer aufgeboten, das gegensätzlicher nicht sein konnte. Brügger Handwerker, Arbeiter und Bauern unter de Coninck und Breydel stellten das Gros der Kämpfer, aus Ieper und Gent kamen viele hinzu, bewaffnet mit Beilen, Spießen und *goedendags,* den von den Franzosen besonders gefürchteten stacheligen Morgensternen. Zu ihnen stieß mit einigen Reitern Wilhelm von Jülich, das Priesterkleid unter der Rüstung, und Jan van Renesse, der wohl kampferprobteste Recke, kam mit einer Hand voll von Rittern aus Zeeland. Schließlich hatten sich etwa 30 000 Mann bei Kortrijk um Gwijde von Namur, den Sohn des in Frankreich eingekerkerten greisen Grafen von Flandern, versammelt.

Am 11. Juli 1302 wurden die Franzosen vor den Mauern Kortrijks in die Falle gelockt. Im Norden durch den Fluss Leie geschützt, vor sich einen Morast, erwartete das flämische Heer in Schlachtordnung die Angreifer. Angesichts der schlecht bewaffneten Gegner den schnellen Sieg vor Augen, stürmte die erste Welle der französischen Reiterei in das Sumpfland, blieb prompt stecken und wurde niedergemacht. Der zweiten Attacke ging es nicht anders. Nun wurden die Bogenschützen der Franzosen in die Schlacht geworfen, doch ging dies den Rittern zu langsam. Als die dritte Reiterwelle unter Robert von Artois heranrollte, wurden viele der eigenen Krieger niedergeritten. Nach drei Stunden war die Schlacht entschieden und der Sieg bei den Flamen. Nur 7000 Franzosen konnten entkommen.

Im Rausch des Triumphs brachen die Flamen von den Rüstungen der getöteten Ritter 4000 goldene Sporen und hängten sie als Zeichen ihres Sieges in der Liebfrauenkirche in Kortrijk an die Wand. 80 Jahre darauf gelang es den Franzosen, die Flamen bei Westrozeheke vernichtend zu schlagen und die Symbole ihrer Niederlage zurückzuholen. Was jedoch der Sieg über die Franzosen in der Goldsporenschlacht den Flamen bis jetzt bedeutet, lässt sich daran ermessen, dass der 11. Juli heute flämischer Nationalfeiertag ist.

sphäre, hervorragende italienische Cuisine. Lunch ca. 28 €, gastronomisches Menü 47 €.

Bistro Botero: Schouwburgplein 12, Tel. 056/21 11 24, tgl. Ausgezeichnete Fischgerichte und Salate. Lunch ca. 12–14 €, Menü 32 €.

Beethoven: Onze-Lieve-Vrouwstraat 8, Tel. 056/22 55 42, Mi, Sa und So abends geschl. Köstliches vom Grill, aber auch Fondue. Hauptgericht um 10 €.

Spezialität: Kalletaart (Kuchen mit Mandelcreme, Äpfeln und Calvados).

Glockenspielkonzerte: Juli, Aug.
Golden River Jazz Festival: 1. Sept.-Wochenende.
Sinksenffeeste: Pfingsten, Trödelmarkt, Konzerte.

Bahn: IC nach Ieper, Poperinge, Brüssel, Antwerpen, Lille, Gent, Oostende. IR nach Gent, Mechelen. Nahverkehrszug nach Brügge.

Ieper (Ypern)

Belgien-Atlas: S. 232, B 3/4
Das mittelalterliche Ieper (Ypres) war eine reiche Stadt, reich durch florierenden Tuchhandel. 1260 hatte es 40 000 Einwohner. Im Ersten Weltkrieg wurde die Stadt von deutscher Artillerie restlos zerstört. Heute zählt Ieper 35 000 Einwohner und ist durch eine bewundernswerte Aufbauleistung wiedererstanden. Historische Bauwerke, nach den ursprünglichen Plänen errichtet, Plätze mit gemütlichen Cafés und freundliche Menschen laden zum Besuch ein, doch das Leid des Krieges ist unvergessen: Allabendlich wird der Toten mit dem Zapfenstreich gedacht.

Der **Grote Markt** wird vom Monumentalbau der **Lakenhalle** (1260) beherrscht. In die Handels- und Lagerhalle konnten früher auf der nun überwölbten Yperlee Frachtkähne einfahren. Jetzt befindet sich hier das **Museum Flanders Fields,** ein eindrucksvolles multimediales Kriegsmuseum mit Friedensbotschaft (tgl. 10–18; Okt.–März. tgl. außer Mo bis 17 Uhr, Jan. geschl., Einlass bis eine Std. vor Schluss). Der mächtige **Belfried,** der sich aus der Mitte der Fassade erhebt, diente als Schatz- und Waffenkammer und trägt heute ein wohlklingendes Glockenspiel. Malerisch fügt sich das herrliche **Renaissance-Rathaus Nieuwerck** (17. Jh.) rechts an die Lakenhalle an.

Die gotische **Sint-Marteenskathedraal** hinter dem Rathaus birgt das Grab des Bischofs von Ieper, Cornelius Jansenius (1585–1638), auf dessen Theologie sich die Reformbewegung des Jansenismus herausbildete. Zum Gedächtnis an die 250 000 um Ieper gefallenen Soldaten des britischen Commonwealth wurde 1927 nordwestlich der Kathedrale die **St.-George's Memorial Church** erbaut. In ihr findet man eine Tafel mit dem berühmten Gedicht »In Flanders Fields«, das der kanadische Feldarzt John McCrae 1915 in einem Schützengraben bei Ieper geschrieben hat.

Die Nordostecke des Grote Markt wird durch das spätgotische **Kasselrijgebouw** (15. Jh., ehemaliges Rathaus), dessen Fassade Darstellungen der sieben Kardinalsünden verzieren, und den

Neo-Renaissancebau des **Justizgebäudes** begrenzt. An ihm vorbei gelangt man zur **Meensepoort,** einem Tor nach Art eines Triumphbogens. In dessen Wänden sind die Namen von 54 896 Soldaten des Commonwealth eingraviert, die im jahrelangen Stellungskrieg um Ieper umkamen. Seit 1928 wird hier allabendlich um 20 Uhr »The Last Post« – der Zapfenstreich – geblasen.

Im **Stedelijk Museum** im Gebäude des ehemaligen Armenspitals St. Johannes wird anhand von Dokumenten, Bildern und Gemälden die Geschichte Iepers aufgezeigt (Ieperleestraat 31, April.–Okt. tgl. außer Mo 10–12.30, 14–18, sonst bis 17 Uhr).

Toerisme: Grote Markt, Tel. 057/22 85 84, Fax 057/22 85 89, www.ieper.be

Tuchhalle und Rathaus von Ieper

Ariane: Slachthuisstraat 58, Tel. 057/218 218, Fax 057/21 87 99, www.ariane.be. Luxushotel, 200 m vom Marktplatz, 51 stilvolle Zimmer, gepflegter Garten mit Terrasse, Restaurant, Bar, Lift. DZ 95–140 €.
Kasteelhof 't Hooghe: Menseweg 481, Ieper-Zillebeke, Tel. 057/46 87 87, Fax 057/46 87 58. ›Château‹ mit 11 stilvollen Zimmern. 4 km vom Zentrum, Restaurant, Tea-Room. DZ 61–71 €.
Old Tom: Grote Markt 8, Tel. 057/20 15 41. Schönes Giebelhaus am Markt, mehrere Zimmer mit Blick auf den Marktplatz. Restaurant, Taverne spezialisiert auf lokale Gerichte und Biere. DZ 59 €.
't Zweerd: Grote Markt 2, Tel. 057/20 04 75, Fax 057/21 78 96, www.tzweerd.be. Geselliges kleines Hotel, 9 Zimmer. DZ 68 €.
Camping
Jeugdstadion: Anmeldung Leopold-III-laan, Tel. 057/21 72 82, Fax 057/21 61 21, März–15. Nov. Kleiner Platz hinter dem Jugendstadion, auch Wanderhütten, Fahrradverleih. Stellplatz 7,50–10,50 €.

't Eilandje: Eiland 2, Tel. 057/20 05 28, Mo abends, Di geschl. Auf dem Inselchen, Spezialität: Aal und Gegrilltes. Bistro: Menü 12 €, Restaurant: Menü 24–55 €.
Shanghai City: A. Vandenpeereboomplein 31, Tel. 057/20 06 52, Mo geschl. Chinesische Küche, Speisen auch zum Mitnehmen. Tagesgericht 10 €, Menü 15–25 €.
Den Anker: Grote Markt 20, Tel. 057/20 12 72, tgl. Schöne Sonnenterrasse am historischen Marktplatz. Muscheln, Seezunge, Fleischgerichte. Menü ab ca. 15 €.

Last Post: tgl. 20 Uhr, Zapfenstreich am Menentor.
Katzenfest: alle drei Jahre (zuletzt 2003), 2. So im Mai, folkloristischer Katzenumzug.

Fahrradverleih: Bahnhof, Tel. 057/20 00 70.
Ieperfiets: Sportstraat 8, Tel. 057/20 47 12.

Bahn: IC nach Poperinge, Oudenaarde, Brüssel, Antwerpen.

Veurne

Belgien-Atlas: S. 232, A 3
Im bezaubernden Städtchen Veurne (Furnes; 12 000 Einw.) versammeln sich schmucke historische Bauwerke um den von hübschen Renaissance-Häusern mit Treppengiebeln eingerahmten **Grote Markt,** von dem Victor Hugo schwärmte: »Einer der reizvollsten Plätze, die ich bisher gesehen habe ...«.

Das **Rathaus** mit zwei identischen Schweifgiebeln und einer reich ornamentierten Loggia wurde 1596 und 1612 erbaut. Bemalte Ledertapeten

kleiden den alten Ratssaal, blauer Samt die Wände des Schöffensaals aus. Im ›Albertsaal‹ hatte König Albert I. während des Ersten Weltkriegs sein Hauptquartier. Übrigens: Victor Hugo schrieb nach einem Besuch der Folterkammer im Haus: »Man sieht noch an der Mauer den Rauch der Kohlenglut und auf dem Fußboden die Blutflecke der Folter« (bis 2005 geschl.).

Das an das Rathaus angebaute **Landhuis van de Kasselrij** (1613) mit allegorischen Bildnissen für Frieden und Gerechtigkeit an der Fassade war einst Gerichtssitz. Der barocke Belfried dahinter kam 1628 hinzu.

Rechts neben dem Landhuis kommt die Häuserzeile mit schönen Treppengiebeln und der Jakobsmuschel über den obersten Fenstern des regionalen flämischen Renaissance-Stils von Anfang des 17. Jh. zur Geltung.

Die **St.-Walburgakerk** (ab 14. Jh.) dahinter wurde nie fertig gestellt, Langschiff und Kirchturm fielen dem Rotstift zum Opfer. Ihr bedeutendster Schatz ist die Kreuzreliquie, ein Stück vom Heiligen Kreuz, das Robrecht II. von Flandern in Jerusalem erhalten haben soll. Hier nimmt alljährlich die beeindruckende Bußprozession ihren Anfang, bei der Hunderte in Kutten gehüllter, mit Kapuzen vermummter Büßer schwere Holzkreuze durch die Straßen schleppen.

Der **Spanische Pavillon,** ein turmartiger Bau (1450) mit spätgotischem Anbau in der Nordostecke des Platzes diente als Rathaus und war im 17. Jh. Offiziersquartier der spanischen Besatzer. Das alte **Vleeshuis** (Fleischhalle, 1615) auf der anderen Seite der Ooststraat beherbergt jetzt die Stadtbibliothek. An der Südseite gelangt man am Eckhaus **Hoge Wacht,** 1636 mit Arkaden und Türmchen erbaut und einst Quartier der Nachtwächter, vorbei

Der Marktplatz von Veurne mit Rathaus, Belfried und Walburgakirche

zur gotischen **St.-Niklaaskerk** mit ihrem mächtigen Glockenturm. Das monotone Geläute von *'t Bomtje,* der größten Glocke des Carillons, ist das einzige Geräusch, das die Totenstille während der Bußprozession durchbricht.

Dienst voor Toerisme: Grote Markt 29, Tel. 058/33 05 31, Fax 058/33 05 96. www.veurne.be

Croonhof: Noordstraat 9, Tel. 058/31 31 28, Fax 058/31 56 81. Stilvolles Haus mit 14 Zimmern. Körperbehindertengerecht, Lift, Restaurant. DZ 90 €.
Driekoningen: Wulveringemstraat 40, Beauvoorde, Tel. 058/29 90 12, Fax 058/29 80 22. Kleines Haus mit 5 Zimmern. Körperbehindertengerecht. DZ 65 €.
De Loft: Oude Vestingstraat 36, Tel. 058/ 31 59 49, Fax 058/31 68 12. Gemütliches Hotel mit 8 Zimmern. DZ 62 €.

De Kloeffe: Pannestraat 206, Tel. 058/31 21 53, Di abends, Mi geschl. Fisch- und Grillspezialitäten. Tagesgericht 14 €, Menü 40 €.
Onder de Toren: St.-Niklaasplein 1, Tel. 058/31 65 66, Mo abends, Di geschl. Modernes Interieur, leckere Fischgerichte, Krebs und Scampis, aber auch Lamm. Menü ab 25 €.
Brasserie Christophe: Grote Markt 24, Tel. 058/31 40 22, Do abends, Fr geschl. Diverse Gerichte wie Aal, Wild und Steak 't Belford. Tagesgericht 10–12 €, Menü 20 €.

Glockenspielkonzerte: Mitte Juni–Aug., So 20–21 Uhr.
Bußprozession: Letzter So im Juli, große Prozession durch die Stadt, anschließend Kirmes.
Orgelkonzerte: Juli/Aug., So 11.15 Uhr, St.-Walburgakerk.

Bahn: IR nach De Panne, Veurne, Diksmuide, Gent, Brüssel.
Bus: Nach Roesbrugge, Poperinge (Linie 744), Nieuwpoort, Oostenede (Linie 769), De Panne (Linie 772), Ieper (Linie 773).

Diksmuide

Belgien-Atlas: S. 232, B 3
Das Städtchen Diksmuide (Dixmude; 16 000 Einw.) an der Ijzer wurde wie Ieper im Ersten Weltkrieg von den Deutschen völlig zerstört und danach im altflämischen Stil neu erbaut. 1940 legten deutsche Bomber erneut Teile der Stadt in Schutt und Asche. Heute präsentiert sich die ›Butter-Stadt‹ als Handelszentrum der im Umland betriebenen Milchwirtschaft.

Auf dem **Grote Markt** mit seinen schönen Giebelhäusern, dem **Rathaus** mit Belfried und der **Butterhalle** genießt man im Sommer unter Sonnenschirmen der Straßencafés die Idylle, zu der auch *'t Mannecke uit de Mane* (Das Männchen im Mond), eine lustige goldglänzende Skulptur auf dem Platz, beiträgt. Mit einer Statue wird General Baron Jacques, der Befehlshaber der belgischen Truppen, geehrt, der Diksmuide 1914 verteidigt hat.

Die **St.-Niklaaskerk** hinter dem Rathaus wurde anhand der alten Pläne wiedererbaut, die meisten Kunstschätze der Kirche sind jedoch unwiederbringlich zerstört. Die sandsteinernen Köpfe auf dem Kirchplatz sind Kragsteine der mittelalterlichen Kirche, die man aus den Trümmern geborgen hat.

Der kleine **Beginenhof** mit seinen weißen Häuschen und dem grasbewachsenen Hof mit Ziehbrunnen gehört zu den schönsten Belgiens und dient jetzt geistig behinderten Erwachsenen als Wohn- und Arbeitsstätte.

Am Ufer der Ijzer wird mit dem 84 m hohen **Ijzerturm** in Form eines monumentalen Kreuzes der über 40 000 im Ersten Weltkrieg gefallenen flämischen Soldaten gedacht und zum Frieden gemahnt. Die Buchstaben AVV–VVK für ›Alles voor Vlaanderen – Vlaanderen voor Kristus‹ zeigen, dass das Mahnmal auch ein Symbol des flämischen Unabhängigkeitsstrebens und Widerstandes gegen die wallonische Vorherrschaft ist. Der ewige flämisch-wallonische Konflikt entzündete sich nach dem Ersten Weltkrieg erneut, als den Flamen bewusst wurde, dass das Gros der in die Gräben geschickten einfachen Soldaten Flamen waren, während die meisten Kommandierenden von Wallonen gestellt wurden. Der Konflikt führte 1946 zu Attentaten auf das Mahnmal. Aus den Trümmern errichtete man vor dem neuen Turm die riesige **Paxpoort** (Friedenstor). Im Turm befindet sich ein Friedensmuseum (April–Sept. 10–18, sonst bis 17 Uhr, Jan. geschl.).

Auf einer Fahrt auf der ausgeschilderten ›14–18-Route‹ zu den zahlreichen Soldatenfriedhöfen, Mahnmalen und Kriegsschauplätzen wird das Ausmaß der Vernichtung von Menschenleben deutlich. Auf dem 3 km nordöstlich von Diksmuide liegenden Soldatenfriedhof **Vladslo-Praetbos** fanden 25 644 deutsche Soldaten ihre letzte Ruhe, unter ihnen der 1914 gefallene 18-jährige Sohn Peter von Käthe Kollwitz. Nahe dem Grab ließ die Künstlerin die von ihr geschaffene Skulptur ›Trauerndes Elternpaar‹ aufstellen, eine ergreifende Darstellung, die zur Elegie für alle in Kriegen Gefallenen wurde.

Dienst voor Toerisme: Grote Markt 28, Tel. 051/51 91 46, www.diksmuide.be. Besucherzentrum: Beerstblotestraat 1, Tel. 051/51 94 19, Fax 051/51 00 21, www.toerismediksmuide.be

De Vrede: Grote Markt 35, Tel. 051/50 00 38, Fax 051/51 06 71. Zentral am Marktplatz. 17 stilvolle Zimmer mit Bad TV, Telefon. Restaurant, Bar, Lift, Parkplatz. DZ 70–80 €.
Viconia: Kasteelhoevestraat 2, in Stuivenskerke, Tel. 015/55 52 30, Fax 051/55 55 06, www.viconia.be. Landsitz in ruhiger Lage mitten in der Natur, Restaurant, Terrasse und großer Garten, 23 komfortable Zimmer. DZ 60–75 €.
Polderbloem: Grote Markt 8, Tel. 051/ 50 29 05, Fax 051/50 29 06. Kleines Herrenhaus am Markt, 9 Zimmer. Gemütliches Restaurant, Tea-Room, Bar. DZ 52 €.

Sint Jan: Bloemmolenkaai 1, Tel. 051/50 02 74, tgl. Die besten Krebse direkt aus Kanada, Spezialität: Aal und *côte-à-l'os* (T-bone Steak). Tagesgericht ab ca. 8 €, Menü 12–30 €.

Bier-Festival: Ende Sept./Anfang Okt., an 5 Wochenenden, eine Art Oktoberfest mit Blaskapelle und ›Oom Pah Band‹.

Fahrradverleih: Catrysse, Kaaskerkestraat 56a, Tel. 051/50 46 70.

Bahn: IR nach De Panne, Gent, Brüssel.

Limburg und Antwerpen

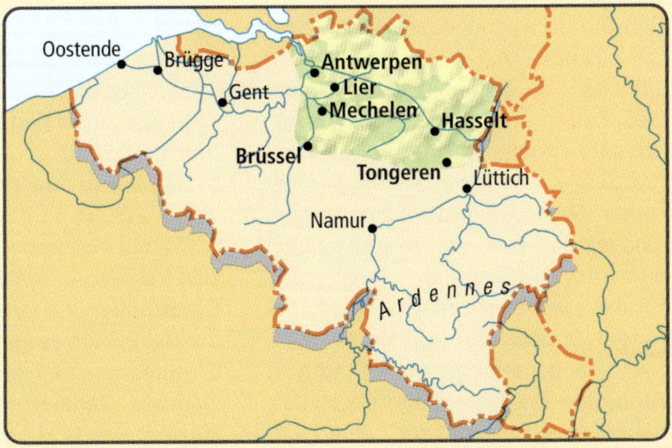

Die gotische Kathedrale von Antwerpen

Belgien-Atlas S. 233, 235

LIMBURG

Zum Flohmarkt nach Tongeren, in die älteste Stadt des Königreichs, in das Schloss des Deutschen Ritterordens Alden-Biesen, Genever und Mode in Hasselt, Dörfer, Bauernhäuser und Handwerk aus Urgroßmutters Zeiten im Freilichtmuseum Bokrijk.

Tongeren

Belgien-Atlas: S. 235, D 3
Das im fruchtbaren Haspengau liegende, aus der römischen *Civitas Atuatuca Tungrorum* hervorgegangene Tongeren (Tongres; 30 000 Einw.) rühmt sich, die älteste Stadt Belgiens zu sein. Im 4. Jh. wurde Tongeren Bischofssitz des hl. Servatius, der diesen aber bald nach Maastricht verlegte. Die Stadt verlor nun an Bedeutung, blühte jedoch unter den Karolingern erneut auf und wurde zu einer der wohlhabendsten Städte des Lütticher Landes – bis Ludwig XIV. sie 1677 in Schutt und Asche legte. Heute lockt die Stadt mit Einkaufsstraßen, schicken Boutiquen und exklusiven Geschäften, darunter über 40 Antiquitätenläden, und verbreitet sommertags mit gemütlichen Straßenterrassen, Bistros und lauschigen Plätzen eine erfrischende, nahezu südländisch anmutende Atmosphäre.

Über den **Grote Markt** wacht, mit Asterix-Schnurrbart und stechendem Blick, Tongerens bronzener Stadtheld **Ambiorix.** Der hünenhafte Eburonenhäuptling lehrte Caesars Leute einst mächtig das Fürchten. Am **Stadhuisplein** steht das klassizistische **Rathaus**, 1755 fertig gestellt, nachdem die Franzosen den Vorgängerbau 1677 zerstört hatten.

Am Monument der Gefallenen vorbei kommt man zur gotischen **Onze-Lieve-Vrouwe-Basiliek** mit ihrem wuchtigen Turm, erbaut 1240–1546. Als wundertätig verehrt wird das Gnadenbild der Namenspatronin (1479) im linken Seitenschiff. Monumental ist die Le-Picard-Orgel mit ihren knapp 4000 Pfeifen, kostbar der gotische Schnitzaltar (16. Jh.) mit 23 Szenen aus dem Leben Marias. Zeugnis eines einst vorhandenen mittelalterlichen Klosters ist der romanische Kreuzgang (12./13. Jh.), in dessen Seitenwänden 60 dem Kirchenboden entnommene Grabsteine eingemauert sind. Die **Schatzkammer** bewahrt einen bemerkenswerten Kirchenschatz (Mai–Sept. tgl. außer Mo vormittags 10–12, 13.30–17 Uhr).

Rechts neben der Kirche befinden sich freigelegte Reste einer römischen **Stadtmauer** und eines der Türme, mit der die 2,6 km lange Mauer alle 20 m bestückt war. Dahinter lädt das faszinierende **Gallo-Römische Museum** zu einer Entdeckungsreise in die Vergangenheit ein. Das Geheimnis des rätselhaften Dodekaeders, eines von 12 Flächen begrenzten bronzenen Gegenstands aus der gallo-römischen Zeit, konnte bis heute nicht ergründet werden (Mo 12–17, Di–Fr 9–17, Sa, So Fei 10–18 Uhr).

Verwinkelte Gassen, kleine Häuschen und Gebetsstätten – Tongerens **Beginenhof** ist wie ein Städtchen in der Stadt, im *Brouwhuis* haben die frommen Frauen sogar ihr eigenes Bier gebraut. Die **Begijnkerk** (13. Jh.), der hl. Katharina geweiht, dient seit 1998 als Kulturzentrum. An der Ecke steht die alte Pilgergaststätte, in der die Wallfahrer auf dem Weg nach Santiago de Compostela rasteten.

Von der **Moerenpoort** (14. Jh.), dem einzigen noch bestehenden Stadttor der mittelalterlichen Stadtbefestigung, ziehen sich Reste der Stadtmauer entlang des Leopoldwal.

Alden Biesen

Elf km nordöstlich von Tongeren errichtete der Deutsche Ritterorden 1543–1566 an seinem Ordenssitz Alden Biesen ein Wasserschloss. Heute dient die perfekt restaurierte Schlossanlage u. a. als Jugendbegegnungsstätte und ist für Besucher zugänglich. Die Besichtigung der Gemächer im Schloss, der englischen und französischen Gärten und einer Ausstellung kostet Eintritt (tgl. 10–18 Uhr).

Toerisme: Stadhuisplein 9, Tel 012/39 02 55, Fax 012/39 11 43, www.tongeren.be

Ambiotel: Veemarkt 2, Tel. 012/26 29 50, Fax 012/26 15 42. Nähe Bahnhof, 22 komfortable Zimmer. Restaurant, Terrasse. DZ 100–110 €.
Lido: Grote Markt 19, Tel. 012/23 19 48, Fax 012/39 27 27. Vier Zimmer mit Bad und TV. Restaurant, Bar, Taverne. Parkplatz/Garage. DZ 70 €.
Chemin de Fer: Stationslaan 44, Tel. 012/23 31 05, Fax 012/23 31 05. In Bahnhofsnähe, 11 Zimmer, davon 3 mit Dusche, 2 mit Dusche und Toilette, Parkplatz. DZ 23–30 €.
Jugendherberge
Begeinhof: St. Ursulastraat 1, Tel. 012/39 13 70, Fax 012/39 13 48, www.vjh.be. Übernachtung mit Frühstück 15,55–16,55 €.

Biessenhuys: Hemelingenstraat 23, Tel. 012/23 47 09, Di abends, Mi geschl. *Das* Spitzenrestaurant der Stadt, französische Cuisine, exzellente Weine. Lunch-Menü ca. 27 €, gastronomisches Menü 55 €.
Konings: Oude Fonteinweg 49, Tel. 012/23 78 67, Mo, Sa mittags geschl.

Tongerens Antik- und Trödelmarkt

Begeben Sie sich Sonntag vormittags auf Schnäppchenjagd auf den Antik- und Trödelmarkt, den größten der Benelux-Länder. Mehrere hundert Händler bieten hier ihre Waren feil. Was Sie dort nicht finden, gibt es vielleicht in einem der 46 Antiquitätengeschäfte, die meisten haben Sonntag vormittags auf. Beschrieben sind sie in der Broschüre ›'n rondje antiek‹, erhältlich in den Antikläden und im Touristenbüro.

ALS DIE BELGIER RÖMER WAREN

Man hat in Caesars Bericht »Der Gallische Krieg« den ersten Satz noch nicht zu Ende gelesen, da tauchen sie auch schon auf, die Belgier. Woher der wackere Feldherr den Namen hatte und was er bedeutet, ist bis heute ungeklärt. Manche behaupten, das Wort Belgier leite sich von ›Kämpfer‹ oder ›Kriegerischer‹ her. Das macht Sinn, bezeichnete Caesar die Belgier doch als »die Tapfersten aller Gallier«, und auch Strabo von Amasya, ein griechischstämmiger Römer, schrieb um den Beginn unserer Zeitrechnung in seiner »Geographie«: »Das ganze Volk ... ist kriegerisch und mutig, und stets bereit zum Kampf, sonst aber ehrlich und nicht bösartig.« Schließlich gelang es Caesars Legionen auch erst nach sechs Jahren, die keltischen Stämme zu bezwingen, und das auch nur, weil die gegnerischen Stämme untereinander heftig in Streit lagen, ein Zustand, den man in Belgien auch heute gut kennt.

Das Gebiet der Belgier, so Caesar, erstreckte sich vom äußersten Grenzgebiet Galliens bis zum Unterlauf des Rheins, wobei das Gebiet des heutigen Belgiens nur einen kleinen Teil davon einnahm. Damals hausten im Küstengebiet die keltischen Stämme der Moriner und Menapier, die Nervier zwischen Schelde, Rupel und dem Kohlenwald, die Atuatucer lebten im Tal der Maas stromaufwärts von Namur, während das Gebiet zwischen Schelde und Rhein von den Eburonen besetzt war und der südlichste Zipfel des heutigen Belgiens zum Gebiet der Treverer gehörte. Caesars Kohorten haben sie alle niedergerungen und teilweise fast völlig vernichtet, bis auf den heldenmütigen Ambiorix, der mit seinen Mannen in der Schlacht um *Atuatuca Tungrorum* (Tongeren) beinahe Caesars Feldherrn Cicero besiegt hätte und, als dieses nicht ganz gelang, in den Wäldern verschwand.

Die folgenden vier Jahrhunderte der Romanisierung gereichten dem Land der Belgier sehr zum Vorteil, brachten die Okkupanten doch die ganze Vielfalt ihres kulturellen Know-how in das Land der keltischen ›Barbarei‹.

Das alte keltische Wegesystem, sofern überhaupt existent, wurde durch ein neues, nach militärstrategischen Gesichtspunkten strukturiertes ersetzt. Die römischen Straßen waren Spitze: Mit ihrem stabilen Unterbau hielten sie fast heutigen Maßstäben stand. Flüsse, die vormals in Furten durchquert wurden, erhielten solide gebaute Brücken, Meilensteine an den Straßenrändern zeigten Entfernungen an, und eine Straßenbaumeisterei sorgte für den Erhalt des Erbrachten. Und an den *Mensiones,* den Raststätten, konnten Reisende mit ihren Pferden und Eseln übernachten, erhielten Verpflegung und sonstige Serviceleistungen.

Beachtlich ist auch der römische Einfluss auf die Landwirtschaft. Die bewirtschaftete Fläche wurde enorm vergrößert, neue Getreidesorten eingeführt und die Ernte mit von Ochsen gezogenen ›Mähmaschinen‹ eingebracht. Aus dem Mittelmeerraum kamen zahlreiche der noch heute angebauten Obstsorten.

Im Jahr 212 verfügten alle Einwohner auf dem Gebiet des heutigen Belgien über eine Art römischen Pass. Über das ganze Land erstreckte sich bald ein Verkehrsnetz, war im Bau oder in der Planung. Die bedeutendsten Kreuzungspunkte waren Tongeren und *Bavay*, das heutige Cambrai, kurz hinter der Grenze von Frankreich. Die bedeutendste Verbindungsstraße verlief von Boulogne über Cassel (Nordfrankreich), Bavay und Tongeren nach Köln. In Bavay trafen die römischen Fernstraßen aus Reims, Arras und Trier im Südwesten mit denen aus der Küstenregion – dem Land von Waas – und von Nijmegen im Norden zusammen. Besonders an Straßenkreuzungen und an Stellen, an denen wichtige Flüsse zusammentrafen, entstanden große Orte wie Tongeren, Arlon, Tournai und Namur.

Die bedeutendste Stadt der Römer in Belgien war gewiss *Atuatuca Tungrorum* (Tongeren). Ihr planförmig angelegtes gitterförmiges Straßennetz übertraf in seiner Ausdehnung sogar jenes von Köln. Entlang der Landstraßen befanden sich, meist bei den Poststationen, kleinere Siedlungen, wie Liberchies, Braives, Blicquy, Tienen und Velzeke, etliche verfügten über eigene Töpferöfen, Eisengießereien und Tempel.

Interessante Eindrücke von der Lebensweise der Römer in Belgien erhält man insbesondere im Gallo-Römischen Museum in Tongeren und im Musée Luxembourgeois in Arlon.

Galloromanische Säule mit Relief des waffenschmiedenden Gottes Vulkan in Arlon

Köstliche Muschel- und Fischgerichte, Spezialität: Aal auf diverse Weisen zubereitet. Muscheln 17–19 €.

Palace: Hondsstraat 19, Tel. 012/39 50 85, tgl. außer Mo, Di und Sa mittags 12–14, 18–21.30 Uhr. 50 m vom Grote Markt, französische Küche. Tagesgericht 12–20 €.

Antiquitäten: In 46 Antiquitätenläden lässt es sich ausgiebig nach Altertümchen stöbern.

Basilika-Konzerte: Juni–Aug., Konzerte renommierter Solisten, Ensembles, Chöre und Orchester.

Evermarusspiel: 1. Mai, Prozession und Mysterienspiel.
Antik- und Flohmarkt: So vormittags, größter Flohmarkt der BeNeLux.
Begonienteppich: ein Wochenende im August, riesiger Blumenteppich auf dem Marktplatz.
Viva Velinx: Ende Juni, Hallenfestival für Rock-Fans im Kulturzentrum De Velinx. Info/Reservierung Tel. 012/39 39 00, www.develinx.be
Krönungsfest: alle 7 Jahre (zuletzt 2002), Juli, Prozession und Abendspiel, an dem über 3000 Einwohner teilnehmen.

Fahrradverleih: April–Sept., tgl. außer Do 9–16 Uhr, Stadhuis, kostenloser Fahrradverleih (gegen Kaution).

Bahn: IC nach Hasselt, Diest, Brüssel, Aalst, Brügge, Oostende. IR nach Lüttich, Diest, Aarschot, Lier, Antwerpen.

Hasselt

Belgien-Atlas: S. 235, D 3
Die ›Geneverstadt‹ Hasselt (68 000 Einw.) entstand im 7. Jh. am Helbeek,

Kneipe in Hasselt

einem Nebenflüsschen der Demer, und war im frühen Mittelalter ein wichtiger Marktplatz der Grafschaft Loon, die in etwa dem heutigen Limburg entsprach. Nach der Niederlage Napoleons war Hasselt Hauptstadt der niederländischen Provinz Limburg und wurde nach der Teilung Limburgs im Jahr 1839 Hauptstadt der belgischen Provinz Limburg.

Die Hasselter Tradition des Geneverbrennens geht bis ins 16. Jh. zurück. Einst produzierten hier 33 Brennereien den hochprozentigen, mit Wacholderbeeren aromatisierten Schnaps aus Gerste und Roggen, heute sind es noch fünf. Auf der ›Geneverroute‹ durch die gemütliche Innenstadt (Broschüre beim Touristenbüro erhältlich) kommt man am Brunnen ›Borrelmanneke‹ (Schnapsmännchen) und an Gebäuden der Genevergeschichte Hasselts vorbei und gelangt schließlich direkt ins **Genevermuseum**, das in einer ehemaligen Brennerei untergebracht ist (Witte Nonnenstraat 19, Feb.–Dez. Di–So, Juli, Aug. auch Mo 10–17, Nov.–März Sa, So, Fei nur 13–17 Uhr). Hier erfährt man alles Wissenswerte über die Herstellung des 40-Prozentigen und kann natürlich auch ein ›*witteke*‹ kosten. Mitte Oktober ist immer das große Geneverwochenende mit Rummel und großem Wettlauf der Kellner, bei dem diese ein Tablett mit Schnapsflasche und gefüllten Gläsern über einen Hindernis-Parcours balancieren müssen.

Hasselts zweiter Trumpf ist die Mode. Hier hat der modebewusste Besucher in zahlreichen Boutiquen und Shoppingpassagen beim ›Upgraden‹ seines Outfits die Qual der Wahl; im Tourismusbüro ist sogar eine Broschüre ›Moderoute Hasselt‹ erhältlich, die diese schwierige Aufgabe erleichtert. Darüber hinaus bietet das **Modemuseum** mit Entwürfen, Fotografien, Kunst und Accessoires Einblicke in 200 Jahre Schneiderkunst (Gasthuisstraat 11, Feb.–Dez. Di–So 10–17, Nov.–März Di–Fr Sa, So Fei nur 13–17 Uhr).

Busfahren in Hasselt: Gratis!

Seit 1997 kann jeder in Hasselt gratis mit den Stadtbussen fahren, mit allen Linien von H1–H9 und den Pendelbuslinien BP und CP, sonntags mit den Linien H 11 und H12.

Bei einem Streifzug durch die Stadt erblickt man am **Grote Markt** das schöne Renaissance-Fachwerkhaus **Het Sweert** (1659), bis 1713 eine Herberge. Das namensgebende Schwert ist an der Hausecke in der ersten Etage zu entdecken.

In der westlich davon, nahe dem Grote Markt stehenden **Virga-Jesse-Basilika** (ab 1728) wird das als wundertätig verehrte Bild der Lieben Frau Virga Jesse (14. Jh.), der Schwarzen Jungfrau, aufbewahrt. Sie wird alle 7 Jahre im August, zuletzt 2003, in einer beeindruckenden Prozession durch die festlich geschmückte Stadt getragen. Bewundernswert ist auch der marmorne Hochalter (17. Jh.).

Am **Vismarkt,** östlich des Grote Markt, ragt die **St.-Quintinuskathedraal** (15./16. Jh.) empor. Die gruseligen Fratzen an den Wasserspeiern sollten die Geister der Finsternis von dem Gotteshaus abschrecken. Der Westturm trägt das für seinen Wohlklang berühmte Hasselter Glockenspiel. Ein kleines Glockenspielmuseum hoch oben im Turm erzählt so manches über die Geschichte des Turms und seiner Glocken (Juli–Aug. So, Fei 10–17 Uhr).

Weiter östlich widmet sich das **Stedelijk Museum Stellingwerff-Waerdenhof** der Geschichte der Stadt und der ehemaligen Grafschaft Loon. Das Museum zeigt auch den Kirchenschatz der Kathedrale, darunter die älteste Monstranz der Welt (Maastrichterstraat 85, Feb.–Dez. Di–So 10–17, Nov.–März Sa, So, Fei nur 13–17 Uhr).

Domäne Bokrijk

8 km nördlich von Hasselt bildet die 550 ha große Provinzdomäne Bokrijk das touristische Highlight der Region. Kinder können hier Ponys reiten, im Streichelzoo Tiere hautnah kennen lernen und sich auf dem riesigen Kinderspielplatz tummeln. Im Freilichtmuseum, einem der größten Europas, sind Bauernhöfe, ganze Dörfer mit Schmiede, Windmühle und Tante-Emma-Laden zu entdecken, alles aus Uromas Zeiten. Ganz wie früher wird Brot im Steinofen gebacken, es wird geklöppelt, geschmiedet, Getreide gemahlen, natürlich alles in originalen Handwerkerstätten (www.bokrijk.be, April–Sept. tgl. 10–18 Uhr).

Toerisme: Lombaardstraat 3, Rathaus, Tel. 011/23 95 44, Fax 011/22 50 23, www.hasselt.be

Parkhotel: Genkersteenweg 350, Tel. 011/21 16 52, Fax 011/22 18 14. 29 Zimmer mit Bad, TV, Telefon. Körperbehindertengerecht. Restaurant, Bar, Parkplatz. DZ 80 €.
Century: Leopoldplein 1, Tel. 011/22 47 99, Fax 011/23 18 24. Zimmer mit Bad, TV, Telefon. Restaurant, Bar, Parkplatz. DZ 70 €.
Camping
Holsteenbron: Hangelhoefseweg 9, Zonhoven, Tel./Fax 011/81 71 40, www.holsteenbron.be. Ruhiger, kinderfreundlicher Platz im Park Midden-Limburg, Sporteinrichtungen, Spielplatz, Cafeteria, Waschsalon. Stellplatz 12 €.

Arlecchino: Minderbroederstraat 9, Tel. 011/22 76 16, Di, Mi, Sa mittags geschl. Authentische italienische Cuisine. Köstlich: Grillade verschiedener Fische. Lunch-Menü 31–39 €.
Kookpunt: Persoonstraat 12, Tel. 011/72 79 69, Sa mittags, So geschlossen. Weltküche, u. a. griechische und türkische Gerichte, gute Weine. Große Terrasse. Hauptgericht um 15 €. Menü 28 €.
Le Chandelier: Thonissenlaan 43, Tel. 011/74 72 70, tgl. außer Mi, ab 18.30 Uhr. Kerzenlicht und Lüster verbreiten festliche Stimmung, es gibt Fisch- und Meeresfrüchte, aber auch köstliche Fleischgerichte. Hauptgericht ab 12 €, Menü 30 €.

Virga-Jesse-Fest: August (alle sieben Jahre, 2003), Fest zu Ehren der Stadtpatronin mit Umzügen durch die feierlich geschmückte Stadt, Theateraufführungen.

Bahn: IC nach Tongeren, Diest, Leuven, Brüssel, Gent, Oostende, Genk, Aalst. IR nach Lüttich, Diest, Lier, Antwerpen.

STADT UND PROVINZ ANTWERPEN

In die Welt-, Kunst-, Diamanten- und Hafenstadt Antwerpen, zur berühmten Jubiläumsuhr in das gemütliche Lier, zur Glockenspielstadt Mechelen, Natur der Kalmthoutse Heide.

Antwerpen

Belgien-Atlas: S. 233, F 2
Ihre Gründung verdankt sie der Schelde, ihren Reichtum Dockarbeitern, Diamantenschleifern und Händlern, ihre Seele dem Malerfürsten Peter Paul Rubens, ihren Namen jedoch einem abscheulichen Riesen und seinem Bezwinger – die Stadt Antwerpen. Die weltoffene Hauptstadt (Anvers; 452 500 Einw.) der gleichnamigen Provinz geizt nicht mit architektonischen Reizen, sie verfügt über eine lebendige Kulturszene, exklusive Shopping-Welten, erlesene Gastronomie und ein lebenssprühendes Nachtleben – Antwerpen will entdeckt werden.

Geschichte

Am Anfang steht die Legende. Zu Römerzeiten hackte der Riese Antigonus den auf der Schelde vorbeifahrenden Schiffern, die keinen Wegezoll entrichten wollten, die Hände ab und warf sie in den Fluss. Bis Silvius Brabo, eine Art römischer David, den Goliath besiegte, ihm nun seinerseits die Hand abschlug und sie demonstrativ in die Schelde schleuderte. Fazit: aus ›Hand werpen‹ wurde ›Antwerpen‹.

Nachweislich ist der Ort seit dem 2. Jh. n. Chr. besiedelt. Zu Zeiten Karls des Großen stand hier eine Festung. Als Brügges Hafenzufahrt im 16. Jh. versandete (s. S. 94), landeten die Handelsschiffe in Antwerpen an und die Stadt erlebte eine enorme wirtschaftliche Blüte. 1560 lebten hier annähernd 100 000 Menschen. Während des Achtzigjährigen Krieges gegen die Vorherrschaft Spaniens kam es zum Massenexodus protestantischer Kaufleute und Wissenschaftler und Antwerpens Höhenflug endete jäh. 1589 war die Anzahl der Bewohner auf 42 000 gesunken. Die Stadt siechte dahin, was die Kreativität etlicher in Antwerpen verbliebener Künstler jedoch kaum beeinträchtigte: Peter Paul Rubens, Anthonis van Dyck und Jakob Jordaens d. Ä. schufen im 17. Jh. hier Meisterwerke.

Erst Napoleon führte eine wirtschaftliche Wende herbei, als er Ende des 18. Jh. Antwerpens Hafen ausbaute, um ihn als »Pistole auf das Herz Englands zu richten«. Mit der Gründung Belgiens war die Hafenstadt von der Scheldemündung, die nun zu den Niederlanden gehörte, abgeschnitten. Hohe Zölle dämpften den Aufschwung, doch setzte nach deren Aufhebung im Jahr 1863 ein wahrer Wirtschaftsboom ein.

Dreimal fanden in Antwerpen Weltausstellungen statt, 1920 die Olympiade. Während des Zweiten Weltkriegs wurde Antwerpen von den Deutschen stark bombardiert, doch konnte der Hafen gleich nach Kriegsende seine Funktion wieder erfüllen.

Besichtigung

Prächtige Zunfthäuser und das **Rathaus** [1] (1561–65, Führungen Mo–Do 11, 14, 15, Sa 14, 15 Uhr), ein Prachtexemplar Brabanter Renaissance, säumen den **Grote Markt.** Olympiareif holt Centurio Silvius Brabo auf dem **Brabobrunnen** (1887) vor dem Rathaus zum Wurf der abgeschlagenen Hand des Riesen Antigonus aus.

Markantes Wahrzeichen der Stadt ist der mächtige und doch graziös wirkende, 123 m hohe Turm der 1352–1521 erbauten gotischen **Onze-Lieve-Vrouw-Kathedraal** [2]. Es ist der größte Sakralbau Belgiens. Bilderstürmer haben 1566 die riesigen Kirchenhallen weitgehend vom einst reichen Kirchenschatz ›befreit‹, vielleicht treten die berühmten Rubenswerke, die »Kreuzaufrichtung« und die »Kreuzabnahme« sowie die »Auferstehung« deshalb besonders hervor (Mo–Fr 10–17, Sa 10–15, So, Fei 13–16 Uhr). Übrigens: Man findet Rubens unweit der Kathedrale auf dem gemütlichen, von Cafés gesäumten **Groenplaats** – dargestellt als höfischer Ritter mit Schwert und als Maler.

In einem schönen Renaissancehaus am Vrijdagmarkt, dem heutigen **Museum Plantin-Moretus** [3], lebte und arbeitete im 16. Jh. der Buchdrucker Christophe Plantin. Die altflämische Patrizierwohnung mit dem ursprünglichen Mobiliar und die Druckerei mit den weltweit ältesten Druckpressen und originalem Druckmaterial, Setzerei, Schriftgießerei und Korrekturraum vermitteln einen authentischen Eindruck der Buchdruckkunst des 16. Jh. (Vrijdagmarkt 22, Di–So 10–17 Uhr).

Breitbeinig steht an der Schelde der hünenhafte **Lange Wapper** vor dem **Steen** [4]. Mitte des 9. Jh. nur eine erdwallumgebene Fluchtburg, wurde die steinerne Burg 1200–25 gemauert. Der Sitz der Burggrafen diente später als Gefängnis und beherbergt jetzt das **Nationale Schifffahrtsmuseum** (Di–So 10–17 Uhr), dessen umfangreiche Sammlung die verschiedenen Aspekte der Seefahrt aufgreift.

In dem in ›Speckschichten‹ gemauerten spätgotischen **Vleeshuis** [5], einst Zunfthaus der Metzger (16. Jh.), beleuchtet heute das Museum Vleeshuis die Stadtgeschichte, verfügt aber auch über exzellente Sammlungen von Münzen, Musikinstrumenten und zeitgenössischer Kunst (Di–So 10–17 Uhr).

Die spätgotische **Dominikanerkirche St.-Paulus** [6] mit barockem Turm birgt einen Kunstschatz von über 200 Skulpturen und 50 Gemälden, unter denen auch drei Gemälde von Rubens und Jugendwerke von Jordeans und Van Dyck zu entdecken sind (Mai–Sept. tgl. 14–17 Uhr).

Ein prächtiges Beispiel des Hochbarocks ist die 1621 von Jesuiten erbaute **St.-Carolus-Borromeuskerk** [7]. Leider hat ein Brand das ursprüng-

Die Fleischhalle von Antwerpen

P
TICKET

Atlas: S. 233

Sehenswürdigkeiten

1 Rathaus
2 Onze-Lieve-Vrouw-Kathedraal
3 Museum Plantin-Moretus
4 Steen
5 Vleeshuis
6 Dominikanerkirche St. Paulus
7 St. Carolus-Borromeus-Kirche
8 St. Jakobskirche
9 Rubenshaus
10 Diamantenmuseum
11 Modemuseum MoMu
12 Königliches Museum für Schöne Künste

Übernachten

13 Best Western Villa Mozart
14 Florida
15 Industrie
16 Euro
17 Internationaal Zeemanshuis
18 Rubenshof
19 Jugendherberge Op Sinjoorke
20 New International Youth Hotel

Essen und Trinken

21 Arte
22 Ulcke van Zurich
23 Hollywood Witloof
24 De Kleine Kous
25 De Peerdestal

ANTWERPEN
0
400 m
Tunnelplaats
St-Antonius
Stijfselrui
Falconrui
Paardenmarkt
Klapdorp
Hoornstr.
Mutsaardstr.
Vekestr.
Kl. Kauwenberg
Gr. Kauwenberg
Lange Winkelstr.
Venusstr.
Blindestr.
Prinsstr.
P. van Hobokenstr.
Rockoxhaus
Keizersstr.
Kipdorp
Kattenstr.
Prinsesstr.
Frans Halsplein
Sint Jacobsmarkt
Borzestr.
Markgravestr.
St-Jakobsstr.
Lange Nieuwstr.
Handelsbeurs
Lange Klarenstr.
Eikenstr.
St-Katelijnevest
Meir
Maandenstr.
Huidevettersstr.
Wapper
Sted. Feestsaal
Kolveniersstr.
Jodenstr.
Schuttershofstr.
Hopland
Komedieplaats
Stadsschouwburg
Langegang
Tabakvest
Otto Veniusstr.
Kipdorpvest
Jezusstr.
Leysstr.
Opera
Kon. Vlaamse Opera
Italielei
Frankrijklei
Begijnhof
Korte Winkelstr.
Houwerstr.
Van de Wervestr.
Vondelstr.
Van Maerlantstr.
St-Gummarusstr.
Hollandstr.
Rotterdamstr.
Zusters-der-Armenplein
Nachtegaalstr.
Diepestr.
Elisabeth
Osystr.
Stralenstr.
De Coninckplein
Pijlstr.
Van Arteveldestr.
Lange Beeldekensstr.
Van Wesenbekestr.
Van Schoonhovenstr.
Dambruggestr.
Gemeentestraat
Aquatopia
Astrid
Carnotstr.
Van Ertbornstr.
Anneessensstr.
Breydelstr.
De Keyserlei
Kon. Astrid-Plein
Antwerpen Zoo
Appelmansstr.
Diamant
Vestingstr.
Hauptbahnhof
Quellinstr.
Maria-Theresialei
Rubenslei
Hoveniersstr.
Lange Herentalsestr.
Schupstr.
Arenbergstr.
Museum Meyer van den Bergh
Maagdenhuis
Theaterplein
Meistr.
Oudevaartplaats
Leopoldstr.
Paters Jezuïten
Stadspark
Quinten Matsijslei
Lange Kievitstr.
Pelikaanstr.
Van Immerseelstr.
Van Leriusstr.
Jacob Jacobsstr.
Plantin
Plantin en Moretuslei
St-Jorispoort
Maria-Henriettalei
Van Eycklei
Loosplaats
Brialmontlei
Mechelsesteenweg
Lange Leemstr.
Van Noortstr.
Bexstr.
Rembrandtstr.
Jacob-Jordaensstr.
Justitiestr.
Boetkapel
17
16
8
9
10
14
19
20

liche hölzerne Tonnengewölbe mit 38 Deckengemälden von Rubens vernichtet. Barock pur ist noch die kleine Onze-Lieve-Vrouwkapel, die das Feuer nicht erreicht hatte (Mo–Fr 10–12.30, 14–17, Sa 10–18 Uhr, So nur zu Gottesdiensten).

Keine Kirche in Antwerpen ohne Rubens-Gemälde, so auch in der ab Ende des 15. Jh. erbauten gotischen **St.-Jacobskerk** 8: »Maria mit dem Kind, umgeben von Heiligen«, ein Spätwerk von Rubens. Doch diese Kirche ist mehr. Sie war Rubens' Pfarrkirche, hier heiratete der Malerfürst und hier liegt er begraben (Apr.–Okt. Mo–Sa 14–17, Nov.–März Mo–Sa 9–12 Uhr).

Dass Rubens als Künstler kein Hungerleider war, offenbart ein Besuch des **Rubenshauses** 9. In dem Stadtpalast nach Art eines italienischen Palazzo wohnte, repräsentierte und arbeitete

Der Besuch des Hafens

Antwerpen besuchen, ohne den Hafen zu sehen, ist wie Capuccino ohne Sahne. Schon ein paar Daten verdeutlichen die Bedeutung dieses gigantischen Ports: Auf 65 km² Hafenfläche mit 127 km Wasserfront werden jährlich 130 Mio. t Seefracht von 16 000 Schiffen umgeschlagen. Den Hafen mit dem Auto zu erkunden – man lässt es besser. Denn der Zugang zu den Hafenanlagen ist mit Zäunen versperrt und man bekommt kaum einen Ozeanriesen zu Gesicht. Die Fahrt wert ist jedoch die Berendrecht Schleuse. Durch diese größte Schleuse der Welt werden ziemlich häufig Riesentanker und -frachter von winzigen Schleppern bugsiert. Die beste Art den Hafen zu erleben, bietet jedoch die zweieinhalbstündige Hafenrundfahrt. Abfahrt von Kaai 14, Londenbrug, Mai–Aug. tgl. 14.30, Sept.–Okt. Sa, So 14.30 Uhr.

der Hofmaler der spanischen Erzherzöge von 1615 bis zu seinem Tod. Neben einigen seiner Gemälde, darunter ein Selbstporträt in der Küche, findet man Bilder von Malern seiner Epoche – Rubens war auch Sammler – und Werke seiner Schüler (Di–So 10–17 Uhr).

Eine Diamantenmine mitten in Antwerpen? Die gibt's tatsächlich. Zu besichtigen im **Provinziale Diamantenmuseum** 10, das alles über die edelsten der Edelsteine verrät. Dabei können Sie auch einem Diamantschleifer bei der Arbeit zusehen (Koningin Astridplein 19, Di–So 10–18, Mo 13–17, Mai–Okt. Mo bis 18 Uhr; Jan. geschl.).

Antwerpener Modedesign hat in der Modewelt einen ausgezeichneten Ruf, Absolventen der berühmten Modeakademie und des Flanders Fashion Institute werden von internationalen Cou-

VON BESONDEREM SCHLIFF – DIAMANTEN AUS ANTWERPEN

Kaum etwas würde die Pelikaanstraat neben dem Antwerpener Hauptbahnhof von den Straßen der öden Bahnhofsviertel anderer Städte unterscheiden, wären da nicht die über drei Dutzend mit Goldblech verkleideten Juwelierläden unter der Trasse des Bahnhofs und die vielen Schilder mit ›Jewelry‹ und ›Diamonds‹ an den Häusern. Hier befindet sich Antwerpens ›Diamantenmeile‹ mit zahlreichen Juweliergeschäften und vier Diamantbörsen. Mit 85 % des Welthandels mit Diamanten ist Antwerpen Umschlagplatz Nummer 1 für die glitzernden Steine.

Synagogen, koschere Restaurants und Läden weisen die Gegend zudem als jüdisches Viertel aus. In der Stadt leben 20 000 Juden, die Hälfte sind Orthodoxe. Und so sind es denn auch häufig in lange schwarze Mäntel gehüllte Männer mit schwarzen Hüten, langen Bärten und Korkenzieherlocken an den Schläfen, die zielstrebig durch die Straßen schreiten und in den Häusern verschwinden, um ihrem Gewerbe als Diamanthändler nachzukommen. Noch immer wird in den mei-

Das jüdische Viertel Antwerpens ist zugleich das Diamantenviertel

sten Fällen der Handel per Handschlag und dem jiddischen Spruch *»masel un broche«* (»Glück und Segen«) besiegelt. Abgeriegelt durch Schlagbäume und von Videokameras, schwer bewaffneter Polizei und untersetzten Security-Hünen überwacht, gilt das Diamantenviertel als das sicherste Viertel Antwerpens. Dennoch gelang es im Jahr 2002 Dieben in einem dreist-genialen Coup, den gepanzerten Tresorraum des Diamond Center zu knacken, 123 der 160 Schließfächer aufzubrechen und Edelsteine im Wert von mehreren Millionen Euro mitgehen zu lassen.

Das Geschäft mit den Diamanten findet in Antwerpen statt, seitdem portugiesische Seefahrer zu Beginn des 16. Jh. die Edelsteine aus Indien mitbrachten. Von Lissabon gelangten sie über die viel befahrene Küstenroute nach Norden ins flandrische Brügge, dann nach Antwerpen. Im 16. und 17. Jh. ließen sich in der Stadt zahlreiche vor der katholischen Inquisition aus Spanien und Portugal geflohene Juden nieder und fanden u. a. im Diamantgewerbe ein Auskommen. Vor der Einnahme Antwerpens durch die Spanier flohen viele von ihnen nach Amsterdam und machten die Stadt zur neuen Diamanten-Metropole. Doch nach der Befreiung von Spanien kehrten etliche nach Antwerpen zurück. Im 19. Jh. blühte das Antwerpener Diamantgeschäft nach der Entdeckung umfangreicher Diamantvorkommen in Südamerika und Südafrika erneut auf. Während der deutschen Besetzung wurden Hunderte Antwerpener Juden in Konzentrationslager verschleppt, vielen konnten jedoch auch untertauchen oder fliehen. Nach 1945 gelang es den Belgiern, zahlreiche jüdische Diamanthändler, die den Holocaust überlebt hatten, mit großzügigen steuerlichen Begünstigungen nach Antwerpen zurückzuholen und damit erneut den Spitzenplatz im Diamanthandel zu erringen. Heute verdienen in der Diamanten-Metropole Antwerpen rund 30 000 Angestellte in über 1500 Firmen mit dem Schleifen und dem Handel der Edelsteine ihr Geld. 2002 lag der Umsatz bei 24,4 Milliarden Euro. Brillanten aus Antwerpen haben weltweit einen hervorragenden Ruf, ›Cut in Antwerp‹ ist für Brillanten das, was ›Made in Switzerland‹ für Uhren ist – ein internationales Qualitätslabel.

Ein Brillant ist übrigens nichts anderes als ein in eine bestimmte Form geschliffener Diamant, und ein Diamant ist wiederum nicht mehr als ein Häufchen Kohlenstoff, das die Natur zusammengepresst hat. Was für den Wert eines Brillanten zählt, sind die vier ›C's‹: *carat, colour, clarity, cut.* Dabei bezeichnet Karat das Gewicht, das ursprünglich in Johannisbrotkernen (arab. *carat*) gewogen wurde. Ein Carat sind 0,2 g. *Colour* bezeichnet die Farbe, wobei weiße Brillanten die wertvollsten sind. *Clarity* steht für den Reinheitsgrad: je weniger Einschlüsse und je kleiner diese sind, desto besser. Lupenreine Steine zeigen bei Betrachtung unter 10-facher Vergrößerung keine Einschlüsse. Mit *cut* ist der Schliff gemeint, dessen Qualitätsmerkmale Symmetrie und saubere Schnittstellen sind. Der kleinste klassisch geschliffene Diamant, natürlich aus Belgien, wiegt übrigens nur 0,0006 Carat, hat 57 Facetten und einen Durchmesser von 0,58 mm. Dies und vieles mehr über Diamanten erfährt man bei einem Besuch des 2002 neu eröffneten Diamantenmuseums Antwerpen.

turiers mit Handkuss genommen. Was dabei an klassischem, schrillem und exzentrischem Modedesign rauskommt, aber auch was Modemacher früher drauf hatten, kann im **Modemuseum MoMu** 11 bewundert werden (Nationalestraat 28, Di–So 10–18, Do bis 21 Uhr).

Über fünf Jahrhunderte flämischer Malerei spannt sich die Sammlung des **Königlichen Museums für Schöne Künste** 12. Im Erdgeschoss ist moderne Kunst des 19.–20. Jh., darunter Werke von James Ensor, René Magritte, Constant Permeke und Paul Delvaux zu bewundern, im ersten Stock sind es die alten flämischen Meister. Highlights sind zweifellos die Gemälde von Peter Paul Rubens (Di–So 10–17 Uhr).

Die Kalmthoutse Heide

Im 732 ha großen Naturschutzgebiet Kalmthoutse Heide, einer Heide-, Dünen- und Marschenlandschaft nördlich von Antwerpen, in der noch intakte Wanderdünen existieren und zahlreiche Brachvögelarten zu Hause sind, kann man ausgedehnte Spaziergänge unternehmen.

Toerisme: Grote Markt 13, Tel. 03/232 01 03, Fax 03/231 19 37, www.visitantwerpen.be.

Best Western Villa Mozart 13: Handschoenmarkt 3, Tel. 03/231 30 31, Fax 03/231 56 85. Zu Füßen der Kathedrale, Restaurant mit Terrasse. DZ 128–172 €, Fr, Sa, So Preisnachlässe.

Florida 14: De Keyserlei 59, Tel. 03/232 14 43, Fax 03/233 08 35. Gegenüber dem Zentralbahnhof, moderne Einrichtung, Frühstücksbuffet, freier Zugang zum Internet, Klimaanlage, hoteleigene Tiefgarage. DZ 80–90 €.

Industrie 15: Em. Banningstraat 52, Tel. 03/238 66 00, Fax 03/238 86 88. Ruhige Oase in ansprechendem Herrenhaus, 13 Zimmer mit Bad, TV, Telefon, Minibar und Safe. DZ 80–87 €.

Euro 16: St.-Jakobsmarkt 91, Tel. 03/233 00 75, Fax 03/226 08 13. Große Zimmer mit Bad und Klimaanlage. DZ 75–100 €.

Internationaal Zeemanshuis 17: Falconrui 21, Tel. 03/227 54 33, Fax 03/234 26 03. Für Seeleute und Touristen. Renoviertes Haus, 114 gut ausgestattete Zimmer mit Bad. Bar, Restaurant, Lift, Parkplatz. EZ 35 €, DZ 55 €.

Rubenshof 18: Amerikalei 115, Tel. 03/237 07 89, Fax 03/248 25 94. Charmantes 22-Zimmer-Hotel in einer ehemaligen Kardinalsresidenz, authentische Atmosphäre, Jugendstil, kostenloses Parken. DZ 38–63 €.

Jugendunterkünfte

JH Op Sinjoorke 19: Eric Sasselaan 2, Tel. 03/238 02 73, Fax 248 19 32, www.vjh.be. Übernachtung mit Frühstück 13,75–19 €.

New International Youth Hotel 20: Provinciestraat 256, Tel. 03/230 05 22, Fax 03/281 09 33, www.nijh.be. Gepflegtes Familienhotel, 30 Zimmer mit Bad, Klimaanlage, DZ 44–55 €.

Camping

De Molen: Thonetlaan, Tel. 03/219 81 79. April–Sept. Ruhig, im Grünen am linken Scheldeufer, Wanderhütte.

Vogelzang: Vogelzanglaan, Tel. 03/238 57 17. April–Sept. Gemütlich, weitläufig, leicht erreichbar, Wanderhütte.

Beide Plätze: Pro Person 1,60 €, Auto 0,90 €, Zelt/Wohnwagen mit/ohne Elektrizität 2,10/0,90 €.

Arte 21: Suikerrui 24, Tel. 03/226 29 70, www.ristorante-arte.be, tgl. bis

23.30 Uhr. Bella Italia! An den Wänden zeitgenössische Kunst, auf dem Teller Köstlichkeiten aus dem Land im sonnigen Süden. Lunch-Menü 28–38 €, Menüs um 33 €.

Ulcke van Zurich 22: Oude Beurs 50, Tel. 03/234 04 94, tgl. außer Di, ab 18 Uhr. Gemütliches Interieur mit südländischem Flair, offene Küche, originell zubereitete Fleisch-, Fisch- und Nudelgerichte, leckere Salate. Menü ab 15 €.

Hollywood Witloof 23: Hofstraat 9, Tel. 03/233 73 31, tgl. außer Mo (im Sommer auch außer Di) ab 18 Uhr. Gekocht wird rund um die belgische Spezialität *Witloof* (Chicorée), die Speisekarte führt aber auch andere Gerichte. Hauptgericht ab 15 €.

De Kleine Kous 24: (unter dem Rooden Hoed): Oude Koornmarkt 25, Tel. 03/226 52 08, tgl. ab 17, am Wochenende ab 12 Uhr. Bistro in historischem Gewölbekeller unter dem Restaurant »Rooden Hoed«. Einfache, aber gute Bistrokarte, über 50 verschiedene Biere, internationale Weine. Menü ca. 20 €.

De Peerdestal 25: Wijngaardstraat 8, Tel. 03/231 95 03, www.depeerdestal.be, tgl. Romantisch-burgundisches Restaurant mit französisch-belgischer Küche. Spezialitäten: Pferdesteak, Muschel- und Hummergerichte. Lunch-Menü ab 20 €.

Einkaufsstraßen: Meir, Frankrijklei, de Keyserlei.

Mode: Fashion victims werden in den Straßen des ›Quartier latin‹ beiderseits der Huidevettersstraat fündig.

Antiquitäten: Leopoldstraat, St.-Jorispoort, Komedieplaats.

Diamanten: Pelikaanstraat, neben dem Antwerpener Hauptbahnhof.

Design: Nationalestraat, Lombaardvest, Huidevettersstraat, Schuttershofstraat.

Second-Hand-Läden: Kloosterstraat.

Märkte: Exotisches (Gemüse, Obst, Speisen, Blumen): Theaterplein, Sa 8–16 Uhr. Hausrat: Vrijdagmarkt, Fr 9–13 Uhr. Antikmarkt: Lijnwaadmarkt (Sa), Sint-Jansvliet (So), Ostern–Okt. 9–17 Uhr.

... und abends in die Kneipen

Gehen Sie mit einem kundigen Führer auf Kneipentour durch einige der charaktervollsten Kneipen der Stadt. Info: Toerisme Antwerpen.

Musik live

De Muze: Melkmarkt 15, Tel. 03/226 01 26. Jazz-Café in historischen Gemäuern. **Café Hopper:** Leopold de Waelstraat 2, Tel. 03/248 49 33. Jazz – fast jeden Abend. **Swingcafé:** Suikerrui 13, Tel. 03/233 14 78. Mo, Di, Sa Rock, Pop, Jazz. **Café Buster:** Kaasrui 1, Tel. 03/232 51 53. Rock, Funk.

Infos zum Kulturleben findet man im Magazin *Week Up* (Theater, Kino, Live-Musik), im Touristenbüro erhältlich, oder unter www.weekup.be

Infoschalter für Kulturangelegenheiten: Grote Markt 13, Tel. 03/203 95 85. Infos/Reservierung für verschiedene Theater und Schauspielhäuser in Antwerpen.

Tickets online: www.prospekta.be und www.ticket.antwerpen.be

Theater, Oper, Tanz, Musik

Koninklijk Ballet van Vlaanderen: Westkaai 16, Tel. 03/234 34 38, klassisches Ballett.

deSingel: Desguinlei 25, Tel. 03/248 28 28, www.desingel.be, internationales Theater, Tanz.

Het Toneelhuis (Bourlaschouwburg): Komedienplaats 18, Tel. 03/224 88 44, www.toneelhuis.be, Theater.

De Vlaamse Opera: Frankrijklei 3, Tel. 03/233 66 85, www.vlaamseopera.be,

Haus der renommierten Koninklijke Vlaamse Opera.

Kinos

UGC cinema's: de Kayserlei, Tel. 0900/104 40 (Info), 03/206 70 00 (Reservierungen), www.ugc.be.
Kinokomplex mit 17 Sälen, Stadtmitte.

Metropolis: Groenendaallaan 394, Tel. (Info) 0900/00 55, Tel. 03/544 36 99, www.kinepolis.com
24 Hightech-Kinosäle im Norden der Stadt.

Filmmuseum: Meir 50, Tel. 03/233 85 71, www.antwerpen.be/cultuur/cvb
Filme von 1895 bis heute.

Kladeradatsch! Cartoons: Kaasstraat 4, Tel. 03/232 96 32.
Künstlerisch anspruchsvolle Filme abseits der Hollywood-Massenproduktion.

Jazz Middelheim: Mitte Aug., alle zwei Jahre (2005, 2007, ...), Jazz-Festival im Park Den Brandt, www.jazzmiddelheim.be

Rubensmarkt: 15. Aug., altertümliches Volksfest, Grote Markt.

Glockenspielkonzerte: Mai–Sept., Kathedrale.

Night of the Proms: Herbst/Winter, Pop- und Klassikkonzerte im Sportpalast. www.notp.com

Festival van Vlaanderen: Mitte Sept.–Mitte Okt., Festival der klassischen Musik, Info: Tel. 09/243 94 94, www.festival.be

Bootsfahrten: Reederei Flandria, Tel. 03/546 06 16, www.flandriaboot.com

Hafenrundfahrt: Abfahrt Kaai 14, Londenbrug, Mai–Aug. tgl. 14.30, Sept.–Okt. Sa, So 14.30 Uhr, Dauer 2½ Std., Erwachsene 11,50 €, Kinder von 3–12 J., Senioren über 60, Behinderte 6,50 €.

Schelderundfahrt: Abfahrt Steenplein, Mai–Sept. Di–So, Juli–Aug. tgl., Okt. Sa, So, 13, 14, 15, 16 Uhr, Dauer 50 Min. Erwachsene 7 €, Kinder von 3–12 J., Senioren über 60, Behinderte 4,50 €.

Candlelightcruise (abendliche Hafenrundfahrt mit Dinner): Kaai 14, Londenbrug: Mai–Okt. Sa, Juli–Sept. Fr, Sa und Nov.–April jeden 3. Sa im Monat. Einschiffung: 19.30 Uhr, Abfahrt: 20 Uhr, Dauer 3 Std. Preis: € 50, Kinder 3–12 J. € 37, Senioren über 60 J. und Behinderte € 45; Gruppe € 45/Pers. Reservierung erforderlich.

Fahrradverleih: De Windroos, Steenplein 1, Tel. 03/480 93 88. De Fiets-Dokter, Verschansingstraat 48, Tel. 03/237 82 54.

Zoo: Ob Glatzkopfibis, Krauskopfpelikan, Vielfraß, Nashorn oder Tapir, im Zoo von Antwerpen hinter dem Bahnhof sind diese und 5000 weitere Tierarten versammelt. Tgl. ab 10 Uhr, Besuchsende je nach Saison unterschiedlich.

Bahn: IC nach Brüssel, Amsterdam, Lille, Kortrijk, Gent, Brügge, Oostende.

Verkehr innerstädtisch: Dichtes Straßenbahn- und Busnetz. Vom Bahnhof (Station Diamant) kommt man am schnellsten mit der Metro ins alte Zentrum (Groenplaats).

Lier

Belgien-Atlas: S. 233, F 3

Palletierstad aan de Nete – verschmitzt und ein wenig stolz nennen die Lierenaren ihr Städtchen (Lierre; 32 000 Einw.) nach der lebenslustigen Romanfigur Pallieter, mit der der Schriftsteller und große Sohn der Stadt, Felix Timmermans, Lier ins Rampenlicht der Weltliteratur gerückt hat. Oder kurz und bezeichnend: ›Lierke Plezierke‹ – Lustiges Lier! Und in der Tat, Gemütlichkeit und Frohsinn sind jederzeit präsent, beispielsweise bei einem leckeren schäumenden Caves-Bier in den unzähligen geselligen *volks*- und *praatcafeetjes*.

Der Ursprung der Siedlung geht auf eine Klause zurück, die der fränkische Ritter und Missionar Gummarus 760 hier an der Nete erbaut haben soll. Im Mittelalter war Lier ein Zentrum des Tuch- und Viehhandels. Die alte Stadtbefestigung wurde 1784 weitgehend geschleift, der Stadtwall besteht aber noch immer und lädt mit den heute darauf entlangführenden Esplanaden zu Spaziergängen ein.

Auf dem **Grote Markt** schmiegt sich der schlanke Belfried (14. Jh.), einziger Rest der abgerissenen Tuchhalle, an das frei stehende **Rokoko-Rathaus** (18. Jh.) an. Im Innern des überwiegend im Stil Ludwigs XV. eingerichteten Bauwerks beeindruckt besonders die herrliche geschwungene Rokoko-Wendeltreppe aus Eichenholz. Links neben dem Rathaus befindet sich das gotische **Vleeshuis** (Fleischhaus, 1451). Unter den zahlreichen schönen Zunfthäusern, die den Marktplatz einfassen, findet man u. a. D'Eycken Boom (Der Eichenbaum, Nr. 36), einst Haus der Meistersinger und Rhetoriker, und die zu einem Wohnhaus mit Renaissancefassade zusammengefassten Häuser De Clynen Palmboom und Den Palmboom (Kleine Palme und Palme, Nr. 41–42).

Gegenüber dem Rathaus führt die Eickelstraat zum Zimmerplein mit der malerischen **Gevangenenpoort** (1375). An der Rückseite des alten Festungstores, das jahrhundertelang auch Gefängnis war, ist der **Rusthof van Acker-Peeters** angebaut. Das 1903 im eklektizistischen Stil erbaute Backsteinhaus bildet den Eingang zu einem Hof mit 12 kleinen Häuschen, die als Altenwohnstätte dienten. Am anderen Ende des Zimmerpleins steht Liers größte Attraktion: der **Zimmertoren** (Zimmerturm) mit der **Jubiläumsuhr** von 1830, die der Uhrmacher Louis Zimmer schuf. Sie besteht aus 13 verschiedenen Zeitmessern und zeigt u. a. die Greenwichzeit, die Tierkreiszeichen und die Mondphasen an. Eine weitere Uhr des Meisters ist nebenan im **Zimmer-Pavillon** ausgestellt. Sie ist 4,87 m hoch, hat 93 Zifferblätter, wiegt über zwei Tonnen und erlangte auf Weltaus-

Zimmerturm in Lier

stellungen in Brüssel und New York Weltruhm (tgl., Jan.–Febr., Nov.–Dez. 9–12, 14–16, März, Okt. 14–17, Apr.–Juni, Sept. 13–18, Juli–Aug. 13–19 Uhr).

Die Eickelstraat setzt sich in der Begijnhofstraat fort und führt zum **Begijnhof** (13. Jh.). Er wird durch ein großes Tor betreten, über dem eine Terrakotta-Figur der hl. Begga (1777), der Patronin der Beginen, wacht. Mit seinen von niedrigen, weißen Häuschen gesäumten schmalen Gassen und dem Kreuzweg gehört Liers Beginenhof zu den schönsten des Landes.

Das **Museum Timmermans-Opsomerhuis** widmet sich prominenten Lierer Künstlern: dem Schriftsteller Felix Timmermans und dem Maler Isidoor Baron Opsomer (Netelaan 6, Apr.–Okt. tgl. außer Mo u. Fr. 10–12, 13.30–17.30, Nov.–März So 10–12, 13.30–16.30 Uhr).

Drei Häuserblöcke weiter östlich ragt die gotische **St.-Gummaruskerk** (1378–1540) empor. In ihr gaben sich 1496 Philipp der Schöne und Johanna die Wahnsinnige das Ja-Wort. Zum kostbaren Inventar gehören der überreich verzierte spätgotische Lettner (16. Jh.) und das Colibrant-Triptychon, das die Heirat Marias darstellt. Herrliche spätgotische Glasmalereien schmücken die Fenster.

Dienst voor Toerisme: Stadhuis, Grote Markt 57, Tel. 03/488 38 88, Fax 03/488 12 76, www.lier.be

Handelshof: Leopoldplein 39, Tel. 03/480 01 10, Fax 03/489 01 11. Gegenüber dem Bahnhof, 5 Zimmer mit Bad und TV. DZ 80 €.

Hof van Aragon: Mosdijk 5, Tel. 03/491 08 00, Fax 03/491 08 10. Zentral, am Ufer der Nete, 16 Zimmer mit Bad und TV. DZ 66–86 €.

B&B Van Genechten-Peeters: Leopoldplein 53a, Tel. 03/488 63 13. In Bahnhofsnähe, 2 Nichtraucher-Zimmer mit Bad. DZ 45 €.

Het Moment: Grote Markt 40, Tel. 03/488 00 68, tgl. Stilvolle Brasserie mit schönem Garten, knackige Salate, *paling in 't groen* (Aal in grüner Kräutersoße). Kaffee mit 2 *Lierse vlaaikes* (Gewürzkuchen) 4,40 €. Tagesgericht um 20 €, Menü 38 €.

De Fortuin: Felix Timmermansplein 7, Tel. 03/480 29 51, tgl. In schönem restaurierten ehemaligen Getreidelager (17. Jh.) an der Kleinen Nete, überdachte Bootsterrasse. Spezialitäten: Kaninchen in Caves-Bier, Schmorbraten mit Pflaumen, aber auch vegetarische Gerichte. Tagesgerichte ca. 15–36 €.

Spezialitäten: *Lierse vlaaikes* (Gewürzkuchen). Bernsteinfarbenes Caves-Bier mit typisch säuerlichem Geschmack.

Glockenspielkonzerte: So im Juli, Aug., 19.30 Uhr.

St.-Gummarusprozession: 2. So im Okt., feierlicher Festzug mit dem Reliquienschrein des Heiligen durch die Stadt.

Flohmarkt: 1. Sa des Monats ab 10 Uhr, Leopoldplein.

Kutschenrundfahrten: Mai–Sept. 14–18 Uhr, Abfahrt: Schapenkopensstraat.

Fahrradverleih: Bahnhof, Tel. 03/229 55 02.

Bahn: IR nach Antwerpen, Lüttich, Aarschot, Diest, Hasselt, Tongeren.

Mechelen

Belgien-Atlas: S. 233, F 3
Das behagliche Mechelen (Malines; 80 000 Einw.) an der Dyle kam in der Zeit der Habsburger und Burgunder zur Blüte, als Margarete von York, die Witwe Karls des Kühnen, hier ihren Wohnsitz nahm und Margarete von Österreich, Tochter Maximilians I. und Statthalterin der Niederlande, ihre Residenz einrichtete. Erst nach dem Tod der Statthalterin im Jahr 1530 verlegte ihre Nachfolgerin Maria von Ungarn den Regierungssitz nach Brüssel. Die ›Perle der burgundischen Niederlande‹ verlor für einige Jahre an Bedeutung. Neue Geltung erlangte Mechelen, als es 1559 Sitz des Erzbistums wurde. Heute ist die 80 000 Einwohner zählende Stadt berühmt für Glockenspiel- und Teppichwebkunst, Bier und Möbel.

Er gilt als der schönste im ganzen Land: Der mächtige 97 m hohe Turm der **St.-Rombouts-Kathedrale**, der die Lage der Stadt wie ein Leuchtturm weit übers Land markiert. Dem Himmel nah fühlt sich, wer den Turm erklimmt, so wie es 1687 etliche Bürger taten, schwere Wassereimer hinaufschleppend, um einen Brand zu löschen. Allein, sie konnten das Feuer nicht finden: Der rotglühende Mond hinter dem Turm hatte ihnen die Feuersbrunst vorgegaukelt. Dieser Schildbürgerstreich brachte den Mechelnern den Namen ›*Maneblussers*‹ (Mondlöscher) ein. Im Innern der Kathedrale schmücken Apostelfiguren die Pfeiler des Mittelschiffs. Der barocke Hochaltar aus Marmor (1666), das Grabmonument des Erzbischofs Andreas Creusens und die ›Kreuzigung‹ (1630) von Anthonis van Dyck zählen zu den meist beachteten Kunstwerken in der Kirche

Ein Kuriosum ist das **Rathaus.** Ursprünglich als Tuchhalle mit Belfried konzipiert, hat man, als das Geld ausging, den Rumpf des Belfrieds mit zwei winzigen Türmchen abgeschlossen und die Halle mit einem dem Markt zugewandten Giebel versehen. Der opulent verzierte linke Palaisflügel, gut 200 Jahre später auf Order Karls V. für sein höchstes Gericht angebaut, wurde erst Anfang des 20. Jh. im neogotischen Stil vollendet. Des Kaisers Gericht konnte hier nie tagen und musste sich zeitweise mit dem **Schepenhuis** (Schöffenhaus, 1288) begnügen. Es beherbergt heute Exponate zur Kunst und Geschichte der Blütezeit Mechelens im 15./16. Jh. als Teil der Sammlung des **Städtischen Museums** (Di–So 10–17 Uhr), die auf die Bauwerke der ›Museumsachse‹ (Schepenhuis, Brusselpoort, Hof van Busleyden) verteilt sind. Die eigenartige Bronze vor dem Rathaus stellt übrigens Mechelens Maskottchen *Op-Signoorke* dar, eine Puppe, die mit einem großen Leinentuch in die Luft geworfen wird.

Hinter dem Schepenhuis führt die von schönen Giebelhäusern gesäumte Ijzerenlaan zur Dijle, wo sich bei der Grootbrug der malerische **Vismarkt** erstreckt. Im **Horlogerie- en Klokkenmuseum** sind alle Arten von handgefertigten Chronometern zu sehen (Lange Schipstraat 13, Mo–Sa 10–12, 14–18 Uhr). Jenseits des Flüsschens stößt man an der Zoutwerf 5 auf das 1530 mit herrlicher Renaissancefassade erbaute **Huis De Zalm**, ehemals

Zunfthaus der Fischhändler. In deren Auftrag fertigte Peter Paul Rubens eines seiner schönsten Gemälde, das Flügelbild ›Petri Fischzug‹ (1618), zu bewundern in der ab dem 13. Jh. errichteten Kirche **Onze-Lieve-Vrouw over de Dijle**. Im gleichen Jahrhundert wurde die wuchtige **Brusselpoort** (Brüsseler Tor) erbaut. In dem einzigen verbliebenen mittelalterlichen Stadttor (13. Jh.) befindet sich das **Museum Brusselpoort**, das sich der Geschichte der Stadt widmet (Di–Fr 13–17, Sa, So 10–17 Uhr). An der Dijle lässt das Häusertrio **Het Paradijs** (um 1550, rechts), **Duivelshuis** mit hölzerner Fassade (Teufelshaus, um 1525, Mitte) und **Huis St.-Josef** (1669, links) Besucher unweigerlich zur Kamera greifen.

Von der Nordseite der Kathedrale gelangt man über den Wollemarkt auf eine kleine Grachtenbrücke, die eine schöne Aussicht auf die Refugien der **Abteien von St.-Truiden** und **Tongerlo** bietet. Hier fanden die Mönche während der Religionskriege eine sichere Zufluchtstätte. Das restaurierte Gebäude des Tongerloer Refugiums beherbergt die **Koninklijke Manufaktuur van Wandtapijten De Wit** mit einer außergewöhnlichen Sammlung alter und moderner Gobelins (Sa 10.30 Uhr, Juli u. 25.12.–2.1. geschlossen).

Dahinter liegen der Kleine und der Große **Begijnhof**. In den malerischen Häuschen des von schmalen Gassen durchzogenen Kleinen Beginenhofs, dem älteren der beiden, lebten seit dem 13. Jh. Beginen. Der Große Beginenhof, einige Jahrhunderte jünger, wurde zum UNESCO-Weltkulturerbe erhoben.

Kunstfreunde werden sich in der **St.-Janskerk** des Anblicks eines weiteren Rubens-Gemäldes erfreuen: des von ihm 1617–1619 geschaffenen Johannes-Triptychons, für dessen Maria seine Frau ihm Modell saß.

Auch der 1507 in Brabanter Backsteingotik errichtete **Hof van Busleyden** ist Teil des Städtischen Museums. Er zeigt Gemälde, Skulpturen und Möbel aus dem 17.–20. Jh. sowie etliches über Glocken und Glockenspiele. Hier ist auch das Mechelner Maskottchen, die holzgeschnitzte Puppe von 1647, *Op-Signoorke,* zu Haus (Di–So 10–17 Uhr).

An glorreiche Zeiten erinnert das 1480 errichtete **Palais von Margarete von York,** in dem später Philipp der Schöne und Karl V. wohnten. Bei dem imposanten, um einen schönen Arkadenhof erbauten Palast schräg gegenüber handelt es sich um die ab 1503 errichtete ehemalige **Residenz der Margarete von Österreich,** heute Gerichtshof.

Etwas außerhalb am Ring befindet sich in der ehemaligen Dossin-Kaserne, von der aus über 25 000 Juden und Zigeuner nach Auschwitz deportiert wurden, das **Joods Museum van Deportatie en Verzet**. Die Ausstellung widmet sich der Geschichte der jüdischen Gemeinschaft Belgiens, dem Antisemitismus, der Deportation und dem belgischen Widerstand gegen die deutsche Besatzung (G. de Stassartstraat 143, Mo–Do, So 10–17, Fr 10–13 Uhr).

Toerisme Mechelen: Hallestraat 2, Tel. 015/29 76 55, Fax 015/29 76 53, www.mechelen.be

Egmont: Oude Brusselsstraat 50, Tel. 015/42 13 99, Fax 015/41 34 98, www.hotel-egmont.be. Am Ring, 100 m vom Bahnhof, 19 Zimmer mit Bad, TV, Telefon. Bar, Lift. DZ 93 €, am Wochenende 83 €.
Express by Holiday Inn: Veemarkt 37c, Tel. 015/44 84 20, Fax 015/44 84 21. Zentral, modern eingerichtet, 69 Zimmer mit Bad, TV, Telefon. Bar, Lift, eigene Garage. DZ 105 €, am Wochenende 65 €.
Jugendherberge
De Zandpoort: Zandpoortvest 70, Tel. 015/27 85 39, Fax 015/27 85 40, www.vjh.be. Übernachtung mit Frühstück 15,75–24 €.

D'Hoogh: Grote Markt 19, Tel. 015/21 75 53, So, Mo geschl. Vorzügliches Gourmet-Restaurant, französisch-flämische Cuisine. Menü ab 48 €.
La Loggia: Korenmarkt 37, Tel. 015/41 21 21, Mo geschl., So nur abends. Italienische Spezialitäten und Vegetarisches. Menü 11 €.
Carlton: Grote Markt 34, Tel. 015/20 18 80, Mi geschl. Köstlich: Filet Mignon, grüner Aal, hausgemachte Garnelenkroketten. Menü ca. 10–23 €.
Graspoort Eetcafé: Begijnenstraat 28, Tel. 015/21 97 10, tgl. Krabben, auch vegetarische Gerichte. Tagesgericht ca. 8 €.

Spezialitäten: *Mechels begijntje* (alkoholfreier Aperitif), *Maneblussertjes* (Mondlöscher, Plätzchen oder Schokolade in Mondform), *Mustachollen* (Plätzchen nach Rezepten aus dem 16. Jh.).

Browerij Het Anker: Guido Gezellelaan 49, Tel. 015/20 38 80. Brauereikneipe, in der die lokalen Biere ›Blusser‹, ›Bruynen‹, ›Triple Toison d'Or‹ und ›Gouden Carolus‹ ausgeschenkt werden.
De Gouden Vis: Nauwstraat 7, Tel. 015/2072 06. Beliebtes Café, Trubel bis spät in die Nacht.

Mechelen – Glockenspielstadt

Mechelen verfügt mit der Königlichen Glockenspielschule über eine der renommiertesten Ausbildungszentren für Glockenspieler. Was der *Stadsbeiaardier* in seinen Glockenspielkonzerten den Glocken der St.-Rombouts-Kathedrale zu entlocken vermag – davon kann man sich selbst überzeugen. Sa, Mo 11.30, So 15 Uhr Glockenspielrecitals, im Sommer Mo 20.30 Uhr Glockenspielkonzert.

Cultuurcentrum: Onder den Toren 12, Tel. 015/29 40 00. Umfangreiches Angebot an Theater, Musik, Tanz.
Kino Cinecity: Spuibeekstraat 5, Tel. 015/55 77 33, Film-Info 0900/1 04 03. Zwölf Säle.

Hanswijkprocessie: So vor Himmelfahrt, Prozession.
Glockenspielkonzerte: Juni–Mitte Sept., Mo 20.30 Uhr. Sa 11.30, So 15, Mo 11.30 Uhr.
Maanrock: Ende August, Rock-Pop-Festival auf dem Grote Markt.

Bootsfahrt auf der Binnendijle: Abfahrt: Zoutwerf, Tel. 015/43 22 65, www.rederijmalinska.be
Fahrradverleih: Erholungszentrum De Nekker, Nekker-Borcht 19, Tel. 015/55 70 05.

Bahn: IC nach Antwerpen, Brüssel.

Brabant und Hennegau

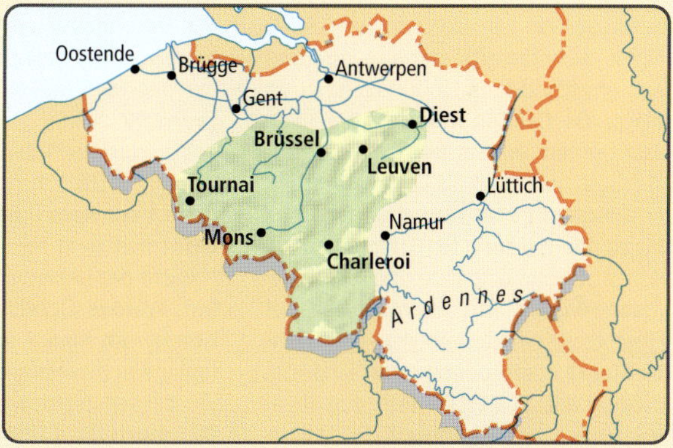

Prunkstück gotischer Architektur: das Rathaus von Leuven

Belgien-Atlas S. 234, 236–237

BRABANT

In die Oranierstadt Diest, zu Stätten der Wallfahrt und klösterlichen Lebens, zum prunkvollsten Rathaus im Lande in die Bierstadt Leuven, in die Retorten- und Universitätsstadt Louvain-la-Neuve, jüngste Stadt Belgiens.

Diest

Belgien-Atlas: S. 234, C 2
Erfrischend anmutig gibt sich die kleine, an einer Flussschleife der Demer liegende ›Oranierstadt‹ Diest (22 300 Einw.). Von 1499 bis1794 waren Mitglieder des Fürstenhauses von Oranien-Nassau, des heutigen Königshauses der Niederlande, Herren der Stadt. In ihr erblickte Philipp von Oranien-Nassau, der Sohn von Wilhelm dem Schweiger, dem großen Freiheitskämpfer der Niederlande, das Licht der Welt, und hier liegt er auch begraben. Zu den großen Söhnen der Stadt zählt auch der hl. Jan Berchmans (1599–1621), Schutzpatron der Jugend, dessen unverändertes Geburtszimmer im **Haus ›De Gulden Maan‹** in der nach ihm benannten Straße Nr. 24 zu besichtigen ist (tgl. 8–19 Uhr).

Schmucke Patrizierhäuser wie das **Haus ›De Keizer‹** (1616, Haus Nr. 24) der St.-Sebastiansgilde und **›De Lelie‹** (daneben, 18. Jh.), ehemals Sitz der Rhetorikerkammer, verleihen dem **Grote Markt** einen besonderen Charme, zu dem das 1728 nach französischem Vorbild erbaute **Stadhuis** (1725–28) mit riesiger Freitreppe und die monumentale Kirche in der Mitte des Platzes besonders beitragen.

In den mittelalterlichen Kellergewölben des Rathauses bewahrt das **Stedelijk Museum** seine Schätze, darunter Ritterrüstungen, alte Brauereiutensilien und seltene, herrlich verzierte Zunftketten (Jan.–Okt. tgl., Nov–Dez. So 10–12, 13–17 Uhr).

Die **St.-Sulpitius-en-St.-Dionysiuskerk** (14.–16. Jh.), in Brabanter Gotik erbaut, hat nur ein winziges Vierungstürmchen mit Glockenspiel, von den Einheimischen liebevoll *›mosterdpot‹* (Senftopf) genannt. Zahlreiche Kunstwerke, darunter das Taufbecken des hl. Jan Berchmans, verschönern das Innere. Im Chor befindet sich das Grabmal des 1618 gestorbenen Philipp von Oranien-Nassau.

Vor der gotischen **Tuchhalle** (14. Jh.) hinter der Kirche liegt die wuchtige, 5 t schwere Paradekanone **Holle Griet** aus dem 15. Jh. Die schönere Ansicht der Lakenhalle ist die von hinten. Wenige Schritte die malerische Ketelstraat hinauf stehen zwei pittoreske Fachwerkhäuser aus dem 16. Jh. mit vorstehenden Stockwerken: **'t Dambord** (Das Damebrett), und **Het Fortune.**

Durch ein schönes barockes Portal (1671) mit dem Spruch »Komm in meinen Garten, meine Schwester und Braut« und einem Bildnis der Madonna mit dem Kind betritt man den 1252 gegründeten **Beginenhof.** Hier scharen sich Dutzende kleiner Häuschen in mehreren engen Gassen um die im Stil Brabanter Gotik erbaute **St.-Katharinakerk** (13./14. Jh.). Fast alle Häuschen sind aus dem 17./18. Jh., haben schöne Türumrandungen und darüber eine Nische mit einer Heiligenfigur.

Die Umgebung von Diest

Tausende von Wallfahrern zieht es alljährlich nach **Scherpenheuvel** (Montaigu) in die **Onze-Lieve-Vrouwkerk** zu einem als wundertätig verehrten Marienbildnis. Das Anfang des 17. Jh. auf dem *scherpe heuvel* (scharfen Hügel) errichtete prachtvolle Gotteshaus mit orientalischer Kuppel ist eine der ersten Barockkirchen des Landes. Für das leibliche Wohl der Besucher wird in unzähligen Restaurants und Teehäusern gesorgt. Probieren Sie die *pepernoten* (Pfeffernüsse), ein typisch Scherpenheuveler Gebäck.

Selbstbewusst erbauten auch die Norbertiner im 17. Jh. die Kirche ihrer Abtei von **Averbode** im Stil des Barock. Mit ihrem alten gotischen Torhaus (14. Jh.), den klassizistischen Klostergebäuden und den knorrigen Kopfweiden an der Mauer ist die Abtei ein viel besuchtes Ausflugsziel (tgl. 9–12.30, 13.30–17 Uhr). Auf dem kleinen Friedhof an der Straße befindet sich das Grab des flämischen Schriftstellers Ernest Claes.

Giebelrelief am Haus ›In den Palmboom‹ in Diest

Wallfahrtskirche Scherpenheuvel mit imposanter Kuppel

Toerisme: Stadthuis, Grote Markt 1, Tel. 013/35 32 73, Fax 013/32 23 06, www.toerismediest.be

The Lodge: Refugiestraat 23, Tel. 013/35 09 35, Fax 013/35 09 34. Im historischen Refugiehuis Het Spijker der Abtei Tongerloo. 20 komfortable Zimmer. Restaurant mit schöner Terrasse. DZ 110 €.

De Fransche Croon: Leuvensestraat 26, Tel. 013/31 45 40, Fax 33 31 59. Stilvoll eingerichtete Zimmer mit Bad, TV, Internetzugang. Bar, Restaurant. DZ 95 €.

Jugendherberge:

Den Drossaard: St. Jansstraat 2, Tel. 013/31 37 21, Fax 013/31 37 21. Übernachtung mit Frühstück 13,75 €.

Dyosta: Michel Theysstraat 5, Tel. 013/32 68 84, Di geschl. Französisch-belgische Küche, saisongebunden: Spargel und Wild. Tagesgericht 12–18 €.

Haasken: Grote Markt 11, Tel. 013/31 13 40, tgl. Schönes Giebelhaus aus dem 17. Jh., Spaghetti (5–6 €), Snacks und mehr (4–10 €), dazu Loterbol vom Fass, das einzige noch im Ort gebraute Bier.

De Lelie: Grote Markt 23, Tel. 013/33 85 75, Do geschl. Von Pfannkuchen und Lasagne bis zu Wokgerichten, 11–16,50 €.

In Den Zoeten Inval: Grote Markt 6, Tel. 013/32 63 51, tgl. außer Do, 10–22, Sa, So 9–14 Uhr. Historisches Haus von 1711, leckere Lammgerichte, *Vlaamse hutspot* mit Seeteufel. Hauptgericht 15–19 €.

De Genadier: Allerheiligenberg 2, Tel. 013/33 71 77, tgl. 12–23 Uhr. Typische regionale Gerichte, 120 Biersorten. Menü ab 8 €.

Spezialitäten: Gildenbier (rubinfarben, süßlich), *Kruidkoek* (Kräuter-Pfannkuchen).

Büchermarkt: 1. So im Monat 10–18 Uhr, Begijnhof, gebrauchte und antiquarische Bücher.

Provinzialdomäne Halve Maan: Auf einem Teil der Befestigungsanlage: Freibad, Sandstrand, Spielplatz, Minigolf (Apr.–Sept. tgl. 9–21, Okt.–März tgl. 9 Uhr bis eine Stunde vor Sonnenuntergang).

Bahn: IC nach Tongeren, Leuven, Brüssel, Gent, Brügge, Blankenberge. IR nach Lüttich, Tongeren, Lier, Antwerpen.

Leuven

Belgien-Atlas: S. 234, B 3

Quicklebendig gibt sich die nur 25 km von Brüssel entfernte Universitätsstadt Leuven (Louvain; 89 000 Einw.), dafür sorgen u. a. die 25 000 Studenten der honorigen, über 500 Jahre alten Universität. Stolz ist man hier auch auf den Titel ›Bierstadt‹. Bereits 1366 taucht in den herzoglichen Zinsbüchern der Name der Brauerei ›Den Horen› auf, die sich über die Jahrhunderte zur weltbekannten Brauerei ›Stella Artois‹ mauserte.

Im 9. Jh. stand hier eine karolingische Festung, im 11. Jh. wuchs um ein neues Schloss der Grafen von Leuven eine Stadt. Im 13.–14. Jh. nahmen Herstellung von Tuch, Stickwerk und Leinen beachtliche Ausmaße an. Die Stadt an der Dijle war damals ein geschäftiger Hafenort – bis aufständische Zunftmitglieder im Streit um das Recht, die Geschicke der Stadt mitzubestimmen, 1379 einige Patrizier aus den Rathausfenstern warfen. Von da an ging es bergab. Erst mit der Gründung der Katholischen Universität 1425 kam erneut Schwung in die Stadt.

Lehrer und Absolventen der berühmten katholischen *Alma mater* wie Erasmus von Rotterdam, Justus Lipsius, Gerard Mercator und Andreas Vesalius haben das Geistesleben Europas beeinflusst, Adrian Florensz. Boeyens, Rektor der Universität, wurde 1522 zum Papst Adrian VI. gewählt. 1914 und 1940 vernichteten die deutschen Besatzer über eine Million wertvoller, großenteils unwiederbringlicher Bücher und Manuskripte der Universitätsbibliotheken. 1962 holte die Geschichte zu einem weiteren Schlag aus: Das ewige Gezänk zwischen Wallonen und Flamen führte zur Teilung der Uni in die flämische *Katholieke Universität Leuven* und die ab 1972 nach Louvain-la-Neuve abgewanderte frankophone *Université Catholique de Louvain*.

Der **Grote Markt** wird vom prunkbeladenen **Stadhuis** beseelt, einem Juwel flamboyant-gotischer Architektur von 1439. Reihen großzügig mit Maßwerk verzierter Fenster, zwischen denen unter fialengekrönten Baldachinen steingehauene Figuren aus der Geschichte Leuvens zur Schau stehen, nehmen die Fassaden ein, während die Nischen der Ecktürme mit biblischen Gestalten bestückt sind; insgesamt sind es 236 Figuren. Filigrane Türmchen an den Giebelseiten geben dem Bau etwas Leichtes. (Führungen auf Niederländisch, Apr.–Sept. Mo–Fr 11 und 15, Sa, So, Fei 15, sonst tgl. 15 Uhr).

Auch die **St.-Pieterskerk** wurde im Stil Brabanter Spätgotik im 15. Jh. erbaut, ihr Chor steht über der achteckigen romanischen Krypta der ersten Kirche Leuvens aus dem 10 Jh. 140 m hoch sollte der Kirchturm werden, allein, der sandige Baugrund ließ das nicht zu. Bemerkenswert sind die herrlich geschnitzte Barockkanzel (1742), der dreibogige Lettner (1488) und das Chorgestühl. Chor und Chorumgang dienen heute als **Museum für religiöse Kunst**. Dessen herausragendes Kunstwerk ist das Hauptwerk von Dirk Bouts (ca. 1414–75), das ›Heilige Abendmahl‹ (Di–Sa 10–17, So, Fei 14–17 Uhr, 15.3.–15.10. auch Mo 10–17 Uhr).

Vor der neugotischen **Tafelrond**, ursprünglich 1479 für Schützengilden und Rhetorikbünde erbaut, trichtert sich an der **Fons Sapientiae** (Quelle der Weisheit), von den Leuvenaren liebevoll ›Fonske‹ genannt, die Brunnenfigur auf ungewöhnliche Weise Wissen und Weisheit ein.

Ein beliebter Treff besonders an lauen Sommerabenden ist der von Giebelhäusern gesäumte **Oude Markt** mit seinen zahlreichen Kneipen, Straßencafés und Restaurants. Auf dem Platz hat man den ›*Kotmadams*‹, den mütterlichen Vermieterinnen der Studentenbuden, ein Denkmal gesetzt.

Condomus gefällig?

Einzigartig in Belgien: Die Hausbrauerei Domus, Eikstraat 14, pumpt die Biere Nostra Domus und Condomus mit der Pipeline von der Brauerei direkt in den Zapfhahn der Brauerei-Taverne – frischer und stimmungsvoller geht's nicht.

Im umgestalteten **Savoyen-College**, ab 1858 Herrenhaus des späteren Bürgermeisters Vander Kelen, präsentiert das **Stedelijk Museum Vander Kelen-Mertens** mit Stilzimmern aus dem 19. Jh. den damaligen Zeitgeist der Noblen, die archäologische Sammlung im Keller zeigt dagegen die gewöhnlicheren Lebensumstände früherer Bewohner der Gegend (Di–Sa 10–17, So, Fei 14–17 Uhr).

Die **St.-Michielskerk**, ab 1650 erbaut und bis zum Verbot des Ordens 1773 Kirche der Jesuiten, besticht durch ihre herrliche Barockfassade. Der pompöse Schmuck im Innern reflektiert den Geist der Gegenreformation: Die Gläubigen sollten so beeindruckt sein, dass ihr Glaube nicht ins Wanken geraten konnte (Apr.–Sept. Di–So 13.30–16.30 Uhr).

Den **Großen Beginenhof**, gegründet um 1230, betritt man durch ein neoklassizistisches Portal. Die 72 Häuschen und Konvente stammen aus dem 16.–18. Jh., die turmlose, Johannes dem Täufer gewidmete frühgotische **Beginenhofkirche** wurde 1305 erbaut. Um 1600 wohnten hier etwa 400 Beginen. Der 1962 von der Universität erworbene und vorbildlich restaurierte Hof dient Studenten, Professoren und Universitätsangestellten als ›Wohn-City‹.

Toerisme: Im Rathaus am Grote Markt, Tel. 016/21 15 39, Fax 016/21 15 49, www.leuven.be

Begijnhof Congreshotel: Tervuursevest 70, Tel. 016/29 10 10, Fax 016/29 10 22. Spitzenhotel im Park des alten Beginenhofs, sehr komfortable Zimmer. Bar, Fahrstuhl. Zugänglich für Körperbehinderte. DZ 166 €.

Jeff's Guesthouse: Kortestraat 2, Tel./Fax 016/23 87 80. Nahe dem Grote Markt, freundliches Haus mit Flair, zwei DZ mit Bad, die anderen mit angrenzendem Bad. DZ 80–90 €, Frühstück 8 €.

Professor: Naamsestraat 20, Tel. 016/20 14 14, Fax 016/29 14 16. Nahe dem Grote Markt, 8 Zimmer mit Bad, TV, Telefon. Lift, Bar, Restaurant, privater Parkplatz. DZ ca. 65 €.

B&B DeWerf: Hogeschoolplein 5, Tel./Fax 016/23 73 14, www.dewerf-leuven.be. Gemütlich eingerichtete große Zimmer, WC und Dusche auf dem Gang. DZ 36 €.

Jugendherberge

De Blauwput: Martelarenlaan 11a, Tel. 016/63 90 62, www.vjh.be. Übernachtung mit Frühstück 15,75–19 €.

Camping

Campingplatz in Overijse (siehe Brüssel, S. 71).

Ming Dynasty: Oude Markt 9, Tel. 016/29 20 20, Di geschl. Tempel chinesischer Kochkunst, exzellente Weinkarte, Menü 19–42 €, gastronomisches Menü 49 €.

Compromis: Hogeschoolplein 8, Tel. 016/20 82 82, Sa mittags, So, Mo geschl. Steak vom Känguru oder Krokodil? Die ›Weltküche‹ verführt zu einer kulinarischen Reise in ferne Länder. Lunch 25 €.

De Kansel: Muntstraat 15, Tel. 016/22 09 23, tgl. Stimmungsvolle Einrichtung mit neogotischem Kirchenmobiliar. Pasta, Fischplatte, in Bier Geschmortes, je nach Saison Wild, Chicoréespezialitäten, Muscheln. Tagesgericht ab 8 €, Menu 21 €.

Spezialitäten: *Fonskes* (Pralinen), *Leuvens Meloentje, Peschke, Nootje* (Genever mit Melonen-, Pfirsich-, Haselnussgeschmack).

Café Gambrinus: Grote Markt 13. Das Grand Café von Leuven, schöne Art-nouveau-Dekoration.

Domus: Tiensstraat 8.

De Blauwe Schuit: Vismarkt 16. Im Sommer mit schöner Terrasse unter Bäumen.

Musik live

At the Bepop: Vismarkt 54. Beliebtes Jazz-Café.

De Blauwe Kater: Hallengang 1. Okt.–Mai Mi, Do Jazz und Blues.

Festival von Flämisch-Brabant: Sept.–Okt., exklusive Konzerte (Info: Tel. 016/20 05 40).

Kulturzentrum: Mitte Sept.– April, breites Angebot an Theater, Tanz, Musik (Info: Tel. 016/22 21 13).

Glockenspielkonzerte: Sa 15–16 Uhr, St.-Pieterskerk.

Beleuvenissen: Juli, an vier Freitagen 20–23.30 Uhr, Open-Air-Musik auf 6 Plätzen in der Stadt (Klassik, Jazz und mehr).

Kanu/Kajak-Touren auf der Dijle: Delvaux, A. Giraudstraat 14, Tel. 016/23 72 06.

Fahrradtouren: Beim Dienst für Toerisme sind Beschreibungen ausgearbeiteter Routen durch das Leuvener Umland zu erhalten.

Bahn: IC nach Lüttich, Eupen, Brüssel, Oostende, Gent. Nahverkehrszug nach Lier, Antwerpen.

Louvain-la-Neuve

Belgien-Atlas: S. 234, B 4

Komplett aus dem Acker gestampft wurde ab 1971 die Universitätsstadt Louvain-la-Neuve (4500 Einw.), eine Retortenstadt, und die jüngste Stadt

Belgiens dazu. Grund war ein heftiger Streit zwischen den flämischen und wallonischen Gelehrten der ehrwürdigen Katholischen Universität Leuven, in dessen Folge die Flamen ihre wallonischen Kollegen vor die Tür setzten. Im Zentrum des Städtchens mit 4500 permanenten Bewohnern und rund 18 000 Studenten lässt es sich herrlich in Buchläden stöbern und zwischendurch in kleinen Cafés einkehren.

Inforville accueil-info: 20, place de l'Université, Tel. 010/47 47 47.

Nivelles

Belgien-Atlas: S. 234, A 4
Das brabantische Städtchen Nivelles (Nijvel; 24 000 Einw.) entstand um ein um 650 von Itta, der Witwe Pippins d. Ä., gegründetes Nonnenkloster, dem ersten in Belgien. Ihre Tochter, die hl. Gertrude, war die erste Äbtissin. Deren Grab wurde bald zur viel besuchten Wallfahrtsstätte. Große Teile der Stadt wurden 1940 von deutschen Bomben zerstört, die bedeutendste Attraktion, die Stiftskirche mit dem Gertrudenschrein, wurde schwer beschädigt.

Die riesige Stiftskirche **Collégiale Sainte-Gertrude** (7.–11. Jh.) mit 102 m langem Längsschiff, zwei Querschiffen, zwei Chören und einem wuchtigen Westwerk mit Glockenturm und Seitentürmen gilt als eines der bedeutendsten Zeugnisse ottonisch geprägter romanischer Kirchenarchitektur im Lande. In der riesigen Krypta unter dem Ostchor stieß man bei Ausgrabungen auf Fundamente der Vorgängerkirche und auf die Gräber der hl. Gertrude und ihrer Mutter.

Das sehenswerte **Museum für Archäologie, Kunst und Geschichte** ergänzt den Besuch der Stiftskirche mit Exponaten aus dem Kirchenschatz wie Apostelstatuen des gotischen Lettner und zeigt u. a. kostbare Brüsseler Wandteppiche aus dem 16. Jh., barocke Terrakotta-Arbeiten von Laurant Delvaux und Funde aus der gallorömischen Zeit (27, rue de Bruxelles, tgl. außer Di 9.30–12, 14–17 Uhr).

Office de Tourisme: place Albert I., Tel. 067/21 54 13, Fax 067/21 57 13, www.nivelles.be

Motel Nivelles-Sud: 22, chaussée de Mons, Tel. 067/21 87 21, Fax 067/22 10 88. Modernes Haus mit angenehmer Atmosphäre, 117 Zimmer mit Bad, TV, Telefon. Bar, Restaurant, Lift, kleines Schwimmbad. DZ 66–95 €, Frühstück 9 €.

Des Arts: 51, Grand-Place, Tel. 067/21 83 73, tgl. 12–23 Uhr. Französisch-italienische Küche, köstlicher Lachs. Tagesmenü ca. 22 €.

Kulinarische Spezialität: *tarte al djote* (Käse mit fein gehackten Kräutern), *doubles* (zwei mit Käse gefüllte Buchweizenpfannkuchen).

Prozession: So nach dem St.-Michaelstag (29. Sept.), Umzug in historischen Kostümen mit dem von Pferden gezogenen Prozessionswagen mit den Reliquien der hl. Gertrude, Riesenfiguren sind natürlich auch dabei.

Bahn: IC nach Brüssel, Charleroi.

HENNEGAU

Faszinierende Museen in Mons, zu den Gilles in die Karnevalshochburg Binche, in das schönste Barockschloss Belgiens, zur größten Kathedrale des Landes, zusehen, wie Schiffe Hügel überqueren.

Charleroi

Belgien-Atlas: S. 237, D 2
Auch Industrie kann interessant sein, wie die Museen in der von Schwerindustrie und Bergbau geprägten Stadt Charleroi (200 500 Einw.) zeigen. Das **Musée de l'Industrie** zeigt den Weg des Eisens von der Gewinnung bis in die Schmiede (Stadtteil Marchienne-au-Pont, 134, rue de la Providence, März–Nov. Di–Fr 9–12, 13–16, Sa 14–17 Uhr), während das **Musée du Verre** die Geschichte des Glases und die regionale Glasherstellung darstellt und über eine schöne Sammlung von Glaskunst von der Antike bis in die Gegenwart verfügt (Di–Sa 9–17 Uhr).

Office du Tourisme: 100, av. Mascaux, Marcinelle, Tel. 071/86 61 52, Fax 071/ 86 61 57, www.charleroi.be

Mons

Belgien-Atlas: S. 236, C 2
Inmitten des ehemaligen Steinkohlereviers liegt auf einem Hügel die Provinzhauptstadt des Hainaut, Mons (Bergen; 91 000 Einw.). Die Stadt, bis ins 12. Jh. *castri locus* geheißen, wurde während ihrer fast tausendjährigen Geschichte mehrfach von fremden Herrschern eingenommen. Ludwig XIV. prägte wesentlich das heutige Stadtbild.

An der **Grand-Place** mit ihren zahlreichen einladenden Cafés steht das von dem schönen Giebelhaus **›Toison d'Or‹** (1615) und der **Chapelle St-Georges** (1604) flankierte, 1458 erbaute spätgotische **Rathaus**. Das schmiedeeiserne Äffchen links neben dem Hauptportal, einstmals vielleicht Teil eines Kinderprangers, soll Glück bringen, wenn man es berührt.

Auf dem ehemaligen Burghügel erhebt sich der 1661 erbaute, 87 m hohe barocke **Belfried**, von dem man eine schöne Aussicht über den Hainaut erhält.

In der seit 1450 errichteten **Collégiale Ste-Waudru** (Kollegiatskirche St. Waltrudis) steht der ›Car d'Or‹, die prunkvolle, vergoldete Prozessionskutsche, mit der bei der *Procession de la Trinité* der Reliquienschrein der hl. Waltrudis durch die Stadt gefahren wird. Der gold-kupferne Schrein mit dem in eine Hirschhaut eingenähten kopflosen Leichnam der Heiligen befindet sich am Hauptaltar, während der Kopf in einer der Kapellen aufbewahrt wird.

Die Mueumslandschaft von Mons beeindruckt. Das **Musée François Duesberg** zeigt u. a. eine einzigartige Sammlung von Pendeluhren; das **Musée Chanoine Puissant** bewahrt die Kunstkollektion des gleichnamigen Kanonikers auf, darunter auch eine Gutenbergbibel (beide Di–Sa 12–18, So 10–12, 14–18 Uhr); das **Musée d'Histoire naturelle** verfügt über eine breit angelegte Sammlung aus Zoologie, Botanik und anderen naturwissenschaftlichen Disziplinen (Mo–Fr 8.30–12, 13–17 Uhr); das **Musée du Centennaire** besteht aus mehreren Teilmuseen mit Sammlungen, die die Ereignisse um Mons während des Ersten Weltkrieges dokumentieren, einer Keramiksammlung mit Porzellan und Fayencen berühmter Manufakturen, einer riesigen Münzsammlung und einer archäologischen Sammlung mit Fundstücken von der Steinzeit bis zu den Merowingern (Di–Sa 12–18, So 10–12, 14–18 Uhr); das **Musée de la Vie montoise** zeigt eine Ausstellung zur regionalen Volkskunde und das **Musée des Beaux Arts** zeigt Gemälde meist französischer und belgischer Künstler des 16.–18. Jh. (beide Di–Sa 12–18, So 10–12, 14–18 Uhr).

Maison du Tourisme: 22, Grand-Place, Tel. 065/33 55 80, Fax 065/35 63 36, www.mons.be

Infotel: 32, rue d'Havré, Tel. 065/40 18 30, Fax 065/35 62 24. Modernes Mittelklasse-Hotel, 20 helle, gut ausgestattete Zimmer. DZ 85 €.
St-Georges: 15, rue des Clercs, Tel. 065/31 16 29, Fax 065/31 86 71. Nahe der Grand-Place. 7 große, neu eingerichtete Zimmer, kleines Restaurant. DZ 43–72 €.

Jugendherberge
AJ de Mons: Rampe du Château, Tel. 065/87 55 70, Fax 87 55 71, www.laj.be. Übernachtung mit Frühstück 15,75 €.
Camping
Du Waux-Hall: 17, av. St-Pierre, Tel. 065/33 79 23, ganzjährig. Am Stadtrand nahe dem gleichnamigen Park, moderne und komfortable Einrichtung. Stellplatz ca. 10 €.

L'Impasse: 49, rue d'Havré, Tel. 065/31 68 38, Sa mittags, So abends, Mo geschl. Art-déco-Interieur, experimentierfreudige französische Cuisine. Menü 30–35 €.
La Coquille St-Jacqes: 27, rue de la Poterie, So abends, Mo geschl. Leckeres aus dem Meer, aber auch köstlicher Lammbraten. Menü 21 €.
Le Pastissou: 14, rue des Fripiers, Tel. 065/31 92 60, Mo–Do 12–14.30 Uhr, Fr und Sa abends. Gerichte nach Art der Südwestecke Frankreichs. Gerichte ca. 13–18 €.

Procession de la Trinité: So nach Pfingsten, feierliche Prozession mit dem Reliquienschrein der hl. Waltrudis auf der ›Car d'Or‹ (Goldene Kutsche), anschließend Prozessionsspiel ›Lumeçon‹ mit Umzug und Kampf St. Georgs mit dem Drachen auf dem Marktplatz.

Bahn: IC nach Charleroi, Namur, Lüttich, Tornai, Lille, Brüssel.

Binche

Belgien-Atlas: S. 236, C 2
Das südöstlich gelegene Städtchen Binche (32 000 Einw.) ist berühmt für seinen Karneval, bei dem Hunderte bunt kostümierter Narren, die *›Gilles‹*,

durch die Straßen tanzen (s. S. 31). Selbstverständlich hat die Karnevalshochburg auch ein närrisches Museum, das **Musée International du Carnaval et du Masque** mit Exponaten aus aller Welt und einem tollen Film über den Bincher Karneval (Mo–Do, So 9.30–12.30, 13.30–18, Sa nur nachmittags).

Office du Tourisme: Hôtel de Ville, Grand-Place, Tel. 064/33 6727, Fax 064/33 95 37, www.binche.be

Belœil

Belgien-Atlas: S. 236, B2
In einem nach französischem Vorbild angelegten schönen Schlosspark bei Belœil (13 500 Einw.) liegt das gleichnamige Schloss. Es gilt als das schönste Barockschloss Belgiens und ist seit über 700 Jahren im Besitz der Familie der Fürsten von Ligne. Die Räume sind mit erlesenen Möbeln, Gobelins und Gemälden sowie zahlreichen Geschenken berühmter Freunde und Gäste der Fürsten wie Marie Antoinette und Katharina die Große ausgestattet. Die kostbare Bibliothek umfasst über 20 000 Bände (April–Mai Sa, So, Juni–Sept. tgl. 10–18 Uhr).

Tournai

Belgien-Atlas: S. 236, A 1
Die an der Schelde gelegene Bischofsstadt Tournai (Doornik; 67 000 Einw.) entstand aus dem römischen *Turnacum* und ist nach Tongeren die zweitälteste Stadt Belgiens. Unter König Childerich wurde sie im 5. Jh. Hauptstadt der Merowinger. Dessen 465 in Tournai geborener Sohn Chlodwig erhob sie zum Bischofssitz. Während ihrer langen Geschichte war die Stadt schweren Bränden, Belagerungen und Kriegen ausgesetzt und wurde 1089 von der Pest stark getroffen. 1940 wurden viele Bauwerke von deutschen Bomben zerstört, während die mächtige Kathedrale unbeschädigt blieb.

An der **Grand-Place,** aufgrund des Verlaufs alter Straßen dreieckig und über einem römischen Friedhof platziert, zeugen die **Halle aux Draps** (Tuchhalle, 1610) und schöne Patrizierhäuser vom frühen Wohlstand der Stadt. Die ursprünglich romanische **Eglise St-Quentin** (12. Jh.) an der Nordwestseite ist einem der frühen Bekehrer geweiht. Imposant ragt der 72 m hohe frei stehende **Belfried** (um 1200), der älteste erhaltene Belgiens, an der Westspitze des Platzes empor. Wer die 257 Stufen hinaufsteigt, wird mit einer herrlichen Aussicht belohnt (März–Okt. tgl. außer Mo 10–13, 14–17.30, Nov.–Feb. tgl. außer Mo u. So morgens 10–12, 14–17).

Hinter dem Belfried erhebt sich die mächtige, fünftürmige **Cathédrale Notre-Dame,** eines der schönsten Beispiele romanisch-gotischer Kirchen Westeuropas. Langhaus, Querschiff und Vierungsturm, die im 12. Jh. errichtet wurden, sind noch von der schweren romanischen Bauweise geprägt, in den im 13./14. Jh. angefügten vier weiteren Türmen, den Abschlüssen des Querschiffs und besonders im riesigen Hochchor zeigt sich bereits der

WO SICH SCHIFFE LIFTEN LASSEN

Wer früher auf dem Wasserweg von Charleroi nach Brüssel fuhr, musste mit dem Boot treppauf, treppab steigen, und zwar 55-mal. So viele Schleusen hatten die Kanalbauer in den 60 km langen Kanal zwischen der Sambre bei Charleroi und der Senne bei Brüssel eingebaut, um den zwischen den Flusstälern liegenden Höhenzug zu überwinden. Als das marode System nach über 100 Jahren einer dringenden Erneuerung bedurfte, schufen die Wasserbauingenieure am Canal von Charleroi nach Brüssel die **Schiefe Ebene von Ronquières** *(Plan incliné de Ronquières)*, eine Meisterleistung der Wasserbaukunst. Mit dieser gigantischen Variante eines Schiffshebewerkes überwinden die Schiffe jetzt einen Höhenunterschied von 68 m wortwörtlich in einem Rutsch, der Rest wird von nur noch 10 anstatt 55 Schleusen erledigt.

Zunächst wird das Schiff in eines der beiden 91 m langen und 5700 t schweren Bassins bugsiert. Dann wird das mit 59 Achsen und 236 Rollen unterlegte Wasserbecken samt dem darin schwimmenden Schiff an acht dicken Stahltrossen über einen Schienenstrang die 1432 m lange schiefe Ebene heraufgezogen oder herabgelassen, mit einer Geschwindigkeit von einem Stundenkilometer. Als Gewichtsausgleich hängt an den anderen Enden der Stahltrossen ein 5200 t schweres Gegengewicht. Besucher können die Fahrt über die schiefe Ebene in einem

Historisches Schiffshebewerk am Canal du Centre

Ausflugsboot (Mai–Aug. tgl. außer Mo und Mi) mitmachen oder der Aktion von einer Aussichtsplattform beiwohnen.

Den gleichen Höhenunterschied bewältigten am **Canal du Centre** in der Industriestadt La Louvière vier hydraulische Schiffshebewerke, imposante Stahlkonstruktionen aus der Zeit der industriellen Revolution: Ascenseurs No 1 bis 4. Der Canal du Centre mit den musealen Ungetümen aus Stahl steht in der Liste schützenswerten Weltkulturgutes der UNESCO. Besucher können sich auch hier bei einer Bootstour hydraulisch liften lassen. Die Tour startet an der Cantine des Italiens in der Nähe von Ascenseur 1 (90, rue Tout-y-Faut, La Louvière, ganzjährig, nur auf Voranmeldung, Tel. 064/84 78 31, Fax 064/28 11 01, www.hainaut.be). Die Rückkehr erfolgt mit einem Schmalspurbähnchen entlang des alten Treidelpfades. Beim Hebewerk Ascenseur 1 beleuchtet eine Ausstellung die Historie von Schiffshebewerken aus aller Welt.

Da die alten Hebewerke nur Schiffe bis zu 300 t heben können, hat man inzwischen in der Nähe eine Umgehungswasserstraße gebaut und diese mit einem supermodernen Hebewerk, dem **Ascenseur à Bateaux de Strépy-Thieu**, ausgestattet. Schiffe mit bis zu 1350 t liftet dieses Wunderwerk der modernen Technik in Nullkommanichts, sprich wenigen Minuten, von Null auf 73 Meter. Während die Schiffer auf der alten Strecke fünf Stunden brauchten, um den Höhenunterschied zu überwinden, dauert es jetzt nur noch knappe 40 Minuten. Details über die Anlage werden im Besucherzentrum vorgestellt (tgl. 10–18 Uhr).

Hochmodernes Schiffshebewerk in Strépy-Thieu

Einfluss der Gotik. Kunstvoll gearbeiteter Figurenschmuck ziert die drei Portale.

Das hohe Kreuzgratgewölbe des Langhauses wird von vier übereinander erbauten Arkadenreihen getragen, eine Konstruktion, die an ein römisches Aquädukt erinnert. Ein triumphbogenartiger, mit biblischen Szenen und den Statuen von Maria und der hl. Eleutherius und Piat geschmückter Renaissance-Lettner (1572) trennt Langhaus und Querschiff vom Chor. In den Kapellen des Chorumgangs findet man wertvolle Gemälde, u. a. von Peter Paul Rubens und Frans Pourbus d. Ä. Die **Domschatzkammer** birgt u. a. den Reliquienschrein der hl. Jungfrau (1205) und des hl. Eleutherius (1247) (April–Sept. tgl. 10.15–12.15, 14–17, So bis 11.15 Uhr, Nov.–März tgl. 10.15–11,45, 14–15.30 Uhr). Leider ist ein großer Teil der Kathedrale wegen der Einsturzgefahr eines Turms bis auf Weiteres gesperrt.

Kunstvoll gearbeitete Wandteppiche, auch zeitgenössische mit herrlichen Graffitimotiven, stellt das **Musée de la Tapisserie** aus, in dem man auch einer Weberin bei der Arbeit über die Schulter schauen kann (place Reine Astrid, April–Okt. tgl. außer Di 9.30–12.30, 14–17, Nov.–März 10–12, 14–17 Uhr). In einem Art-nouveau-Haus von Victor Horta befindet sich das **Musée des Beaux-Arts**, dessen Sammlung zu den bedeutendsten des Landes zählt. Berühmtheiten wie Rogier van der Weyden, Jan Gossaert, der Familie Bruegel, van Gogh und Toulouse-Lautrec sind nur einige der Künstler, deren Werke hier zu sehen sind (Enclos Saint-Martin, April–Okt. tgl. außer Di 9.30–12.30, 14–17, Nov.–März 10–12, 14–17 Uhr).

Im Nordwesten überspannt der von zwei wuchtigen Türmen flankierte mittelalterliche **Pont des Trous** mit seinen drei Steinbögen die Schelde – ein malerisches Bild.

Office du Tourisme: 14, vieux Marché aux Poteries, Tel. 069/22 20 45, Fax 069/21 62 21, www.tournai.be.

D'Alcantara: 2, rue des Bouchers St-Jacques, Tel. 069/21 26 48, Fax 069/21 28 24. Luxushotel, zentral, 15 modern eingerichtete Zimmer. DZ 104 €.
Aux Armes de Tournai: 24, place de Lille, Tel. 069/22 67 23, Fax 069/22 70 35. Einfaches Hotel mit 14 renovierten Zimmern. Restaurant. DZ 45 €.
Jugendherberge
AJ de Tournai: rue St-Martin 64, Tel. 069/21 61 36, Fax 069/21 61 40, www.laj.be. Übernachtung mit Frühstück 13,75 €.
Camping
L'Orient: vieux Chemin de Mons, Tel. 069/22 26 35. Schön gelegener Platz. Stellplatz um 11 €.

Le Pressoir: 2, vieux Marché aux Poteries, Tel. 069/22 35 13, mittags und Fr abends. Ausgezeichnete französische Küche. Hauptgericht um 20 €, Lunch 27 €.
A la Bonne Franquette: 13a, quai Marché au Poissons, Tel. 069/84 01 96, Mo mittags geschl. Französische Küche, Spezialitäten: *lapin à la tournaisienne* (Kaninchen mit Backpflaumen). Lunch 10 €, Hauptgerichte 15–20 €.

Au Amis Réunis: 89, rue St-Martin (bei der Jugendherberge), tgl. außer

Die romanisch-gotische Kathedrale von Tournai

So 10–22 Uhr. Historisches Lokal der ›Versammelten Freunde‹ von 1911. Bei lokalen Bieren kann man ein Spielchen *jeu de fer* – Billard von Anno dazumal – wagen.

Procession Notre-Dame des Malades: Mitte September, große Prozession.

Tournaisiades: Mitte Sept., Wettstreit in typisch Tournaier Spielen.
Festival International de Folklore: 1. Oktoberwoche, 5 Tage dauerndes Volkstanzfest.

Bahn: IC nach Lille, Mons, Lüttich, Brüssel.

Ardennen

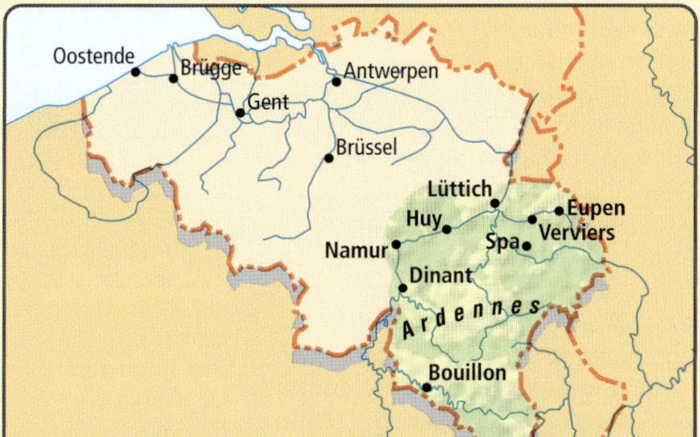

Im Hohen Venn

Belgien-Atlas S. 234–239

IM LÜTTICHER LAND

Wandern zwischen Wollgras und Flatterbinse im faszinierenden Hochmoor Hohes Venn, französisches Flair und traditioneller Trödelmarkt in Lüttich, erfahren, wie man in Stavelot und Malmédy Karneval feiert, Entspannen im nostalgischen Kurbad Spa.

Eupen

Belgien-Atlas: S. 235, E 4
Das nahe der deutsch-belgischen Grenze bei Aachen an den Flüsschen Weser und Hill liegende Städtchen Eupen (Néau; 17 500 Einw.) stand im Laufe seiner Geschichte unter limburgischer, brabanter, österreichischer, spanischer, französischer und preußischer Fahne. Nach dem Ersten Weltkrieg fiel Eupen an Belgien und ist jetzt Hauptstadt der Deutschsprachigen Gemeinschaft. Im 17./18. Jh. verhalfen Tuchmanufakturen reicher Wollhändler der Stadt zur wirtschaftlichen Blüte, an die noch heute manch prächtiges Patrizierhaus erinnert.

Wahrzeichen Eupens ist die **St. Nikolaus-Kirche** (1724) am Marktplatz mit ihren markanten Doppeltürmen. Ins Spendensäckel für den Kirchenbau fielen damals Taler etlicher reicher Kaufleute, dafür erhielten sie verbriefte Sitzplätze auf den Eichenbänken im Mittelschiff, in deren Armlehnen sie kunstvoll ihre Namen einkerben ließen – ein Who is Who Eupens des 18. Jh. Zu den schönen Stadtpalästen zählen das **Klösterchen** am Marktplatz, einst Wohn- und Fabrikhaus einer Tuchmacherfamilie, jetzt Pflegeheim der Franziskanerinnen, und das 1760 für einen Tuchfabrikanten errichtete Palais an der Klötzerbahn 32, heute Residenz der Regierung der Deutschsprachigen Gemeinschaft.

In einem 1697 erbauten Herrenhaus eines Tuchhändlers bietet das **Stadtmuseum** interessante Einblicke in Brauchtum und Vergangenheit der Region (Gospertstr. 52, Di–Fr 9.30–12, 13–16, Sa 14–17, So 10–12, 14–17 Uhr). Das Eupener Rathaus (Aachener Straße) mit seiner weißen klassizistischen Fassade war bis zur Französischen Revolution Teil eines Kapuzinerklosters, zu dem auch die sehenswerte benachbarte Barockkirche gehörte.

Tourist Info: Marktplatz 7, Tel. 087/55 34 50, Fax 087/55 66 39, www.touristinfoeupen.cjb.be

Ambassador Hotel Bosten: Haarstr. 81, Tel. 087/74 08 00, Fax 087/74 48 41. Kinderfreundlich, modern, komfortable Zimmer mit Dusche oder Bad, Restaurant mit französischer Küche, DZ 95–125 €.
Rathaus-Hotel: Rathausplatz 13, Tel. 087/74 28 12, Fax 087/74 46 64. Zentral, 17 Zimmer mit Bad, TV, Telefon. DZ 36 €.

Jugendunterkunft
Jugend- und Gästehaus cbtj: Judenstr. 79, Tel. 087/55 31 26, Fax 087/55 79 03, www.giteupen.phidji.com
Camping
Hertogenwald: Oestr. 78, Tel. 087/74 32 22, im Sommer. In ruhiger, schöner Waldlage. Animation. Stellplatz ca. 12 €.

Delcœur: Gospertstr. 22, Tel. 087/ 56 16 66, Do, Sa mittags geschl. Ausgezeichnete regionale und französische Küche. Brasserie mit Terrasse: Tagesmenü 17–21 €, Restaurant mit gediegener Atmosphäre: Hauptgericht ab 15 €.
San Marco: Aachener Str. 90, Tel. 087/55 42 46, Mo geschl. Französische und italienische Spezialitäten, Menü um 14 €.

Karneval: Karnevalssonntag und Rosenmontag, Umzüge.
St. Martin: 11.11., Ostbelgiens größter St. Martinsumzug.
Blumenkorso in Hergenrath: Aug., großer Umzug mit blumengeschmückten Wagen.

Dampfeisenbahn: Bahnfahren wie Anno dazumal – mit der historischen Vennbahn. Tel. 087/85 82 85.

Bahn: IC nach Lüttich, Brüssel, Gent, Brügge, Oostende, Aachen, Köln.

Raeren

Belgien-Atlas: S. 235, F 4
Im 10 km nordöstlich von Eupen entfernten Raeren rotierten seit Jahrhunderten die Töpferscheiben. Was dabei herauskam, aber auch Rheinisches Steinzeug, römische und moderne Keramik ist im **Töpfereimuseum** in der malerischen Wasserburg Raeren zu bewundern (Burgstr. 103, Di–So 10–17 Uhr).

Limbourg

Belgien-Atlas: S. 235, E 4
Kaum zu glauben – das 8 km westlich von Eupen gelegene, winzige ehemalige Festungsstädtchen Limbourg, hoch oben auf einem felsigen Hügel, war einst Hauptstadt des großen gleichnamigen Herzogtums. Eine Erkundung der pittoresken Oberstadt führt an der alten Stadtmauer entlang, durch stille Gassen und auf den kopfsteingepflasterten, von rustikalen Bruchsteinhäusern gesäumten Dorfplatz, an dem sich auch die alte gotische **St-Georges-Kirche** (14./15. Jh.) behauptet.

Verviers

Belgien-Atlas: S. 235, E 4
Verviers (54 000 Einw.), das Tor zu den Ardennen, hat seine Wurzeln in der römischen Siedlung *Viroviris*. Die Industriestadt überrascht an der **Place du**

Pütt zum Anfassen

Im Bergarbeiterstädtchen Blegny, 15 km nordöstlich von Lüttich, fährt man in die alte Kohlenmine **Blégny Trembleur** (März–Nov. tgl. 10–16 Uhr) ein, lauscht den Geschichten ehemaliger Bergarbeiter und kann die gewonnenen Erkenntnisse aus der Unterwelt im dazugehörigen Museum vertiefen.

Auf Stegen wandert man durchs Moor

Marché mit schönen Barock- und Rokokohäusern und einem aparten klassizistischen Rathaus. Das **Musée d'Archéologie et du Folklore** zeigt u. a. eine der schönsten Sammlungen von Spitzen aus dem ganzen Königreich (42, rue des Raines, Di, Do, 14–17, Sa 9–12, So, Fei 10–13 Uhr). Das **Musée des Beaux-Arts et de la Céramique** wartet mit Fayencen aus Europa und Asien sowie Gemälden von großen Meistern wie Pieter Pourbus und René Magritte auf (17, rue Renier, Mo, Mi, Sa 14–17, So 15–18 Uhr).

Maison du Tourisme: 30, rue de la Chapelle, Tel. 087/35 57 03, Fax 087/31 20 95, www.verviersima.be

Hohes Venn

Belgien-Atlas: S. 235, E/F 4

Mit Tauperlen behangene Spinnweben spannen sich zwischen den Halmen von Flatterbinse, Pfeifen- und Wollgras, Silhouetten zwergwüchsiger Moorbirken treten aus dem Nebel – ein Morgen im Hohen Venn. Das Hochmoor mit Belgiens höchster Erhebung, dem 694 m hohen **Signal de Botrange**, liegt zwischen Eupen und Malmédy im belgischen Teil des 2400 km² großen **Deutsch-Belgischen Naturparks.** Zahlreiche alte Kreuze bezeugen die Gefahren, durch die Menschen in diesem Hochmoor umgekommen sind. Hölzerne Stege, die nicht verlassen werden dürfen, Schilder und Flaggen machen es deutlich: Mensch und Moor müssen hier voreinander geschützt werden. Zum Schutz der fragilen Natur ist das Betreten der Landschaft streng reglementiert, längst nicht alle Wege dürfen beschritten werden, viele nur mit fachkundiger Führung. Ein illustriertes Faltblatt mit den Naturschutzbestimmungen sowie ausführliche Beschreibungen der Wanderrouten durch das Hohe Venn und die umliegende Landschaft gibt es im besuchenswerten **Naturparkzentrum Botrange** (131, route de Botrange, Robertville, Tel. 080/44 03 00), das zudem mit seiner interessanten Ausstellung über Vennfauna und -flora und zahlreichen Aktivitäten auf einen Besuch des Hohen Venn vorbereitet. Die beliebteste Anlaufstelle ist **Baraque Michel**, eine Mischung aus heimeliger Gaststätte

und urig-gemütlicher Fuhrmannskneipe, in der man den Wandertag bei würzigem Trappistenbier und Ardenner Schinken ausklingen lassen kann. In 14 gemütlichen, im Vennstil eingerichteten Zimmern können Gäste übernachten. DZ 45 € (36, rue de la Fagne (N 68), Jalhay, Tel. 080/44 48 01, Jan.–Juli Di, Mi geschl., sonst Mi geschl.).

Liège

Belgien-Atlas: S. 235, D 4
Lebensfreude, französisches Flair und auch ein Quäntchen Kleinbürgertum sind die Kennzeichen der von bewaldeten Hügeln umgebenen, am Zusammenfluss von Maas und Ourthe liegenden Provinzhauptstadt (Luik, Lüttich; 184 300 Einw.). Umgeben ist die alte Bischofsstadt von einer siechenden Industriekruste, im historischen Herzen der ›Tochter der Maas‹ kontrastieren ansehnliche historische Häuser mit gesichtslosen Bausünden, was dem Charme der alten Stadt jedoch kaum Abbruch tut.

Geschichte

Am Beginn der Stadtgeschichte steht der ruchlose Mord an Bischof Lambertus von Maastricht-Tongeren im Jahr 705 an einer Kapelle gegenüber der Ourthemündung. Zum Gedenken an den Toten ließ sein Nachfolger am Ort des Verbrechens eine Kirche erbauen, 721 machte er die Stadt sogar zum Bischofssitz. Im 10. Jh. gelangte die entstehende Stadt unter Fürstbischof Notker (972–1008) zur Blüte. 1467 ließ Karl der Kühne die Stadtfestung schleifen, später setzte er Lüttich nach einer Erhebung der Lütticher in Brand – nur Kirchen und Klöster blieben verschont. Kohle und Eisenerz aus den Ardennen beförderten die industrielle Entwicklung. Mit der Besetzung durch die Franzosen (1795–1815) setzte die industrielle Revolution in Lüttich ein: Napoleon ließ hier Kanonen gießen, die Metallindustrie wurde ausgebaut. 1889 wurde die Waffenfabrik Fabrique Nationale d'Armes de Guerre, heute weltweit berühmt für Jagdgewehre, gegründet – Lüttich war Industriemetropole. Im Zweiten Weltkrieg wurden über 23 000 Gebäude zerstört. In der zweiten Hälfte des letzten Jahrhunderts führte die Krise in der Stahlindustrie und hohe Verschuldung zum wirtschaftlichen Niedergang der Stadt.

Besichtigung

Die belebte **Place St-Lambert** ist der älteste Teil Lüttichs: Freigelegte Gewölbe einer römischen Villa zeugen von der frühen Besiedlung. Reihen eiserner Masten auf dem Platz verdeutlichen die Lage der einst hier stehenden, 1796 von Revolutionären verwüsteten Kathedrale St. Lambert.

Sehenswürdigkeiten

1 Palais des Princes-Evêques
2 Hôtel de Ville
3 Musée de la Vie Wallone
4 Musée d'Art Religieux et d'Art Mosan
5 Montagne de Bueren (Beginenkloster)
6 Eglise St-Barthélemy
7 Musée Curtius
8 Musée d'Armes
9 Musée d'Ansembourg
10 Musée de l'Art Wallon
11 Musée Tchantchès

Übernachten

12 Ibis Opera
13 Le Simenon
14 Jugendherberge Georges Simenon

Essen und Trinken

15 La Parmentière
16 Au Vieux Liège
17 As Ouhès

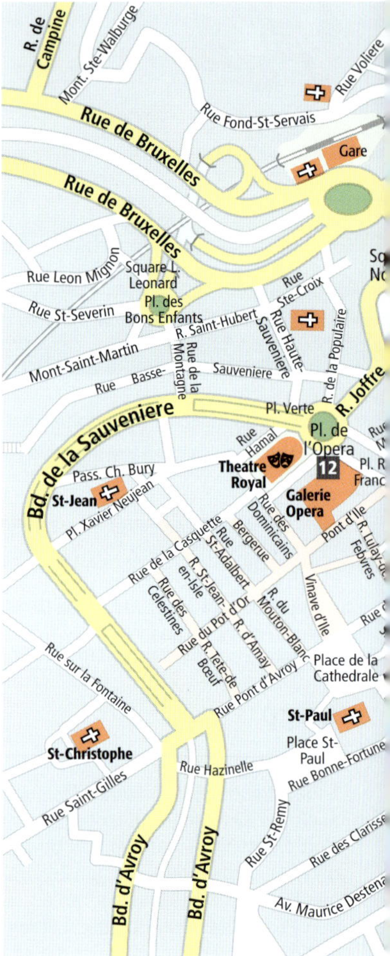

Jetzt dominiert das mächtige, 1526 errichtete und 1734 mit neuer Hauptfassade versehene **Palais des Princes-Evêques** 1 den Platz. Der als Justizpalast und Sitz der Provinzregierung genutzte einstige Fürstbischöfliche Palast hat zwei malerische, von Arkadengängen umgebene Innenhöfe.

Giebelhäuser aus dem 17. Jh. mit gemütlichen Cafés reihen sich an der

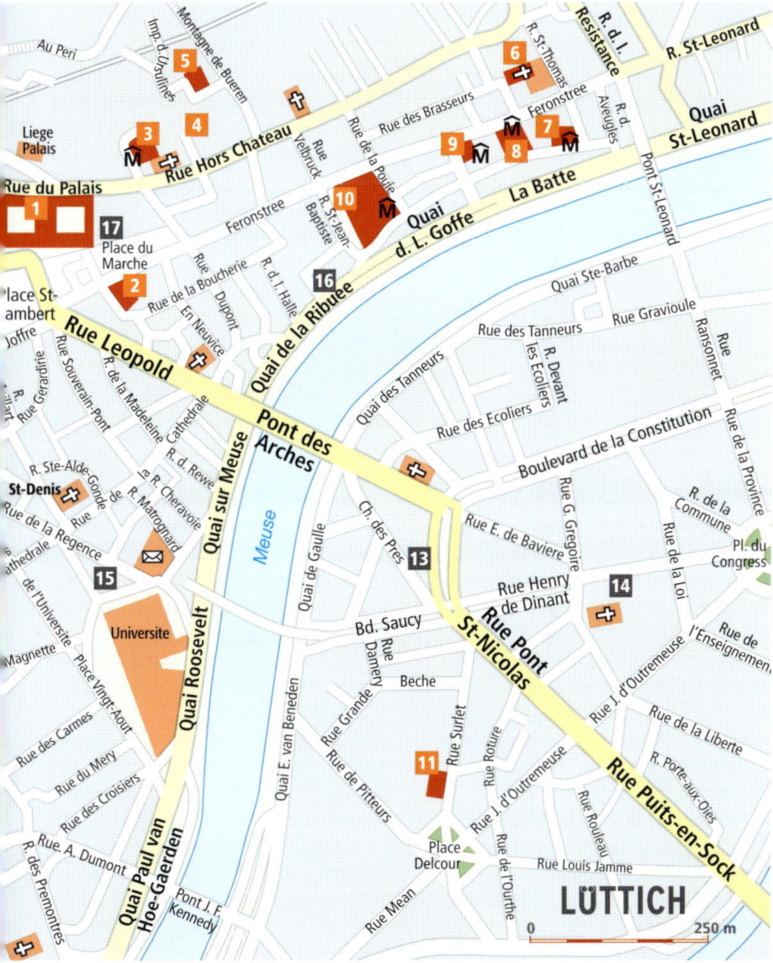

Spaziergang auf den Weinbergpfaden

Entdecken Sie einen verborgenen Winkel Lüttichs auf den romantischen **Sentiers des coteaux!** Von der Impasse des Ursulines geht es über enge Treppengassen hinauf in den parkartig angelegten Hang, an dem früher Wein angebaut wurde. Genießen Sie die schöne Aussicht über die Dächer der Stadt, und entdecken Sie den Turm des Alten Röhrichs, des Restes eines Anwesens des deutschen Ritterordens. Über steile Wendeltreppen gelangen Sie schließlich hinab an die Nordseite des Palais des Princes-Evêques, dort endet der Pfad.

Place du Marché, an dem das barocke **Hôtel de Ville** 2 (Rathaus, 18. Jh.) steht. An der Wand neben der Freitreppe gedenkt man mit einer Bronzeplatte Widerstandskämpfern, darunter des Stadtpolizisten Arnold Maigret, dessen Name Georges Simenon entlehnte und dem Kommissar seiner Kriminalromane gab. In der Mitte des Platzes ragt als Sinnbild städtischer Freiheit Lüttichs Wahrzeichen empor: **Le Perron,** der 1697 auf einem kolossalen Brunnen errichtete Gerichtspfahl.

In einem ehemaligen Minoritenkloster (17. Jh.) präsentiert das sehenswerte **Musée de la Vie Wallone** 3 seine Sammlung zu Kultur, Brauchtum und Handwerk in der Wallonie. Besonderes Bonbon: Die Sonnenuhrenkollektion des Antwerpener Poeten Max Elskamp (Di–Sa 10–17, So bis 16 Uhr).

Das **Musée d'Art Religieux et d'Art Mosan** 4 gibt einen interessanten Überblick über die sakrale maasländische Kunst im einstigen Fürstbistum Lüttich ab dem frühen Mittelalter (Di–Sa 11–18, So bis 20 Uhr) .

Wer die 373 Stufen der berühmten Treppenstraße **Montagne de Bueren** 5 zur Zitadelle erklimmt, erhält eine schöne Aussicht auf die Stadt. Am Fuße der Treppe führt links die **Impasse des Ursulines** zum ehemaligen **Beginenkloster zum heiligen Geist,** einem Ensemble vorbildlich restaurierter Fachwerkhäuser aus dem 17./18. Jh. In einem der malerischen Innenhöfe lädt das **Restaurant Béguinage** ein.

Am Ende der Rue En Hors-Château liegen die Sackgassen Impasse Venta, de la Couronne und de l'Ange mit den ältesten, jetzt wieder reizvoll hergestellten Wohnquartieren der Stadt.

Die **Eglise St-Barthélemy** 6 (11./12. Jh.) mit Zwillingstürmen birgt ein romanisches Messingtaufbecken aus dem 12. Jh., Lüttichs bedeutendstes Kunstwerk. Es wurde dem Goldschmied Renier aus Huy zugeschrieben, jedoch deutet die Zusammensetzung des Metalls auf eine mediterrane Herkunft.

Das **Musée Curtius** 7 (bis 2005 geschl.) zeigt archäologische Funde und Kunstwerke. Glanzstücke sind das Evangeliar des Bischofs Notker, die Madonna des Dom Rupert (um 1140) und das Tympanon »Mysterium des Apollon« (um 1150). Mit seiner einzigartigen Sammlung von antiken, vene-

Montagne de Bueren

GEORGES SIMENON

Er habe schneller geschrieben, als man lesen könne, wird manchmal behauptet, und in der Tat: Georges Simenon war ein Vielschreiber, der an die 1000 Kurzgeschichten und rund 220 Romane geschrieben hat. Für einen Roman hat der Erfinder von Kommissar Maigret manchmal nur zwei Wochen gebraucht.

Der am 13. Februar 1903 in Lüttich geborene Autor wuchs in kleinbürgerlichen Verhältnissen auf, brach zwei Lehren, als Konditor und als Buchhalter, ab und arbeitete schon mit 17 Jahren als jüngster Lokalreporter bei der ›Gazette de Liège‹. In dieser Zeitung veröffentlichte er 1920 auch seinen ersten Roman ›Au pont des Arches‹, in dem er die Lütticher Lebensart auf die Schippe nimmt.

Mit 19 Jahren kehrte er seiner Heimatstadt den Rücken und ging nach Paris, wo er zahlreiche Abenteuer-, Liebes- und Kriminalgeschichten verkaufte, Groschenromane, die ihm ein gutes Einkommen sicherten. Dem zweimal verheirateten Simenon wird eine ausschweifende Leidenschaft für Frauen nachgesagt, er soll unzählige Affären gehabt haben, u. a. auch eine mit Josephine Baker.

1930 schuf Simenon, der lange Zeit unter dem Pseudonym Georges Sim schrieb, in seinem Roman ›Maigret und Pietr, der Lette‹ die Romanfigur, die ihm zu Weltruhm verhalf: Kommissar Maigret. Der Pfeife rauchende Polizist mit dem scharfen Verstand und den ungewöhnlichen Methoden brilliert in 89 Romanen, von denen knapp 60 verfilmt wurden.

Simenon starb 1989 in Lausanne. Besucher seiner Heimatstadt Lüttich können auf einem ausgeschilderten Simenon-Rundgang oder mit einem Führer auf den Spuren des großen Sohnes der Stadt wandeln.

zianischen, böhmischen, Jugendstil- und Art-déco-Glaskunstobjekten erzählt das **Musée du Verre** (Glasmuseum) im gleichen Haus die Geschichte der Glaskunst (bis 2005 geschl.).

13 000 teils reich ziselierte Büchsen, Flinten, Pistolen und Blankwaffen des **Musée d'Armes** 8 lassen die Herzen von Waffenliebhabern höher schlagen. In dem im Stil Ludwigs XVI. erbauten, prunkvoll eingerichteten Herrenhaus (1776) hat einst Napoleon genächtigt (bis 2005 geschl.).

Kunstvolles Deckenstuckwerk, spanische Ledertapeten und Oudenaarder Wandteppiche, Lütticher Möbel und Delfter Blau – großbürgerlich-aristokratische Wohnwelt eines reichen Bankers des 18. Jh., in die man im **Musée d'Ansembourg** 9 eintauchen kann (Di–So 13–18 Uhr) .

Außen Beton à la 1970er Jahre, Innenkonzept à la New Yorker Guggenheim Museum: Im **Musée de l'Art Wallon** 10 geht es von der 4. Etage abwärts entlang der chronologisch vom 16. Jh. bis zur Gegenwart präsentierten Werke wallonischer und Brüsseler Künstler. Mit dabei sind die großen Meister René Magritte und

Paul Delvaux (Di–Sa 13–18, So 11–16.30 Uhr) .

Sonntags von 8 bis 14 Uhr findet unten am Maasufer Belgiens größter **Trödelmarkt La Batte** statt. Man feilscht um Antiquitäten, Nippes und Trödel, um Federvieh und Haustier, kauft Gemüse, Obst und Käse, kostet den *Peket*, einen lokalen Genever, streift umher und genießt unverfälschtes Lütticher Lokalkolorit.

Besonders ausgeprägt präsentiert sich dieses Kolorit jenseits der Maas, wo man einen eigenen Dialekt pflegt und wo die eigenwilligen ›Inselbewohner‹ der St.-Nikolaus-Pfarrei ihr Viertel 1927 zur ›Freien Republik Outremeuse‹ erklärten. In diesem Arbeiterviertel verbrachte Georges Simenon seine Kindheit, hier ist Lüttichs populäre Folklorefigur *Tchantchès* zu Hause. In den Marionettentheatern der Stadt und auf der Bühne des **Musée Tchantchès** 11 vollbringt er seine Heldentaten, redselig, trinkfest und gutherzig (56, rue Surlet, Di, Do 14–16 Uhr, im Juli geschl.).

Office de Tourisme: 92, en Féronstrée, Tel. 04/221 92 21, Fax 04/221 92 22. www.liege.be

Ibis Opera 12: 41, place de la République Française, Tel. 04/2 30 33 33. Komfortabel eingerichtete ruhige Zimmer. DZ um 70 €, Frühstück 5,60 €.

Le Simenon 13: 16, bd. de l'Est, Tel. 04/342 86 90, Fax 04/344 26 69. Gemütliche, komfortable Zimmer mit Dekor nach Simenons Romanen. Restaurant. DZ 62–112 €, Frühstück 6,20 €.

Jugendherberge

Georges Simenon 14: 2, rue Georges Simenon, Tel. 04/344 56 89, Fax 04/344 56 87, www.laj.be. Übernachtung mit Frühstück 15,75 €.

Camping

Provinciaal domain Wégimont: 76, chaussée de Wégimont, Soumagne, Tel. 04/377 99 00. An der N 604 Lüttich–Verviers. Großer Platz, Schwimmbad, Minigolf, Fischen, Tennis, Snackbar. Ca. 10 €.

Lütticher Spezialitäten sind *Rodge Tripe* (Blutwurst), *Matoufet* (Pfannengericht aus Mehl, Eiern und Speck), *Salade Liègeoise* (›Lütticher Salat‹ mit Speck, grünen Böhnchen, Kartoffeln und Zwiebeln).

La Parmentière 15: 10, place Cockerill, Tel. 04/222 43 59. So, Mo, Mitte Juli–Mitte Aug. geschl. Modernes Interieur, belgische Küche, köstlich: Kaninchen in Biersauce. Lunch bis 24 €, Menü 27–49 €, Wein inklusive.

Au Vieux Liège 16: 41, quai Goffe, Tel. 04/223 77 48, So, Fei, Mi abends, Mitte Juli–Mitte August geschl. In schönem Herrenhaus des 16. Jh. Fischgerichte, Klassisches mit Pfiff. Lunch bis 18 €, Menü 25–50 €.

As Ouhès 17: 19, place du Marché, Tel. 04/223 32 25, tgl. Mit geselliger Terrasse auf der Place du Marché, Köstlichkeiten von Buchweizenpfannkuchen bis Lütticher Schweinenierchen. Tagesgericht ca. 12,50 €, Menü 31 €.

La Batte: So 8–14 Uhr, Maasufer, großer Sonntagsmarkt mit Trödel, Antiquitäten, Wein, Käse, Kleidern, Blumen, Tieren und mehr.

Kneipen, Bars, Tanz, Musik, Bier in Strömen und viel junges Volk – Nachtschwärmer kommen im Viertel **Le Carré** auf ihre Kosten.

Die monatlich erscheinende Broschüre *La Référence* (in Französisch) listet auf, was in Lüttich angesagt ist.

Karneval in Stavelot

La Maison du Pékèt: 4, rue de l'Epie (hinter dem Rathaus). Breite Palette an verschieden zubereiteten Genever-Getränken.
Taverne St-Paul: 8, rue St-Paul, So geschl. Eine der ältesten Kneipen der Stadt mit authentischem Lütticher Flair.
Les Olivettes: 6, Pied de Pont des Arches, Fr, Sa, ab 20 Uhr, So ab 10 Uhr. Gemütliche Kneipe, in der Jung und Alt aufgefordert ist, das Mikrofon zu ergreifen und zu singen.

L'Opéra Royal de Wallonie: 1, rue des Dominicains, Tel. 04/221 47 00. Opernaufführungen.
L'Orchestre Philharmonique de Liège: 25, bd. Piercot, Tel. 04/220 00 00, www.opl.be. Konzerte, Musicals.
Le Théâtre de la Place: 1, place de l'Yser, Tel. 04/344 71 70. Theater, Tanz.
Jazz à la Liège: Anfang Mai, Jazz-Fest.
Sommerfest: um den 15. Aug., Outremeuse, volkstümliche Festwoche mit Trödelmarkt, Marionetten, Theater, Prozession, folkloristischem Umzug.

Thematische Stadtführungen: 2. und 4. So im Monat, in deutscher Sprache, Anmeldung und Start beim Touristenbüro (Tel. 04/221 92 21, www.liege.be).

Bahn: IC Aachen, Köln, Brüssel, Eupen, Gent, Brügge, Oostende, Namur, Charleroi, Mons, Tournai, Lille. Thalys nach Brüssel, Paris, Aachen, Köln.

Stavelot

Belgien-Atlas: S. 239, E 1
Inmitten der herrlichen Natur der Ardennen liegt im Tal der Amblève das kleine Stavelot (6500 Einw.). Seine Wurzel liegt in der von Remaklus Mitte des 7. Jh. errichteten Abtei von *Stablo.* Vereint mit jener von Malmédy bildeten sie das Abteifürstentum von Stavelot-Malmédy und wurden zum Quell regen kulturellen und geistigen Lebens in der Region. Schmale Straßen mit kleinen Plätzen, alten Fachwerkhäusern und Häusern mit ursprünglichen Holzfassaden verleihen dem Ort ein hübsches Antlitz.

Die Kapuze einer weißen Mönchskutte um das Haupt, die knallrote Nase, Marke Karotte, keck himmelwärts gerichtet, begrüßt die Figur eines der *Blancs Moussis,* Stavelots berühmter mittelalterlicher Narrenfigur, den Ankömmling am Ortseingang. Beim berühmten Staveloer Karneval treiben die ›weißen Mönche‹ zu Hunderten ihren Schabernack, ein Ereignis, dem alljährlich Zehntausende Besucher beiwohnen.

Im historischen Herzen der Stadt zeugen die freigelegten Fundamente der **Abteikirche,** der ›römische Turm‹ und die Abteigebäude von der Größe der einstigen Fürstenabtei. Sie beherbergt jetzt das **Musée de la Principauté de Stavelot-Malmédy,** das mit einem multimedialen Parcours, archäologischen Funden und religiösen Kirchenschätzen die Historie des Abteifürstentums beleuchtet. In den Gewölben hat sich das **Musée du Circuit de Spa-Francorchamps** eingerichtet. Freaks des Autorennsports erfahren hier alles über die Geschichte der nahe Stavelot gelegenen Rennpiste, und der Anblick von 80 Formel-1-Rennwagen, Oldtimern und vorsintflutlichen Renn-Krädern lässt ihre Herzen höher schlagen. Das **Musée Guillaume Apollinaire** widmet sich dem französischen Poeten (1880–1918), der den Sommer 1899 in Stavelot verbrachte, von Amors Pfeil getroffen etliche Gedichte und Balladen schrieb, die Zeche prellte und auf Nimmerwiedersehen entschwand (alle drei Museen: Di–So 10–18 Uhr).

Auf der Place St-Remacle symbolisiert der **Perron** auf der Fontaine du Perron seit 1769 die Eigenständigkeit der Stadt. Die im 18. Jh. erbaute **Eglise St-Sébastien** birgt den Schrein mit den Gebeinen des hl. Remaklus, ein einzigartiges Prunkstück maasländischer Kirchenkunst.

Verkehrsamt: Ancienne Abbaye, Tel./Fax 080/86 27 06, www.stavelot.be

Romantik Hotel le Val d'Amblève: 7, route de Malmédy, Tel. 080/28 14 40, Fax 080/28 14 59. Ruhig, in großem Park. 12 komfortable Zimmer mit Bad, TV, Telefon. Parkplatz, gastronomisches Restaurant. DZ 88–113 €.
La Maison: 19, Grand-Place, Tel. 080/88 08 91, Fax 080/88 02 75. Imposantes Herrenhaus am Marktplatz. 12 Zimmer mit Bad, TV, Telefon. Lift, Restaurant. DZ 84 €.
Camping
De Challes: 5, rue de Challes, Tel. 080/86 23 31, April–Okt. 2 km vom Zentrum. Stellplatz ca. 12 €.

Ô Mal-Aimé: 12, rue Neuve, Tel. 080/86 23 31, tgl. außer Mo, Di, ab 18 Uhr. Klassische Gerichte, Lammkoteletts, Steaks, Omeletts. Menü um 20 €.
La Maison: 19, place St-Remacle, Tel. 080/88 08 91, Mo, Di mittags geschl. Französische Küche, köstliche Lammgerichte. Menüs 20 €.

Karneval: Wochenende drei Wochen vor Ostern, traditioneller Karnevalsumzug mit den *Blancs Moussis*.

Bahn: Nächster Bahnhof in Trois Ponts.
Bus: Verbindungen von Trois Ponts und von Spa nach Stavelot.

Malmédy

Belgien-Atlas: S. 239, E 1
Eingebettet in die bewaldete Hügellandschaft am Rande des Hohen Venn liegt das Ardennen-Städtchen Malmédy (11 000 Einw.). Es entstand um die 648 vom ›Ardennenapostel‹ Remaklus gegründete Abtei *malmundari-*

um (›vom Bösen gereinigt‹). Der Ort wurde mehrmals verwüstet, 1690 von der Soldateska Ludwigs XIV., 1944 von amerikanischen Bombern, die die bereits von eigenen Truppen eingenommene Stadt irrtümlich in Schutt und Asche legten.

Mittelpunkt Malmédys ist die 1775 als Abteikirche erbaute **Cathédrale Saints-Pierre, Paul et Quirin** mit ihren weithin sichtbaren Doppeltürmen. In ihr wird der Reliquienschrein des hl. Quirinus aufbewahrt. In den Chorfenstern sind die drei Kirchenheiligen dargestellt. Direkt an die Kathedrale schließt das alte Abteigebäude an.

In der **Maison de Cavens,** einem ehemaligen Waisenhaus von 1830, kann man im **Papiermuseum** alles über Papier herausfinden, von Papyrus, Pergament und taiwanesischem Filigranpapier bis zu modernem Gebrauchspapier (11, place de Rome, Di–So 14–18 Uhr). Das **Karnevalmuseum** im selben Haus widmet sich dem berühmten *Cwarmê* (Di–So 14–18 Uhr).

Zahlreiche mit Schieferplatten in verschiedenen Mustern verkleidete Hausfassaden, besonders in der Rue Neuve, Rue de la Warche und Rue Derrière-La Vaulx erinnern an das Malmédy vergangener Zeiten. An den Plätzen der Stadt laden Cafés zum Entspannen ein. Kosten Sie Malmédys Fritten, sie gehören zu den besten ganz Belgiens! So gestärkt können Sie auf den **Kalvarienberg** aufsteigen und die herrliche Aussicht auf das Städtchen genießen.

Haus des Tourismus: 29a, place Albert 1er, Tel. 080/33 02 50, Fax 080/77 05 88.

Albert I: 40, place Albert 1er, Tel. 080/33 04 52, Fax 080/33 06 16. Kinderfreundlich und zentral, moderne Zimmer mit Bad, TV, Telefon, Klimaanlage, Minibar. Feinschmecker-Restaurant mit französischer und italienischer Küche. 6 DZ à 80 €.

Le Chambertin: 46, chemin-Rue, Tel. 080/33 03 14, Fax 080/77 03 38. Angenehmes 3-Sterne-Hotel im Zentrum. Zimmer mit Bad, TV, Telefon. Restaurant mit regionaler und französischer Küche. 9 Zimmer, DZ 58–62 €.

Jugendherberge

Auberge de Jeunesse: 36, route d'Eupen, Tel. 080/33 83 86, Fax 080/77 05 04. www.laj.be. Übernachtung mit Frühstück 13,75 €.

Camping

Familial: 19, rue des Bruyères, Malmédy/Arimont, Tel./Fax 080/33 08 62. Waldnah auf Anhöhe gelegen, Pool, Fritüre und Kantine. Stellplatz ca. 10 €.

Vî Mâm'Dî: 41, place Albert 1er, Tel. 080/33 96 36, tgl. Rustikales Innendekor, offener Kamin. Französische und regionale Küche. Ardenner Spezialitäten, Köstliches vom Holzkohlegrill. Gerichte um 19 €.

Au Petit Chef: 6, place de Rome, Tel. 080/33 07 49, Mi geschl. Gutbürgerliche regionale und italienische Küche, Terrasse und Taverne. Menü um 12.50 €.

Cwarmê: Fastnachtssamstag bis -dienstag, berühmter Karneval.

Maiennacht: 30. April, junge Burschen ziehen umher und bringen ihren Herzensdamen Ständchen.

Bahn: Nächster Bahnhof in Trois Ponts.

Bus: Verbindungen von Trois Ponts, Verviers und Lüttich nach Malmédy.

Spa

Belgien-Atlas: S. 235, E 4
Die Großen, die Schönen und Reichen Europas – seit dem 16. Jh. suchen sie das Kurbad Spa (10 000 Einw.) auf, um ihre Leiden mit den hiesigen Heilwässern zu kurieren und den Müßiggang zu pflegen. Schon der römische Geschichtsschreiber Plinius berichtete von der Ansiedlung *Aquae Sepadonae*, »wo eine berühmte Quelle sprudelt, in der Luftbläschen moussieren«. Rund 300 Quellen hat man hier gezählt, das Wasser mit Schwefel oder Eisen, mit Carbonat oder ohne oder, wie die Quelle, an der Zar Peter der Große sein chronisches Magenleiden kurierte, praktisch ganz ohne Natriumsalze.

Wenn auch Europas Promis in der ›Ville d'Eaux‹, der ›Stadt der Wässer‹ kaum noch anzutreffen sind, der liebenswerte Charme vergangener Tage ist hier noch gut spürbar. Im westlich der Place Royal liegenden **Parc de Sept Heures** mit dem Wandelgang Leopold II. (1878) führen ältere Herrschaften noch immer ihre mit Schleifchen verschönerten Pudel aus. Auf der anderen Seite des Platzes erwartet mit gebrechlicher Fassade das alte **Kurhaus** (1868) seine Gäste mit Fangopack, Kurwasser und Ayurveda. In der Eingangshalle schmücken schöne Gemälde Wand und Decke und die Marie-Henriette-Quelle spendet dort erfrischendes Wasser. Im **Casino** nebenan – 1752 als erstes ganz Europas vom Lütticher Fürstbischof ins Leben gerufen – lässt sich Göttin Fortuna herausfordern.

Wenige Schritte, und man ist am östlich liegenden **Pouhon Pierre le Grand,** dem nach Zar Peter dem Großen benannten alten Brunnenhaus. Auch hier kann man einen Becher Quellwasser genießen.

In der einst von Königin Marie-Henriette bewohnten Villa befindet sich das **Musée de la Ville d'Eaux** (77b, av. Reine Astrid) mit einer schönen Sammlung von *Jolités,* den berühmten bemalten Dosen von Spa. In den einstigen Ställen widmet sich das **Musée du Cheval** dem Pferd und der Reitkunst (beide Museen Mitte Juni–Mitte Sept. tgl. 14–17.30, Mitte April–Mitte Juni und Mitte Sept.–Dez. Sa, So, Fei 14–17.30 Uhr).

Office du Tourisme: 41, place Royale, Tel. 087/79 53 53, Fax 087/79 53 54, www.spa-info.be

Villa des Fleurs: 31, rue Albin Body, Tel. 087/79 50 50, Fax 087/79 50 50. Schöne Villa, ruhig und zentral, 12 Zimmer mit Bad, TV, Telefon. Gästeparkplatz, Lift, Terrasse und Garten. DZ 85–127 €.
Le Relais: 22, place du Monument, Tel. 087/77 11 08, Fax 087/77 25 93. Im Herzen der Stadt, 11 Zimmer mit Bad, TV, Telefon. Restaurant. DZ 54–70 €.
Gai Séjour: 6, bd. Rener, Tel. 087/77 38 40, Fax 087/77 42 25. Villa in ruhiger Lage, 500 m vom Zentrum. 10 Zimmer, 8 mit Bad. Garten, Terrasse, Parkplatz. DZ 35–70 €.
Camping
Spa d'Or: 17, Stokay, Tel. 087/47 44 00, ganzjährig. Komfort-Platz mit Laden, Spielplatz, Schwimmbad, Restaurant, Kinderanimation usw. Stellplatz ca. 13–18 €.

Rôtisserie du Porche: 48, av. Reine Astrid, Tel. 087/77 33 10, Mo, Di geschl. Traditionelle Gerichte, Fleisch vom Holzgrill. Menü 22–44 €.
La Belle Epoque: 15, place du Monument, Tel. 087/77 54 03, Mo, Di geschl. Moderne französische Küche. Menü 20–40 €.
Le Sarani: 13, place Royale, Tel. 087/77 48 13, außerhalb der Saison Mi geschl. Italienische Küche, hausgemachte Teigwaren, große Auswahl an Muschelgerichten. Pasta 6 €, andere Tagesgerichte ca. 8–12 €.

Jolités – die berühmten bemalten Dosen von Spa – sind erhältlich in der Manufacture des jolités de Spa, 90, av. Reine Astrid (Di–Sa 14.30–17.30 Uhr) und im Centre d'artisanat local, 8, place Verte.

Casino: 4, rue Royal, Tel. 087/77 20 52, tgl. ab 15 Uhr.

Francopholies de Spa: Juli, Musik-, Theater- und Gesangsaufführungen.
Grand Prix de Belgique de Formule 1: Aug., Formel-1-Rennen auf dem Circuit de Spa-Francorchamps.

Bahn: Nahverkehrszug nach Verviers, Welkenraedt.

Kurhaus in Spa

VON HUY NACH BASTOGNE

Zur Zitadelle von Huy, Kuriositäten im Schloss Jehay, durch das reizvolle Ardennental der Ourthe, in die kleinste Stadt der Welt, Durbuy, in die Märchenwelt der Grotten von Hotton, zum Kajak-Abenteuer nach La-Roche-en-Ardenne, Erinnerungen an die Schlacht in den Ardennen.

Huy

Belgien-Atlas: S. 234, C 4
Eines der ältesten Städtchen Belgiens ist das an der Maas liegende Huy (Hoei; 18 500 Einw.). Zinngießerei und Kupferschmiedekunst machten den Ort im Mittelalter zu einem florierenden Handelsplatz, mit ihm verbinden sich die Namen der zwei bedeutendsten Meister maasländischer Metallkunst, Renier und Godefroid de Huy. Seit der Merowingerzeit wird hier auch Wein angebaut. Wenige Kilometer flussabwärts liegt das Kernkraftwerk Tihange.

Hoch über der Stadt thront die mächtige **Zitadelle,** 1818 von den Niederländern über den Resten einer jahrhundertealten, 1717 geschleiften Festung errichtet. Während des Zweiten Weltkrieges diente die Zitadelle den Nazis als Gefängnis, Zwangsarbeiter- und Durchgangslager. An die schreckliche Zeit erinnert das heute in der Festung eingerichtete **Musée des Champs et de la Résistance** (Apr.–Sept. Mo–Fr 9–12.30, 13–16.30, Sa, So 11–18 Uhr).

Am Fuß des Zitadellenfelsens ragt die Stiftskirche **Notre-Dame** (1311–1536) empor, der bedeutendste hochgotische Kirchenbau Belgiens. Im mächtigen Westturm, dessen Spitze 1893 Opfer eines Blitzschlags wurde, befindet sich die prachtvolle Fensterrosette ›Li Rondia‹ mit 9 m Durchmesser. Ein Glanzstück der Bildhauerkunst ist das Bogenfeld des Bethlehemportals (14. Jh.) mit ausdrucksstarken biblischen Szenen. Sehenswert sind die romanische Krypta und die Schatzkammer mit vier kostbaren Reliquienschreinen, darunter die der hl. Domitian und Mengold.

Zahlreiche Restaurants säumen die **Grand-Place** und verbreiten im Sommer mit ihren Straßenterrassen eine nahezu mediterrane Atmosphäre. Vor dem repräsentativen, 1766 im Stil Ludwigs XV. erbauten **Rathaus** befindet sich der figurengeschmückte Brunnen **›Li Bassinia‹** (1406), der einzige erhaltene Bronzebrunnen Belgiens.

An der spitztürmigen Kirche **St-Mengold** hinter dem Rathaus vorbei geht es zum ehemaligen **Kloster der Frères Mineurs** (1244), in dem heute das **Musée de la Charte des Libertés** mit Sammlungen zur Geschichte, Tradition und Folklore, zu Handwerk und Kunst-

Schloss Jehay

schaffen das Kulturerbe der Stadt zur Geltung bringt (20, rue Vankeerberghen 20, Mai.–15. Okt. tgl. 14–18 Uhr).

Die Umgebung von Huy

Mit seinem mit weißen Felsquadern gespickten Mauerwerk ist das Mitte des 16. Jh. errichtete **Château de Jehay,** 10 km nordwestlich von Huy, eine auffällige Erscheinung. In seinen Gemäuern hat Graf Guy van den Steen, Bildhauer, Antiquar, Archäologe, Höhlenforscher und Sammler, in seinem Privatmuseum einen riesigen Hort an Kunstwerken, Antiquitäten und archäologischen Funden (22 000!) zusammengetragen. Glanzstücke sind Gemälde von Bruegel, Murillo und Tintoretto, aber auch ein 20 000 Jahre altes Boot und Kuriositäten wie eine prähistorische Pfeife aus Menschenknochen (Juli/Aug. Sa, So, Fei; Schloss: 14–18, Archäologisches Museum 15–17 Uhr).

Office du Tourisme: 1, quai de Namur, Tel. 085/21 29 15, Fax 085/23 29 44, www.huy.be

Le Sirius: 47, quai de Compiègne, Tel. 085/21 24 00, Fax 085/21 24 01. Komfort-Hotel an der Maas. Bar, Parkplatz. DZ 82–109 €.

Du Fort et sa Réserve: 5, chaussée Napoléon, Tel. 085/21 24 03, Fax 085/23 18 42. Zentral, an der Maas. Zimmer mit Bad, TV, Telefon. Bar, Restaurant. DZ 60 €, Frühstück 6 €.

Camping

Mosan: 3, rue de la Paix, Tihange-Huy, Tel. 085/23 10 51, Fax 085/25 13 59, Apr.–Sept. In waldreicher Umgebung, 2 km von Huy. Für Zelte, Wohnmobile, Wohnwagen. Standplatz 15 €.

Village Chinois: 20, rue Pont, Tel. 085/23 13 48, Mo nachmittags geschl. Ausgezeichnetes China-Restaurant, Spezialität: *Canard de Pekin à la sauce laquée et crêpes* (Pekingente; 13,40 €), Menü 4,70–45 €. Speisen auch zum Mitnehmen.

La Brasserie: 19, Grand-Place, Tel. 085/21 25 55, tgl. ab 9 Uhr. Im Sommer große Sonnenterrasse auf dem Platz. Diverses von Sandwichs, Pizza und Pasta (6–7 €) bis Jambon San Daniele (10 €) und Steaks aller Art vom Grill (13–16 €).

Ça Jazz à Huy: Anfang Aug., Jazz-Fest.

Bahn: IC nach Lüttich, Namur, Brüssel, Charleroi, Lille.

Durbuy

Belgien-Atlas: S. 239, D 1

Nur wenige hundert Seelen zählt die winzige, in eine Talsenke der Ourthe eingebettete ›Kleinste Stadt der Welt‹, Durbuy. Tatsächlich verfügt der Ort seit 1331 über die Privilegien einer Stadt.

Eine Hand voll schiefergedeckter Häuser aus Kalk- oder Backstein entlang kopfsteingepflasterter Sträßchen, eine Kirche, eine alte Getreidehalle aus Fachwerk und eine alte Brücke – im mittelalterlichen Durbuy scheint die Zeit stillzustehen. Hinten begrenzt der Fels **La Felize** den Ort, den Platz vorn an der Ourthebrücke nimmt das **Château Comtes d'Ursel** (11. Jh.), Schlossburg der Grafen von Durbuy, ein. Franziskaner und Franziskanerinnen gründeten im 17. Jh. in Durbuy zwei Klöster, die nach der Französischen Revolution verscherbelt oder abgerissen wurden, die noch erhaltene **Klostermauer** zieht sich bis an den Fels. Von dort oben hat man eine schöne Sicht auf die Stadt.

Im Sommer hat der Tourismus die Stadt fest im Griff. Im **Parc des Topiaires** am anderen Ufer des Flusses sind zahlreiche Tiere und etliche andere Wesen zu bewundern – alle aus kunstvoll beschnittenen Büschen und Hecken (Feb.–Dez. tgl.10–18 Uhr). Allzu großem Sommertrubel kann man bei einer schönen Wanderung auf dem GR 57 nach Barvaux entfliehen, um dort im **Labyrinthus,** einem riesigen Irrgarten aus Maispflanzen, umherzuirren (rue Basse-Commène, Juli–Aug. tgl., Sept. Sa, So 10.30–19 Uhr).

Office de Tourisme: 25, place aux Foires, Tel. 086/21 24 28, Fax 086/21 36 81, www.durbuyinfo.be

Grotten aus Tausendundeiner Nacht

Es braucht nicht viel Fantasie, um sich angesichts des prächtigen Farbenspiels der tropfenden Steine, glitzernden Vorhänge und der zahlreichen über Jahrhunderte entstandenen Figuren in ein Märchen versetzt zu fühlen. Die 200 m lange und 35 m hohe Galerie in 65 m Tiefe der **Grotten von Hotton** ist die größte Belgiens (Apr.–Okt. 10–17, Juli–Aug. bis 18 Uhr).

Vieux Pont: 26, place aux Foires, Tel. 086/21 28 08, Fax 086/21 82 73. Zentral, 13 modern eingerichtete Zimmer mit Bad, TV, Telefon. Restaurant mit überdachter Terrasse, Parkplatz. DZ 64–114 €.

La Calèche: 15, place aux Foires, Tel. 086/21 32 70, Fax 086/21 09 61. Zentral, 13 Zimmer mit Bad, TV, Telefon. Restaurant, Parkplatz. DZ 74 €.

Camping

Le Vedeur: rue de Vedeur, Tel. 086/21 02 09, April–Okt. Ruhig, an der Ourthe, nahe Durbuy. Stellplatz 18 €.

Le Moulin: 17, place aux Foires, Tel. 086/21 29 70, Mo, Di geschl. In ehemaliger Mühle, französische Küche der Province. Hauptgericht um 20 €.

Le Clos des Récollets: 9, rue de la Prévôté, Tel. 086/21 29 69, www.closdesrecollets.be, Di, Mi geschl. Köstlich: gebackene Jakobsmuscheln oder Lammmedaillon. Hauptgericht um 18 €, Lunch-Menü 22 €.

Golf Blue Green: route d'Oppagne, Tel. 086/21 44 54. Parcours mit 9 und 18 Löchern.

Bahn: Nächster Bahnhof in Barvaux, 4 km von Durbuy.

Bus: Verbindung von Barvaux nach Durbuy.

La-Roche-en-Ardenne

Belgien-Atlas: S. 239, D 2

Eingebettet in bewaldete Hügel und überragt von der Ruine einer mächtigen Burg liegt La-Roche-en-Ardenne (4300 Einw.), die ›Perle der Ardennen‹, an einer Flussschleife der Ourthe. Schon die Römer hatten Gefallen an der überaus reizvollen Lage gefunden. 1046 taucht der Ort erstmals unter dem Namen *Rupes Seremani* in einer mittelalterlichen Urkunde auf.

Beim Kampf um die Brücke wurde die Stadt Ende 1944 von den Alliierten bombardiert und bei der Totaloffensive im Januar 1945 erneut von deren Artillerie unter schweres Granatfeuer genommen, über 90 % der Stadt wurden damals zerstört.

Heute ist das wieder erbaute Ardennenstädtchen der bedeutendste Fremdenverkehrsort an der oberen Ourthe. 120 km Wanderwege erschließen die Wälder und Täler der Gegend. Beliebt sind Kajaktouren durch das land-

La-Roche-en-Ardenne

schaftlich besonders reizvolle Ourthetal oberhalb der Stadt.

In der restaurierten **Burg** aus dem 9. Jh. wurde das Burggespenst aus der Sage vom Schwarzen Ritter wieder aktiviert – in Form junger Darstellerinnen, die in flatternde, weiße Tücher gehüllt durch die alten Gemäuer huschen (April.–Juni/Sept.–Okt. tgl. 10–12, 14–17, Juli–Aug. tgl.10–19, Nov.–März tgl. 13.30–16.30, Sa, So 10–12, 14–16 Uhr).

An der Ourthe erinnert ein aufgestellter **Panzer** an die Befreiung durch die Alliierten. Das **Musée de la Bataille des Ardennes** beleuchtet den Kriegsschauplatz Ardennen mit einer umfangreichen Militaria-Sammlung (5, rue Châmont, tgl. 10–18 Uhr).

Im **Töpfereimuseum Les Grès de la Roche** wird bei der Herstellung von schönen kobaltblau bemalten Krügen die traditionelle Töpferkunst demonstriert. Im **Schinkenmuseum** im gleichen Haus erfährt man alles über Ardenner Schinken (28, rue Rompré, Di–So, Nov.–März Sa, So 10–12/13.30–17.30 Uhr).

Maison du Tourisme: 15, place du Marché, Tel. 084/41 13 42, Fax 084/41 23 43.

Moulin de la Strument: 62, petite Strument, Tel. 084/41 15 07, Fax 41 10 80. In restaurierter Mühle am Fluss. 8 schön im Landhausstil dekorierte Zimmer. Parkplatz, Restaurant. DZ 67 €.

Kajaktouren auf der Ourthe

Zuerst geht's mit dem Bus der Veranstalter zum Staudamm Barrage de Nisramont, dann mit dem Kajak 21 km durch die Hérou-Schlucht zurück nach La-Roche-en-Ardenne, Dauer 4–6 Stunden. Oder man paddelt die kürzere Tour von Maboge 10 km auf der Ourthe hinunter nach La-Roche-en-Ardenne, Dauer ca. 2 Stunden. Alternativ kann der sportliche Typ mit den kräftigen Waden anstatt in den Bus auch auf ein Mountain-Bike klettern, von La-Roche-en-Ardenne nach Maboge biken und dann im Kajak zurückpaddeln. Veranstalter in La-Roche-en-Ardenne: Outdoor Centre: 2, Val du Pierreux, Tel. 084/44 41 12, www.outdoor-centre.be. Ardenne Aventures: 1, rue du Hadja, Tel. 084/41 19 00.

Les Arcades: 7e, place Châmont, Tel. 084/41 10 29, Fax 084/41 23 29. Zentral, 5 helle Zimmer mit Bad, TV, Telefon. Mountain-Bike-Verleih. DZ 50–55 €.
Jugendherberge
In Champlon (13 km). Barrière de Champlon: 4, rue de la Gendarmerie, Tel. 084/45 52 94, Fax 084/45 70 45, www.laj.be
Camping
Floreal 1: 18, route de Houffalize, Tel. 084/21 94 67, ganzjährig. Komfort-Camping an der Ourthe. Stellplatz 18 €.
Lohan: 20a, rue de Houffalize, Tel. 084/41 15 45, April–Okt. Familiencamping an der Ourthe. Stellplatz 16 €.

La Huchette: 6, rue de l'Eglise, Tel. 084/41 13 33, Mo abends, Di abends, Mi geschl. Feinschmecker-Restaurant: Wild, Gänseleberpastete nach Art des Hauses 19 €. Lunch-Menü ca. 23 €.
Moulin de la Strument: 62, petite Strument, Tel. 084/41 10 07, Mo geschl. Hotel-Restaurant außerhalb des Ortes, regionale Gerichte, Ardenner Forelle, Zander, Wild. Menü ab 17 €.

Bahn: Nächster Bahnhof in Melreux (19 km).
Bus: Linie 13 von Melreux nach La-Roche-en-Ardenne.

Bastogne

Belgien-Atlas: S. 239, E 2
Nahe der Grenze zu Luxemburg liegt auf einem weitläufigen Plateau der Ardennen das Städtchen Bastogne (Bastenaken; 12 000 Einw.). 1944 befreiten 18 000 US-amerikanische Truppen unter General McAuliffe Bastogne von deutscher Besatzung, wurden jedoch während der Ardennenoffensive von einer Übermacht deutscher Soldaten in der Stadt eingekesselt. Sechs Tage dauerte die erbitterte Schlacht um die Stadt, bis General Patton Bastogne erneut befreite. Die Stadt lag in Trümmern, 15 000 Menschen hatten bei den Kämpfen ihr Leben gelassen.

Auf der **Place McAuliffe,** der nach dem Befreier benannten alten Grand-Place, wurde ein amerikanischer Panzer aufgestellt und dem General ein Denkmal errichtet. An der Rue Joseph Renquin wird General Patton mit einem Denkmal geehrt. Das größte und be-

DIE SCHLACHT IN DEN ARDENNEN

Nachdem die Alliierten nach ihrer Invasion in der Normandie im Juni 1944 Belgien weitgehend befreit hatten, kam es Ende ’44 noch einmal zu einer der blutigsten Schlachten des Zweiten Weltkrieges, zur ›Schlacht in den Ardennen‹, oder, wie sie die Alliierten nach der Form der durch den Angriff der Deutschen verlaufenden Front in den Ardennen nennen, zur ›Battle of the Bulge‹.

Die Ardennenoffensive war der letzte Versuch Hitlers, das Blatt zu wenden. Mit einem schnellen Vorstoß durch den von den Alliierten nur schwach besetzten Ardennenabschnitt der Westfront sollten deutsche Verbände unter Generalfeldmarschall von Runstedt Ende 1944 einen Keil in die Front treiben, den Kriegshafen Antwerpen einnehmen und den Feind nach Norden und Süden aufrollen.

Durch geschickte Täuschung und strengste Geheimhaltung war es den Deutschen gelungen, von den Alliierten unbemerkt 240 000 Soldaten, 1900 Artilleriegeschütze und 420 Panzer in den Dörfern und waldreichen Hügeln der Eifel zusammenzuziehen. Ihnen standen 83 000 Mann starke amerikanische und britische Truppen mit 400 Geschützen und 700 Panzern gegenüber.

In den Morgenstunden des 16. Dezember schlugen die deutschen Verbände gegen einen völlig überraschten Gegner los. Begünstigt durch Schneefall und Nebel, die es den alliierten Fliegern unmöglich machten anzugreifen, stießen die deutschen Truppen bis Heiligabend bis auf 6 km vor Dinant vor. Doch dann klarte der Himmel auf und amerikanische Jagdflieger griffen vehement in den Kampf ein. Dies sowie der mangelnde Nachschub für die deutsche Armee und das schnelle Heranführen amerikanischer Truppen brachte den deutschen Angriff zum Stillstand. Dann wurde er zurückgeschlagen.

Im Verlauf der Gefechte wurden 18 000 Soldaten der 101. Luftlandedivision unter General McAuliffe, die von den Amerikanern zur Unterstützung ihrer zahlen- und waffenmäßig unterlegenen Truppen eingesetzt worden waren, von den deutschen Truppen in Bastogne eingekesselt und zur Kapitulation aufgefordert, ein Ansinnen, das McAuliffe mit einem wütenden »Nuts!« (Blödsinn!) quittierte. Nach blutigen Kämpfen wurde Bastogne von den Truppen General Pattons befreit.

Zu den besonders tragischen Ereignissen der Schlacht in den Ardennen zählt die dreimalige Bombardierung der Stadt Malmédy durch amerikanische Luftstreitkräfte am 23., 24. und 25. Dezember – zu dieser Zeit war Malmédy von amerikanischen Soldaten besetzt. Die Bombenangriffe auf die Stadt, die die Bomberpiloten einmal irrtümlich für Zülpich, das andere Mal für St. Vith gehalten hatten, kosteten Hunderte von Zivilpersonen und 400 amerikanische Soldaten das Leben.

In der Schlacht in den Ardennen ließen auf deutscher Seite 76 200 Mann ihr Leben oder wurden verwundet, bei den Alliierten waren es an die 77 000, Zivilpersonen nicht mitgezählt. Unzählige Soldatenfriedhöfe, Gräber und Mahnmale erinnern an die grausigen Ereignisse.

eindruckendste Ehrenmal für 76 890 während der Ardennenschlacht gefallene amerikanische Soldaten befindet sich auf dem **Mardasson-Hügel,** 3 km nordöstlich der Stadt. An dem monumentalen **Mahnmal** findet man die Namen der an den Kämpfen beteiligten Einheiten und Berichte über den Ablauf der Schlacht. Neben dem Memorial widmet sich das **Kriegsmuseum Bastogne Historical Center** mit Exponaten wie Waffen, Panzern und Uniformen, Wachsfiguren der beteiligten Generäle und Filmvorführungen den Kriegsereignissen (tgl., Mitte Feb.–Mai und Sept. 9.30–17, Okt. 10–16, Juli, Aug. 9–18 Uhr).

Von den historischen Bauwerken sind nur die **Porte de Trèves** (Trierer Pforte, 14. Jh.) der mittelalterlichen Stadtfestung und die daneben stehende **Kirche St-Pierre** (1100–1125) erhalten. Imposant ist die mehrfarbige Deckenmalerei im Innern der Kirche, mit biblischen Szenen, die großzügig von stilisierten Blattranken umgeben sind.

Mit Exponaten, die bis in die Zeit der Kelten und Römer zurückführen, wird in der **Maison Mathelin** die Geschichte der Stadt illustriert (1, rue G. Delperdonge, Juli–Aug. tgl. 9–18 Uhr). Im **Original Museum »Au Pays d'Ardenne«** stehen das Leben in den Ardennen, die Natur und ihre Nutzung sowie das Handwerk im Vordergrund (20, rue de Neufchâteau, tgl. 10–17, Juli–Aug. 9–18 Uhr). Interessant ist auch das **Musée en Piconrue**, das mit Themen wie Aberglaube, Wunder, Riten und Frömmigkeit den Volksglauben und die Volkskunde in den Ardennen näher bringt (24, place St-Pierre, März–Okt. tgl. außer Mo 13.30–18 Uhr).

Maison du Tourisme: place McAuliffe, Tel. 061/21 27 11, Fax 061/21 27 25, www.bastogne.be

Collin: 8, place McAuliffe, Tel. 061/21 48 88, Fax 061/21 80 83. Zentral, 16 moderne, helle Zimmer mit Bad, TV, Telefon, Minibar. Körperbehindertengerecht. Garage, Lift, Restaurant. DZ 80 €.
Le Caprice: 25, place McAuliffe, Tel. 061/21 81 40, Fax 061/21 82 01. Zentral, 13 Zimmer mit Bad, TV, Telefon, Minibar. Körperbehindertengerecht. Garage, Lift, Restaurant. DZ 66–74 €.
Camping
De Renval: 148, route de Marché, ganzjährig. Ca. 1 km vom Zentrum. Stellplatz 12 €.

Léo: 16, rue Vivier, Tel. 061/21 14 41, Fax 061/21 65 08, außerhalb der Ferien Mo, Di geschl. Hinter der Fassade eines alten Eisenbahnwaggons, traditionelle Gerichte, breites Angebot. Lunch 11–20 €, Menü 28 €.
Café 1900: 8, place McAuliffe, Tel. 061/21 48 88, Mi geschl. Modernes Interieur, französisch-regionale Küche, köstlich: *Truite Ardennaise* (Forelle Ardenner Art; 20 €), Hauptgerichte 12–20 €.

Foire aux noix: Dez., Nuss-Markt, dessen Entstehung auf die Replik General McAuliffes auf die Aufforderung der Deutschen, sich zu ergeben, zurückgeht: »Nuts!« (»Blödsinn!«)

Bahn: Nächster Bahnhof in Libramont.
Bus: Verbindungen nach Libramont und Lüttich.

IM TAL DER SEMOIS

Zum steinernen Bilderbuch der Römer und zum Maitrank nach Arlon, durch tiefe Wälder zur Klosterruine der Zisterzienserabtei Orval, auf die schönste Burg Belgiens in Bouillon, zum Halali nach Saint-Hubert, in die Welt der Tropfsteinhöhlen von Rochefort und Han-sur-Lesse.

Arlon

Belgien-Atlas: S. 239, E 4
Auf einem Hügel im südöstlichen Winkel des Königreichs liegt an der Quelle der Semois die alte Stadt Arlon (Aarlen, Arel; 24 500), Hauptstadt der Provinz Luxembourg. Beim antiken *Orolaunum,* aus dem Arlon hervorging, kreuzten sich wichtige römische Heer- und Handelsstraßen.

Aus jener Zeit stammt die **Tour romaine** (Römischer Turm, 3. Jh.) nahe der Grand-Place, Teil eines heute noch erkennbaren römischen Ringwalls, mit dem sich die gallo-romanischen Ahnen der Stadtbewohner der einfallenden Germanenhorden zu erwehren suchten. In dem Wall fand man 300 römische Grabmalskulpturen mit Reliefs, die u. a. Szenen aus dem Leben der Römer darstellen – ein einzigartiges gemeißeltes Bilderbuch römischen Alltags. Sie sind die Attraktion des **Musée Luxembourgeois** (13, rue des Martyrs, Di–Sa 9–12, 13.30–18, So, Fei 10–12, 14–18 Uhr, 15. Sept.–15. So geschl.).

In der Fußgängerzone ragt auf einem Sockel mit Darstellungen römischer Götter die **Galloromanische Säule** (Reproduktion) empor.

Einige Häuserblöcke südlich der Grand-Place stößt man auf die Reste der **Basilique romaine,** der ältesten belgischen Kirche (5./6. Jh.). Nebenan hat man Teile von römischen Thermen freigelegt, darunter die eines Badehauses aus dem 1. Jh.

Die Kuppe des Hügels im Stadtzentrum, einst Standort der mittelalterlichen Grafenburg derer von Arlon,

Maitrank – nicht nur im Mai

Diese Arloner Spezialität besteht aus trockenem Moselwein, angesetzt mit Waldmeisterknospen, einem Schuss Kognak und Zucker. Das Ganze wird mit einer Orangenscheibe garniert und gekühlt serviert. Jedes Jahr im Mai wird von der Maitrank-Bruderschaft am 3. oder 4. Sonntag im Mai ein Festival des Maitranks organisiert. Den Trank gibt es aber übers ganze Jahr.

nimmt die 1626 von Kapuzinern auf den Burgruinen erbaute **Kirche St-Donat** ein. Herrliche Fresken aus dem 17./18. Jh. im Innern des Gotteshauses erzählen die Legende vom hl. Donatus. Vom Kirchturm hat man eine schöne Aussicht über das Dreiländereck.

Office du Tourisme: 2, rue des Faubourgs, Tel. 063/21 63 60, www.arlon.be

Hostellerie du Peiffeschof: 111, chemin du Peiffeschof, Tel. 063/41 00 50, Fax 063/22 44 05. 9 komfortable Zimmer mit Bad, TV, Telefon, Mini-Bar. Restaurant und Brasserie, Parkplatz. DZ 85–125 €.
Trulli: 2, av. Nothomb, Tel. 063/21 81 79, Fax 063/22 02 06. Zentral, 18 Zimmer mit Bad, TV. Lift, Restaurant. DZ 57 €.

L'Arlequin: 6, place Léopold, Tel. 063/22 28 30, Mo, Do abends geschl. Gehobene Gastronomie, exzellente Spargelgerichte. Hauptgericht ca. 24 €.
Le Petit Marcel: 50, rue des Faubourgs, Tel. 063/22 25 97, Mo geschl. Spezialitäten: Muscheln der Saison, Paella, Sarsuella. Menü ab 11 €.

Trödelmarkt: 1. So des Monats (außer Dez.–Feb.).

Bahn: IC nach Namur, Brüssel, Luxembourg.

Abbaye d'Orval

Belgien-Atlas: S. 238/239, C/D 4
Fast an der Grenze zu Frankreich liegt im Val d'Or eines der größten Klöster Europas, dessen Name im ganzen Land Synonym für ein würziges Trappistenbier ist: die auf ein im 11. Jh. von Benediktinern aus dem italienischen Kalabrien gegründetes Kloster zurückgehende Zisterzienserabtei Orval. Über die Jahrhunderte entwickelte sich Orval zu einem der reichsten Klöster Europas, bis es die französische Revolu-

Bouillon in der Schleife der Semois

tionssoldateska 1793 zerstörte. Erst 1926 begannen französische Trappisten mit dem Aufbau einer neuen Klosteranlage.

Ein Besuch des Klosters umfasst eine audiovisuelle Präsentation der Klostergeschichte und des heutigen Klosterlebens, Zugang zu den noch immer sehr imposanten mittelalterlichen Ruinen, zum Klostermuseum, zum Heilkundemuseum in der alten Apotheke und zum medizinischen Kräutergarten. Noch immer werden im Kloster das berühmte Bier und der Käse hergestellt; beides kann man hier kaufen (Juni–Sept. tgl. 9.30–18.30, Okt., März–Mai 9.30–18 Uhr, Nov.–Feb. tgl. 10.30–17.30 Uhr).

Bouillon

Belgien-Atlas: S. 238, C3
Trutzig wacht auf einem Felssporn in einer Flussschleife der Semois eine mittelalterliche Burg über das Städtchen Bouillon (5500 Einw.). Gottfried, Herzog von Niederlothringen, soll sie 1050 erbaut haben. 46 Jahre darauf vermachte der ihm nachfolgende Gottfried von Bouillon die Burg dem Lütticher Fürstbischof, Bouillon brauchte Mittel für seinen Kreuzzug ins Heilige Land. Eine kräftige Brühe soll – so erzählt man wenigstens in Bouillon – seine Soldaten auf der Reise bei Kräften gehalten haben. Er eroberte drei Jahre darauf den Tempelberg, doch raffte ihn schon nach einem weiteren Jahr der Pesttod dahin.

Zu den Herrschaften, die um die Burg und Siedlung Bouillon fochten, sie belagerten, einnahmen oder in ihr hausten, zählen Kaiser Karl V., Ludwig XIV. und Napoleon III. Auch Victor Hugo hatte es mehrfach an den Ort gezogen. Er erwähnt die Burg zwar nirgends, doch findet sich eine Zeichnung der Festung in seinem Nachlass.

Heute erklimmen alljährlich weit über 100 000 Besucher die Stufen zum **Château Fort**. Von dort oben gibt es nicht nur umwerfend herrliche Ausblicke auf Stadt und Fluss, hier lernt man auch in düsteren Kerkern und Folterkammern das Gruseln. Der Saal ›Godefroy de Bouillon‹ ist in den Fels gehauen, über dem Holzkreuz im Boden legten die Kreuzfahrer ihr Gelöbnis ab (Dez.–Feb. Mo–Fr 13–17, Sa, So 10–17; März, Okt., Nov. tgl. 10–17; Apr.–Juni, Sept. tgl. 10–18; Juli, Aug. tgl. 9.30–22, Mo, Do nur bis 19 Uhr). Über Kreuzzug und Ritter, Burg, mittelalterliche Waffen und Geschichte des Ortes informieren das **Musée Ducal** (1, rue de Petit, Apr.–Juni tgl. 10–18; Juli, Aug. tgl. 9.30–19; Okt. tgl. 10–17; Nov., Dez. Sa, So 10–17 Uhr) zu Füßen der Festung und das am anderen Ufer der Semois liegende **Archéoscope Godefroy de Bouillon** (14, quai des Saulx, Jan. Sa, So 10–16; Feb., Dez. auch Di–Fr 13–16; März, Apr. tgl. 10–16; Mai, Juni, Sept. tgl. 10–17, Juli, Aug. bis 18, Okt., Nov. Di–So 10–16 Uhr). Entlang der Uferpromenade im Flussbogen lässt es sich gemütlich flanieren und in einem der dort angesiedelten Restaurants und Cafés rasten.

Touristeninfo: Unterhalb des Schlosses, Tel. 061/46 62 57, Fax 061/46 82 85, www.bouillon.be

Aux Armes de Bouillon: 9, rue de la Station, 061/46 60 79. Zentral, komfortable Zimmer mit TV, Telefon, Minibar. Sauna, Schwimmhalle, Bar, Restaurant. DZ 60–105 €.
Auberge d'Alsace: 3, Faubourg de France, Tel. 061/46 65 88, Fax 061/46 83 21. Behagliche Zimmer, einige mit Blick auf die Semois. Restaurant. DZ um 70 €.
Jugendherberge
Aj de Bouillon: 16, route du Christ, Tel. 061/46 81 37, Fax 061/46 78 18, www.laj.be. Übernachtung mit Frühstück 13,75 €.

Auberge d'Alsace: 3, Faubourg de France, Tel. 061/46 65 88. Diverse Gerichte wie *côte à l'os* (T-bone Steak), Fisch, Elsässer Perlhuhn, *filet pur catalane* (Rinderfilet in Tomaten-Basilikum-Soße). Menü 21 €.

La Vieille Ardenne: 9, Grand-Rue, Tel. 061/46 62 77, außerhalb der Saison Mi geschl. Regionales wie Ardenner Forelle, Wild, *escalope Val d'Or* (Kalbsschnitzel mit Orval-Käse). Menü 20 €.
La Pergola: 51, rue du Collège, Tel. 061/46 65 80, tgl. Spanische Spezialitäten, darunter Muscheln auf sechs verschiedene Arten zubereitet. Aussicht auf die Burg. Flamenco-Musik live. Menü 14–16 €.

Kajaktouren: Semois Kajaks, 4, rue du Mon, in Poupehan, Tel. 061/46 72 29.

Bahn: Nächster Bahnhof in Libramont.
Bus: Verbindung von Libramont nach Bouillon.

Saint-Hubert

Belgien-Atlas: S. 239, D2
Bis 825 hieß das von wildreichen Wäldern umgebene Ardennenstädtchen Saint-Hubert (5 600 Einw.) noch *Andaginum* und bestand aus wenigen Häusern, die sich um eine Benediktinerabtei samt Kirchlein scharten. An Karfreitag des Jahres 683 soll sich im nahe gelegenen Wald das in der Hubertus-Legende überlieferte Ereignis zugetragen haben (s. S. 200).

Der hl. Hubertus war Bischof von Tongeren und Lüttich. 825 wurden seine Gebeine nach *Andaginum* überführt, das daraufhin den Namen St-Hubert annahm und zu einem viel besuchten Wallfahrtsort der Jäger wurde.

An der Stelle des Abteikirchleins steht heute die im 16. Jh. erbaute spätgotische **Basilique St-Hubert** mit Renaissance-Barock-Fassade aus dem 18. Jh., in der die Legende des hl. Hubertus dargestellt ist. Im Kircheninnern finden sich am Chorgestühl Schnitzarbeiten mit Szenen aus dem Leben des hl. Hubertus sowie des hl. Benedikt, beachtenswert ist der reich verzierte Hubertusaltar. Die Schatzkammer birgt Stola, Jagdhorn und Bischofsstab des Jagdpatrons, daneben befindet sich das von Leopold I. gestiftete Mausoleum des Heiligen, dessen Gebeine allerdings seit der Französischen Revolution unauffindbar sind.

Maison du Tourisme: 12, rue St-Gilles, Tel. 061/61 30 10, Fax 061/61 54 44, www.saint-hubert-tourisme. be

Du Luxembourg: 7, place du Marché, Tel. 061/61 10 93, Fax 061/61 32 20. Im Zentrum, gemütliche Zimmer mit TV, Telefon, nicht alle mit Bad. Parkplatz, Restaurant. DZ 30–70 €.

Natürlich steht in Saint-Hubert während der Jagdsaison die regionale Spezialität – nämlich Wild – auf den Speisekarten.
Le Cor de Chasse: 3, av. Nestor Martin, Tel. 061/61 16 44, Mo, Di (außer Juli/Aug.) geschl. Ausgezeichnete französische und regionale Küche. Lunch 11 €, Menü 25–35 €.

Prozession: Montag vor Ostern, Ankunft der Prozession aus Lendersdorf (Eifel).
Ardennenwallfahrt: Ostersonntag, an Jahren mit gerader Zahl.
Hubertus-Prozession: Ostermontag.
Hubertus-Fest: 1. Sonntag im September, mit Jägermesse um 11 Uhr, großem Halali und historischem Umzug.

DIE LEGENDE VOM HEILIGEN HUBERTUS

Die Erscheinung, die Hubertus, Sohn des Herzogs Bertrand von Toulouse, an Karfreitag 683 in den Wäldern der Ardennen bei dem Dorf Andaginum gehabt haben soll, ist jedem Jäger, aber auch Kennern von gewissen Kräuterschnäpsen bekannt. Nach der Legende stürzte sich der über den Tod seiner jungen Frau verzweifelte Schwiegersohn des Grafen von Leuven in allerlei weltliche Vergnügen und stand an jenem Tag jagdversessen, den Bogen mit dem todbringenden Pfeil schon gespannt, einem kapitalen Hirsch gegenüber, als in dessen Geweih plötzlich ein Kreuz erstrahlte. Betroffen sank Hubertus auf die Knie, als ihn eine Stimme ermahnte, über dem weltlichen Vergnügen das ewige Leben nicht zu vergessen. Die Erscheinung erschütterte den Jäger zutiefst und er wandte sich von nun mit ganzer Kraft Gott zu.

Hubertus verschenkte seine ganze Habe an die Armen und zog sich eine Zeit lang als Einsiedler in die Ardennen zurück. Schließlich begab er sich nach Maastricht, wurde von Bischof Lambertus unterrichtet und zum Priester geweiht. Nach der Ermordung des Bischofs bestimmte Papst Sergius Hubertus zum Nachfolger des hl. Lambertus, er wurde Bischof von Tongeren und Lüttich.

Bei der Legende um den kreuztragenden Hirsch handelt es sich um eine Wanderlegende, die sich mehrfach und in verschiedenen Ländern ereignet haben soll. So erschien auch dem hl. Eustachius ein Hirsch mit einem strahlenden Kreuz zwischen den Geweihstangen. Auch er wird als Schutzheiliger der Jäger verehrt.

Bahn: Nächster Bahnhof in Libramont.
Bus: TEC-Bus von Libramont nach Saint-Hubert.

Die Umgebung von Saint-Hubert

Hirsch und Reh bekommt man im **Parc à gibier** 2 km nördlich der Stadt zu Gesicht. Dort sind sie vor den Flinten der Grünröcke sicher.

Das in **Fourneau St-Michel** angelegte Freilandmuseum besteht aus der alten Klosterschmiede Fourneau St-Michel (18. Jh.) und dem weitläufigen **Musée de la Vie Rurale en Wallonie** mit 50 Bauwerken aus vergangenen Tagen, darunter Bauernhöfe und Handwerkerhäuser, strohgedeckte Häuschen, Tabakschuppen, Schule und Kapelle (Apr.–Mitte Sept. tgl. 9–17 Uhr).

In die Welt der Schwarzen Löcher, Raketen und Astronauten entführt das **Euro Space Center Transinne** mit seinen Raumfähren, der Space Show, dem Holorama und dem Planetarium (Autobahn E 411, Abfahrt 24, Mai–Aug. tgl. 10–17 Uhr).

Redu

Bücherfreunde werden vom Bücherdorf Redu, 18 km westlich von Saint-Hubert, begeistert sein. Dort können sie in rund 30 Buch-Antiquariaten (März–Dez. Mi–So) nach Schnäppchen fahnden.

Tourisme Redu: 63, place de l'Espero, Tel. 061/65 65 16.

Rochefort

Belgien-Atlas: S. 238, C2
Kennern belgischen Biers ist Rochefort ein Begriff, steht der Name doch für eines der sechs traditionsreichen Trappistenbiere des Landes. Die am Rande des Nationalparks Lesse et Lomme liegende Sommerfrische (11 000 Einw.) ist ein beliebter Ausgangspunkt für Wanderungen und Freizeitaktivitäten. Lomme und Lesse haben hier riesige Höhlenlabyrinthe ausgewaschen. Die **Grottes de Rochefort** warten u. a. mit dem Höllental, der fast 90 m hohen Salle du Sabbat und faszinierenden Klang- und Lichtspielen auf (Führungen, April, Sept., Okt.–Mitte Nov. 10, 11.30, 13.30, 15, 16.30; Mai–Aug. tgl. 9.45–17.15 alle 45 Min; Mi, außer im Juli/August, geschl.).

Noch spektakulärer sind die 15 km langen, zum Teil von der Lesse durchflossenen **Grottes de Han-sur-Lesse,** die größten Europas. Deren Eingang ist nur mit einem nostalgischen Bähnchen erreichbar, Abfahrt gegenüber der Kirche von Han (Info. Tel. 084/37 72 13, www.grotte-de-han.be).

Teil des Nationalparks Lesse et Lomme ist das 250 ha große **Réserve d'Animaux Sauvages** (Wildreservat) oberhalb der Höhlen. Hier leben neben Reh, Hirsch und Wildschwein in einem Gehege auch Abkömmlinge und Nachzüchtungen prähistorischer Wildtiere wie Wisent, Auerochse und Tarpan, die in den Ardennen einst beheimatet waren.

Maison du Tourisme: 5, rue de Behogne, Tel. 084/21 25 37, Fax 084/22 13 74.

Le Vieux Logis: 71, rue Jacquet, Tel. 084/21 10 24, Fax 084/22 12 30. Romantisches Bruchsteinhaus aus dem 17. Jh. zu Füßen des Schlosses. 10 Zimmer, 9 mit Bad/Dusche, TV, Telefon. Gästegarage, Parkplatz. DZ 57–62 €.
Le Limbourg: 21, place Albert I., Tel. 084/21 10 36, Fax 084/21 44 23. Inmitten der Stadt, 6 Zimmer mit Bad, TV, Telefon. Parkplatz, Bar, Restaurant. DZ 53–56 €, Frühstück 9 €.
Gîte d'étape le Vieux Moulin: 25, rue du Hablean, Tel. 084/21 46 04, Fax 084/22 37 83. Übernachtung 10 €, Frühstück 2,55 €.
Camping
Camping Communal: rue du Hablean, Tel. 084/21 19 00. Ostern–Okt., Standplatz 9 €.

Les Falizes: 90, rue de France, Tel. 084/21 12 82, Mo abends, Di (außer in Ferien) geschl. Feinschmecker-Restaurant, regionale Spezialitäten, Menü ca. 24–44 €.
Trou Maulin: 19, route du Marché, Tel. 084/21 32 49, Di (außerhalb der Saison), Mi geschl. Hervorragende französische Cuisine, Lunch-Menü ab ca. 18 €, Menü 32 €.

Bahn: Nächster Bahnhof in Jemelle.
Bus: Linie 29 von Jemelle nach Rochefort.

ENTRE-SAMBRE-ET-MEUSE

Zur mächtigen Zitadelle über der Maas in Namur, in die malerische Zitadellenstadt Dinant, in das Städtchen Chimay im ›Botte du Hainaut‹, bekannt für das kräftige Trappistenbier, Wandern und Wassersport beim Etang de Virelles und den Barrages de l'Eau d'Heure.

Namur

Belgien-Atlas: S. 238, B 1
Das an der Mündung der Sambre in die Maas liegende, von einer mächtigen Zitadelle überragte Namur (Namen; 105 000 Einw.) geht auf das römische Lager *namurum castrum* zurück. Ende des 10 Jh. stand auf dem Zitadellenfels eine Grafenburg, zu deren Füßen sich die Siedlung befand. Gegen Ende des Mittelalters war die Festung eine der mächtigsten Europas. Namur ist Hauptstadt der Region Wallonie und der Provinz Namur, Bischofs- und Universitätsstadt.

Die Zitadelle

[1] In der Zitadelle widmet sich ein Museum in den Gewölben des **Château des Comtes** der Geschichte des Schlosses (Apr.–Sept. Mo–Fr 11–18, Sa, So und Juli/Aug. tgl. bis 17, Okt. Sa, So, Fei 11–17 Uhr), im **Espace St-Pierre** werden archäologische Funde von Ausgrabungen in der Zitadelle präsentiert (Di–So 12–17, Juli/Aug. 11–18 Uhr). Parfüm statt Pulver wird heute in den Gewölben des einstigen **Laboratoire d'Artillerie** fabriziert. Das **Musée Provincial de la Forêt** (Forstmuseum) zeigt, was in den Wäldern der Ardennen kreucht und fleucht (Apr.–Okt. tgl. außer Fr 9–12/14–17 Uhr). Kinder sind besonders vom Vergnügungspark Reine Fabiola begeistert.

Die Altstadt

Das alte Namur liegt gegenüber der Zitadelle auf der anderen Seite der Sambre. In der alten Fleischhalle (1550), am Ufer des Flusses, beleuchtet das **Musée Archéologique** [2] die Zeiten, als die Römer, Franken und Merowinger die Gegend bewohnten (tgl. außer Fr 10–17 Uhr). Bei der belebten, an einer Seite von der Börse gesäumten Place d'Armes ragt der **Belfried** [3] empor.

Das einstige **Kloster** der Schwestern von Notre-Dame [4] bewahrt den bei Kennern überaus hoch eingeschätzten *Trésor du Prieuré d'Oignies,* den von dem Mönch Hugo d'Oignies um 1230 geschaffenen einmaligen Kirchenschatz des Klosters Oignies (Di–Sa 10–12, 14–17, So 14–17 Uhr). Goldschmiedekunst aus Mittelalter und

Renaissance, aber auch Skulpturen, Glaskunst und Dinanderien zeigt das **Musée des Arts Anciens et du Namurois** 5 (tgl. außer Mo 10–18 Uhr).

Auf der Place St-Aubain, an der auch der weiße **Bischofspalast** 6 von 1728 – heute Palast der Provinzialregierung – liegt, ragt der von dem Mailänder Gaetano Pizzoni im 18. Jh. erbaute klassizistische Kuppelbau der **Cathédrale St-Aubain** 7 empor. Die Kirchenhalle wird u. a. von Figuren von Laurant Delvaux aus der Abtei Floreffe geschmückt. Beim Hauptaltar ruht hinter einer Marmorplatte das Herz Don Juans von Österreich, Sohn von Kaiser Karl V. Der Sieger der Seeschlacht bei Lepanto gegen die Türken belagerte 1578 Namur und verstarb plötzlich und unerwartet – mutmaßlich wurde er vergiftet.

Ein Bonbon für alle, die sich an stilvoller Wohnkultur erfreuen, bietet das **Musée de Groesbeeck de Croix** 8 in dem im 18. Jh. im Stil Louis XV. errichteten Stadtpalast der Familie Groesbeeck mit seinem eleganten, harmonisch abgestimmten Interieur (Führungen tgl. außer Di 10, 11, 14, 15 und 16 Uhr).

Office du Tourisme: Hôtel de Ville, Tel. 081/24 64 44, Fax 081/24 71 28, www.namur.be

Les Tanneurs 9: 13, rue des Tanneries, Tel. 081/24 00 24, Fax 081/24 00 25. Charmantes Hotel in restaurierten Gerberhäusern des 17. Jh., moderne Zimmer mit allem Komfort, einige mit Wasserbett. Restaurant. DZ 50–220 €.

Ibis 10: 10, rue du Premier Lanciers, Tel.

Namur, Pont de Jambes und Zitadelle

081/25 75 40, Fax 081/25 75 50. Zentral, modern. 92 Zimmer mit Bad, TV, Telefon. Behindertengerecht. Parkplatz. DZ 65 €.

Jugendherberge

Félicien Rops 11: 8, av. Félicien Rops, Tel. 081/22 36 88, Fax 22 44 12, www.laj.be. Übernachtung mit Frühstück 13,75 €.

Camping

Les Trieux: 99, les Tris, in Malonne, Tel. 081/44 55 83. Stellplatz 8 €.

Sehenswürdigkeiten

1 Zitadelle
2 Musée Archéologique
3 Belfried
4 Kloster der Schwestern von Notre-Dame
5 Musée des Arts Anciens et du Namurois
6 Ehemaliger Bischofspalast
7 Cathédrale St-Aubain
8 Musée de Groesbeeck de Croix

Übernachten

9 Les Tanneurs
10 Ibis
11 Jugendherberge Félicien Rops

Essen und Trinken

12 Le Temps des Cerises
13 Brasserie Henry
14 La Maison des Desserts

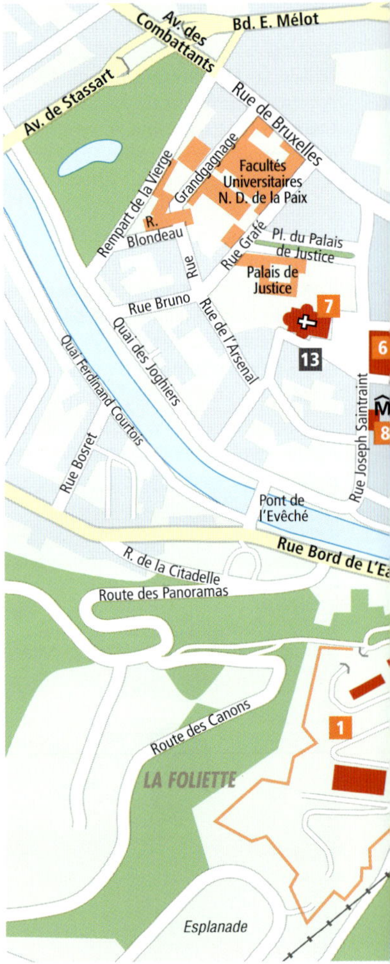

Le Temps des Cérises 12: 22, rue des Brasseurs, Tel. 081/22 53 26, Mo, Di, So geschl. Französische Küche, Menü 17–36 €.

Brasserie Henry 13: 3, place St-Aubin, Tel. 081/22 02 04, tgl. Klassisch-französische Brasserieküche, Gerichte und Menüs 15–27 €.

La Maison des Desserts 14: 17, rue Haute-Marcelle, Tel. 081/22 74 51, tgl.

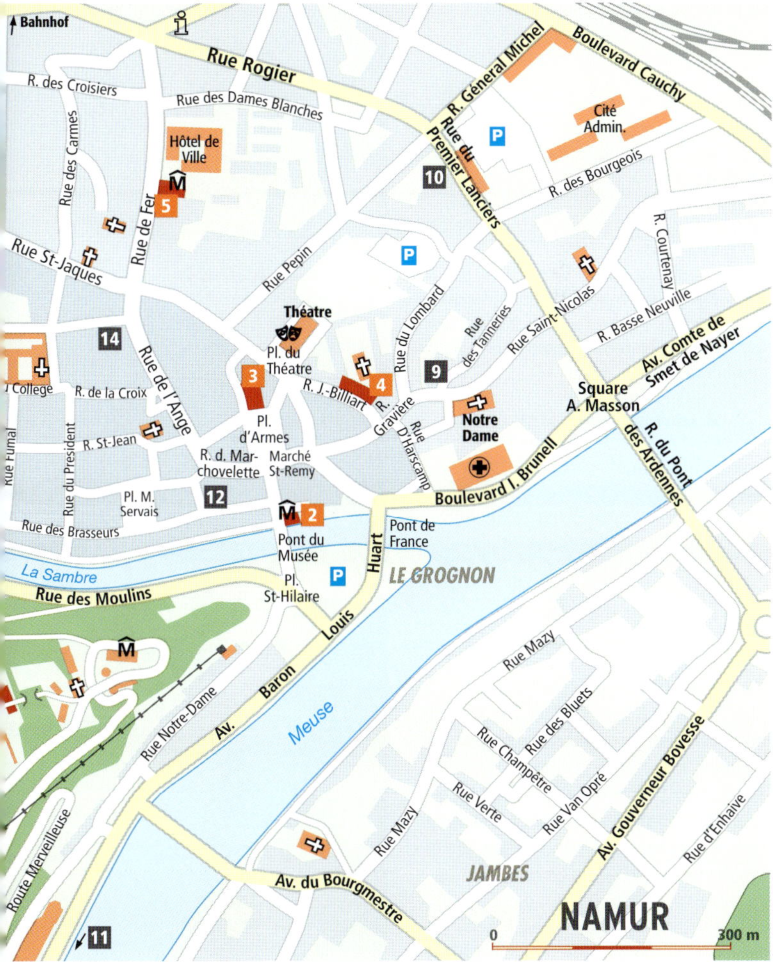

außer Mo, bis 19 Uhr. Kleine Gerichte: Pfannkuchen, Quiches, Salate und jede Menge Desserts. Gericht ca. 5–10 €.

Spezialitäten: Baiser ›*Flawinne*‹, *Biértumé Picar* (Bonbons aus Schokolade, Butter und Haselnüssen).

Casino: 1, av. Baron de Moreau, Tel. 081/22 30 21, tgl. ab 14 Uhr.
Extérieur-Nuit: 6, place Chauoine-Descamps, wochentags bis 23, Wochenende bis 1 Uhr. Postmoderne Kneipe mit schöner Terrasse, im Sommer brechend voll.
Pianobar: 10, place du Marché-aux-Légumes. Fr und Sa abends Jazz – nicht nur auf dem Piano.

Fêtes de Wallonie: Sept., folkloristisches Fest, u. a. der Kampf der *échasseurs* (historisch gekleidete Stelzenläufer).

Bootsausflüge auf Maas und Sambre: Anfang April–Mitte Sept. tgl., Abfahrt von Grognon, Tel. 082/22 23 15.

Bahn: IC nach Brüssel, Charleroi, Liège, Luxembourg, Mons.

Dinant

Belgien-Atlas: S. 237, E3
Das zwischen der Maas und schroff aufragenden, von einer wuchtigen Zitadelle besetzten Felsen liegende Städtchen Dinant (13 000 Einw.) ist eines der beliebtesten Touristenziele in den Ardennen. Maas und Lesse, die in der Nähe in die Maas eintritt, sind be-

Dinant

liebte Tummelplätze für Ausflugsboote, Kanuten und Kajakfahrer.

Von ihrer strategischen Lage beeindruckt waren die Kriegsherren, die die Stadt immer wieder attackierten, belagerten und niederbrannten. Als besonders grausam erwies sich Philipp der Gute, der 800 Einwohner im Fluss ertränkte.

Bekannt ist Dinant für die Dinanderien, kunstvoll von Hand getriebene Kupfer- und Messingwaren, mit denen sich die Bewohner bereits im Mittelalter ihr Einkommen sicherten. In jüngster Zeit blüht diese Kunst wieder auf.

Die mächtige, vom zwiebelförmigen Turm überragte ehemalige **Stiftskirche Notre-Dame** ist ein schönes Beispiel maasländischer Gotik des 13. Jh. Messingpulte, Leuchter und Taufbecken im Innern der Kirche sind schöne Exemplare formvollendeter Dinanderien.

Mit der Téléphérique, der Kabinenseilbahn, kommt man bequem zur **Zitadelle**, in der sich ein Museum der Geschichte der Festung und der Stadt widmet. Auf den Felsen hatte schon Kaiser Julian im 4. Jh. ein Kastell erbauen lassen (Apr.–Okt. tgl. 10–18, Nov.–März Sa–Do 10–16 Uhr, Jan. geschl.).

Dinant ist der Geburtsort des Erfinders des Saxophons, Adolphe Sax (1814–94). Ihm hat man auf der rue Sax – Haus Nr. 31 ist sein Geburtshaus – mit einem riesigen, goldglänzenden Saxophon ein Denkmal gesetzt.

Maison du Tourisme: 8, av. Cadoux, Tel. 082/22 28 70, Fax 082/22 77 88, www.dinant.be

Ibis: 16, rempart d'Albeau, Tel. 082/21 15 00, Fax 082/21 15 79. Am Ufer der Maas beim Casino. Moderne Einrichtung. DZ 76–91 €, plus 5 € für Zimmer mit Blick auf die Maas, Frühstück 8,50 €/Person.
La Bottine: 322, route de Philippeville, Tel. & Fax 082/22 77 24. In schönem renoviertem Haus, 4 Zimmer. DZ 50–60 €, Abendessen möglich.
Camping
In **Anseremme: Villatoile,** Pont-à-Lesse, Tel. 082/22 22 85, Fax 082/22 71 51, April–Okt. 4 km von Dinant am Ufer der Lesse, Restaurant, Snack-Bar. Stellplatz ca. 10 €.

Le Baguettes du Mandarin: 3, av. Winston Churchill, Tel. 082/22 36 62, Di, Mi geschl. Asiatisches Interieur, ausgezeichnete asiatische Küche. Lunch 10 €, Menüs 22–35 €.
Thermidor: 3, rue de la Station, Tel. 082/22 31 35, Di geschl. Französische Gerichte, köstlich: gebackene Forelle und gegrillte Nierchen in Senfsoße. Menü 11–20 €.

Casino: 29, rue Grande, Tel. 082/22 23 74, tgl. ab 15 Uhr.

Bootsausflüge auf der Maas: Croisières Mosanes, Kai 5, bl. Winston Churchill, Tel. 082/22 23 15, Ostern–Okt., Touren von 45 Min. bis 3.30 Stunden.

Bahn: IC nach Namur, Brüssel.

Chimay

Belgien-Atlas: S. 237, D4
Im ›Botte du Hainaut‹, dem stiefelförmigen Südwestzipfel des Hennegau,

liegt das Städtchen Chimay (10 000 Einw.), bekannt für das kräftige Trappistenbier und die alljährlich (Juni/Juli) im Schloss abgehaltenen Musikfestspiele.

Nicht weit der pittoresken kleinen **Grand-Place** liegt oberhalb des Flüsschens Eau Blanche das **Schloss** von Chimay aus dem 14. Jh. Hier verbrachte Thérèse Tallien (1773–1835) ihre letzten Jahre. Die Frau des Prokonsuls der französischen Republik, Jean-Lambert Tallien, drängte diesen dazu, gemeinsam mit anderen den Tyrannen Robespierre zu Fall zu bringen, was auch gelang. In der Kapelle wurde einst das berühmte Turiner Grabtuch aufbewahrt, bis der Bischof von Lüttich Zweifel an der Echtheit des Tuchs bekam und es an das Haus von Savoyen verkaufte. Einzigartig ist das 1863 im Schloss erbaute Theater, in dem schon Musik-Legenden wie Mstislaw Rostopovitch und Yehudi Menuhin Konzerte gaben (Führungen März–Okt. 11, 15, 16 Uhr). Sehenswert ist zudem die **Stiftskirche Saints-Pierre-et-Paul** (13. Jh.) an der Grand-Place, die die Gräber des Charles de Croy, Kammerherr Karls V., von Madame Tallien und Jean Froissart birgt.

Umgebung von Chimay

3 km nördlich von Chimay bietet der inmitten eines Naturschutzgebietes liegende See **Etang de Virelles** Erholung in der Natur.

Weiter nördlich liegen die **Barrages de l'Eau d'Heure.** Das größte künstlich angestaute Seengebiet Belgiens ist ein Eldorado für Wassersportler. Auf dem 790 m langen Staudamm **Barrage de la Plate-Taille** bietet ein 107 m hoher Aussichtsturm eine herrliche Fernsicht über die Seen (Ostern–Sept. tgl. 9–18 Uhr).

Office de Tourisme: 4, rue de Noailles, Tel. 060/21 18 46, Fax 060/21 48 64, www.chimay.org

Hostellerie du Gahy: 2, rue du Gahy, in Momignies, Tel. 060/51 10 93, Fax 060/51 28 79. Herrlicher Landgasthof in ehemaligem Bauernhaus, 4 km von Chimay. 6 gemütliche, komfortable Zimmer. DZ ca. 85 €. Ausgezeichnetes Restaurant, köstlich: Gänseleber mit Äpfeln 18 €. Lunch 16–25 €, Menü 40 €.
Chambres d'hôte Le Petit Chapitre: 5, place du Chapitre, Tel. 060/21 10 42, Fax 060/21 40 22. Schönes altes Haus, rustikales Interieur. 5 stilvoll eingerichtete Zimmer mit Bad. Schöne Terrasse. DZ 65 €.
Camping
Camping communal: 1, allée des Princes, Tel. 060/21 18 43, April–Okt. Standplatz 7,50 €.

Le Napoléon: 17, rue d'Angleterre, Tel. 060/21 18 68, Mi geschl. Vorzügliche Fischgerichte, handfeste Portionen. Lunch 17–23 €, kulinarische Menüs 32 €.

Spezialitäten: Trappistenbier und Käse aus der Abtei Chimay, Pökelfleisch ›Bernardins‹, Aperitifs ›Pinet de Chimay‹ und ›La Principauté‹.

Bahn: Nächster Bahnhof in Couvin.
Bus: Verbindung von Couvin nach Chimay.

REISEINFOS VON A BIS Z

Alle wichtigen Informationen rund ums Reisen auf einen Blick – von A wie Anreise bis Z wie Zeitungen.

Extra: Ein Sprachführer mit den wichtigsten Redewendungen, den Zahlen und einem kulinarischen Lexikon.

An der belgischen Küste

REISEINFOS VON A BIS Z

Anreise

Mit dem Flugzeug

Brüssels internationaler Flughafen Zaventem wird aus vielen Großstädten Deutschlands sowie von Basel, Genf, Zürich und Wien angeflogen. Eine schnelle Verbindung vom 14 km außerhalb Brüssels liegenden Flughafen zum Brüsseler Hauptbahnhof *(Gare Centrale)* bietet der dreimal in der Stunde verkehrende AirportCity Express.

Mit der Bahn

Von Köln aus fährt alle zwei Stunden der Hochgeschwindigkeitszug Thalys (reservierungspflichtig) mit Halt in Aachen, Lüttich und Brüssel nach Paris. Ab Köln fährt zudem dreimal am Tag ein ICE nach Brüssel. Aus dem Süden Deutschlands und aus der Schweiz bietet sich der mehrmals täglich verkehrende Intercity von Basel über Straßburg, Metz, Luxemburg und Namur nach Brüssel an. Von Österreich aus ist es am bequemsten, wenn man den Trans-Euro-Nachtzug von Wien und Salzburg nach Brüssel nimmt. Von Brüssel aus lassen sich alle größeren und kleineren Städte Belgiens mit dem Zug erreichen.

Mit dem Bus

Fernlinienbusse der Deutschen Touring (Tel. 069/79 03 50, www.deutsche-touring.com) pendeln zwischen mehreren deutschen Städten und Lüttich, Brüssel, Gent und Antwerpen. Busse der Eurolines fahren von Wien und Salzburg nach Brüssel (Tel. in Belgien 02/203 07 07, www.eurolines.com).

Mit dem Auto

Von **Norden** bietet sich die Einreise durch die Niederlande auf der A40/E34 von Venlo über Eindhoven nach Antwerpen an. Von **Osten** gelangt man aus dem Ruhrgebiet auf der A44 oder aus Richtung Köln auf der A4/E40 zum Aachener Autobahnkreuz und kann die Fahrt sodann auf der E314 durch das niederländische Limburg oder auf der E40 über Lüttich Richtung Brüssel fortsetzen. Von **Südosten** geht es auf der A60 durch die Eifellandschaft in die nördlichen Ardennen oder auf der E44 über Trier, Luxemburg und die A4/E25 Richtung Brüssel. Von **Süden** gelangt man auf der A4/E25 über Metz nach Luxemburg und weiter auf der E411 in die südlichen Ardennen und weiter nach Brüssel.

Apotheken

Apotheken (Kennzeichen: grünes Kreuz oder Äskulapstab) sind in der Regel Mo–Sa 8.30–12 und 14–18 Uhr geöffnet; manche sind am Samstag oder Montagvormittag geschlossen. Ein Hinweis auf die nächste Apotheke mit Notdienst findet man an jeder Apotheke.

Ärztliche Versorgung

Deutsche können während eines Aufenthaltes in Belgien ambulante oder stationäre ärztliche sowie zahnärztliche Behandlungen, Arzneien und Heilmittel beanspruchen. Dabei empfiehlt es sich, Vertragsärzte aufzusuchen, deren Adressen die belgischen Krankenkassen (*Office régional de la Caisse Auxiliaire d'Assurance Maladie-Invalidité* und *Gewestelijke Dienst van de Hulpkas voor Ziekte- en Invaliditeitsverzekering*) auf Anfrage mitteilen. Alle Aufwendungen müssen zunächst selbst bezahlt werden, wobei man den Arzt bitten sollte, die erbrachten Leistungen in der Honorarquittung zu spezifizieren und die gleichen Belege wie bei Versicherten belgischer Krankenkassen auszustellen. Anschließend kann bei der gesetzlichen Krankenkasse am Aufenthaltsort in Belgien nach Vorlage der Arztrechnung (bzw. Quittung über den Kauf von ärztlich verordneten Arzneien) und des von einer deutschen Krankenkasse ausgestellten Vordrucks E111 eine Erstattung beantragt werden. Die Erstattung des Betrags kann dann – abzüglich eines Eigenanteils – an Ort und Stelle ausgezahlt oder an die Heimatanschrift überwiesen werden. Die Rückerstattung der Kosten kann aber auch bei der deutschen Krankenkasse beantragt werden.

Autofahren

Höchstgeschwindigkeiten: 50 km/h innerorts, 90 km/h außerorts; 120 km/h auf Autobahnen und Schnellstraßen. **Sicherheitsgurte** müssen auf allen Sitzplätzen (vorne und hinten) angelegt werden. **Kinder** unter 12 Jahren müssen auf der Rückbank sitzen. **Alkoholgrenze**: 0,5 Promille. **Parkverbot** an Bordsteinen mit einer gelben Linie.

Führerschein und **Kraftfahrzeugschein** sind mitzuführen. Die Mitnahme einer Internationalen grünen Versicherungskarte und eines mehrsprachigen europäischen Unfallbericht-Vordrucks wird empfohlen.

Pannenhilfe leistet der belgische Automobilclub TCB. Reisende, die über eine ADAC-PlusMitgliedschaft verfügen, können Tag und Nacht kostenlose Pannenhilfe unter der landesweiten Rufnummer 070/34 47 77 anfordern.

Tankstellen sind in der Regel Mo–Sa 7–19 Uhr geöffnet. Zahlreiche Tankstellen verfügen über Automaten-Zapfsäulen, an denen auch außerhalb dieser Zeit getankt und mit Kreditkarten oder Banknoten bezahlt werden kann. Tankstellen an Autobahnen haben rund um die Uhr auf.

Autobahn-Ausfahrten sind durchnummeriert, die Nummern sind auch in den geläufigen Straßenkarten an den Abfahrten angegeben.

In Flandern sind auf Hinweisschildern durchgängig die niederländischen Ortsnamen, in Wallonien die französischen Ortsbezeichnungen angegeben, was zu Verwirrung führen kann. Hier die wichtigsten Ortsnamen:

Aalst – Alost
Antwerpen – Anvers
Brugge – Bruges
Brussel – Bruxelles
De Haan – Le Coq sur mer
Dendermonde – Termonde
Eupen – Nean
Gent – Gand
Ieper – Ypres (Ypern)
Kortrijk – Courtrai
Leuven – Louvain (Löwen)
Liège – Luik (Lüttich)
Mechelen – Malines
Namur – Namen
Tongeren – Tongres
Oudenaarde – Audenarde
Tournai – Doornik

Behinderte auf Reisen

Viele Hotels der mittleren und gehobenen Klasse in Belgien sind für Gäste mit eingeschränkter Mobilität eingerichtet, die meisten Jugendherbergen ebenfalls. Preiswerte Unterkünfte für Behinderte bieten auch die Zentren für Sozialtourismus, beispielsweise das **Centrum voor Sociaal Toerisme,** Spastraat 8, B-1040 Brussel, Tel. 02/230 31 45.
Informationen erhält man bei **Mobility International,** 18, bd. Baudouin, B-1000 Bruxelles, Tel. 02/201 56 08, Fax 02/201 57 63, mobint@acredis.be
und bei **Vlaamse Federatie van Gehandicapten,** 32, rue St Jean, B-1000 Brussel, Tel. 02/515 02 61, www.vfg.be.
Die Bahn hält an allen Bahnhöfen einen ›Leitfaden für Fahrgäste mit eingeschränkter Mobilität‹ bereit.

Diplomatische Vertretungen

Belgische Botschaften
Jägerstr. 52–53
D-10117 Berlin
Tel. 030/20 64 20,
Fax 20 64 22 00
Wohllebengasse 6
A-1040 Wien
Tel. 01/502 07, Fax 502 07 11
Jubiläumsgasse 41
CH-3005 Bern
Tel. 031/3 51 04 62/65
Fax 352 59 61

In Belgien:
Botschaft der Bundesrepublik Deutschland
190, av. de Tervueren
B-1150 Bruxelles
Tel. 02/774 19 11,
Fax 02/772 36 92
Botschaft der Republik Österreich
5, place du Champ de Mars
B-1050 Bruxelles
Tel. 02/289 07 10, Fax 02/513 66 41
Botschaft der Schweizer Eidgenossenschaft
26, rue de la Loi
B-1040 Bruxelles
Tel. 02/285 43 50, Fax 02/230 37 81

Einreise- und Zollbestimmungen

Deutsche, Österreicher und Schweizer benötigen für einen Aufenthalt bis zu 3 Monaten einen gültigen Personalausweis oder Pass, Kinder und Jugendliche unter 16 Jahren, die nicht im Familienpass eingetragen sind, einen Kinderausweis. Autofahrer müssen den nationalen Führerschein und Kraftfahrzeugschein mitführen. Für Haustiere wird ein amtsärztliches Tollwutimpfzeugnis verlangt, das mindestens einen Monat alt sein muss und nicht älter als 12 (bei Hunden) bzw. 6 Monate (bei Katzen) sein darf.

Die Ein- und Ausfuhr von Waren für private Zwecke innerhalb der Mitgliedstaaten der EG ist weitgehend zollfrei; Richtmengen: 800 Zigaretten (oder 400 Zigarillos oder 200 Zigarren oder 1 kg Tabak), 90 l Wein (oder 60 l Schaumwein oder 10 l Spirituosen). Die Einfuhr von Waffen jeder Art – einschließlich

Tränengassprays und Klappmessern – ist streng untersagt.

Elektrizität

220 Volt. Die Steckdosen weichen von denen in Deutschland ab, man benötigt einen Flachstecker oder einen entsprechenden Adapter.

Feiertage und Feste

Gesetzliche Feiertage
1. Januar
Ostermontag
1. Mai
Christi Himmelfahrt
Pfingstmontag
21. Juli (Belgischer Nationalfeiertag)
15. August (Mariä Himmelfahrt)
1. November (Allerheiligen)
11. November (Waffenstillstand 1918)
25. und 26. Dezember (Weihnachten).

An diesen Tagen sind Geschäfte, Ämter und zahlreiche Museen geschlossen.

Feste und Festivals
Unzählige Feste, Feiern und Gebräuche erfüllen die Kulturlandschaft Flanderns das ganze Jahr hindurch mit Leben. Über die kulturellen Ereignisse eines Jahres informiert ein Veranstaltungskalender, den man beim belgischen Verkehrsamt (Anschrift S. 217) erhält. Über die Veranstaltungen in den einzelnen Orten informieren zudem die lokalen Touristenbüros. Nachfolgend eine Zusammenstellung wichtiger alljährlich begangener Feste und Feiern:

Februar/März: Karneval in Binche, Stavelot, Malmédy, Oostende und anderen Orten.
Mai: Heilig-Blut-Prozession in Brügge (Himmelfahrt). Katzenfest in Ieper (Mitte Mai). Rubensmarkt in Antwerpen. Öffnung der Königlichen Gewächshäuser in Laeken für Besucher.
Juni: Seeweihe und Schiffsparade in Oostende (Anfang Juni). Folkloristischer Garnelenumzug in Oostduinkerke. Cartoonfestival in Knokke. Nachstellung der Schlacht bei Waterloo (um den 18. Juni).
Juli: Ommegang in Brüssel (1. Donnerstag). Bußprozession in Veurne (letzter Julisonntag). Belgium Kite International (Modelldrachenfest) in Oostende. Gentse Festen (10 Tage Musik, Theater etc.). Maria-Prozession in Poperinge. Zugang zum Königlichen Palast (Ende Juli).
August: Historischer Prunkumzug des ›Goldenen Baumes‹ zur Erinnerung an die Hochzeit Karls des Kühnen mit Margareta von York (alle fünf Jahre, zuletzt 2002, letztes Augustwochenende). Blumenkorso in Blankenberge. Jazz Middelheim in Antwerpen (Mitte Aug.). Internationales Feuerwerks-Festival in Oostende. Umzug der Riesen in Dendermonde. Großer Preis der Formel 1 in Francorchamps. Kirmes der Riesen in Ath (Ende August).
September: Open-Monumenten-Tag, sonst unzugängliche öffentliche Gebäude sind zugänglich (2. Wochenende). Internationale Jagd- und Naturtage in Saint-Hubert. Krabbenfest in Oostende (Mitte Sept.).
November: St.-Hubertus-Wallfahrt in Saint-Hubert.

Fotografieren

Fotografieren ist allgemein problemlos möglich, jedoch ist die Privatsphäre zu respektieren und vorher die Zustimmung zu erfragen. In vielen Museen darf kein Stativ benutzt und – um die empfindlichen Gemälde nicht zu schädigen – nicht geblitzt werden. Hier empfiehlt sich der Einsatz von lichtempfindlichen Filmen ab 200 ASA. Filme sind meist teurer als in Deutschland.

Frauen unterwegs

Belgien ist für allein reisende Frauen so sicher wie Deutschland und andere westeuropäische Länder. Da in Großstädten wie Brüssel und Antwerpen die Kriminalitätsrate relativ hoch ist, ist es jedoch nicht ratsam, spät nachts allein durch Straßen oder Parks zu ziehen. Besonders anrüchig ist die Gegend am Nordende des Boulevard Adolphe Max nahe der Place Rogier in Brüssel.

Geld

Belgien ist Euroland (1 Euro = 1,48 CHF). Die meisten Hotels, Restaurants, Geschäfte und Autovermieter akzeptieren Reiseschecks und internationale Kreditkarten. EC-Geldautomaten sind weit verbreitet, die EC-Karte (mit Maestro-Zeichen) wird auch fast überall akzeptiert.

Informationsstellen

Die Belgischen Verkehrsämter halten allgemeines Informationsmaterial über das Land sowie Verzeichnisse von Hotels, Ferienwohnungen, Campingplätzen, landesweite Veranstaltungskalender etc. bereit.

Belgisches Verkehrsamt:
Tourismus Wallonie-Brüssel
Cäcilienstr. 46
50667 Köln
Tel. 0221/27 75 90, Fax 0221/277 59 100
www.belgien-tourismus.net

Belgisches Verkehrsamt
Tourismus Flandern-Brüssel
Cäcilienstr. 46
50667 Köln
Tel. 0221/27 75 90, Fax 0221/270 97 77
www.flandern.com

In Österreich
Tourismus-Werbung Flandern
Mariahilferstr. 121 b
A-1060 Wien
Tel. 01/596 06 60, Fax 01/596 06 95

Informationen im Internet

www.belgien-tourismus.de – Belgien-Tourismus Wallonie–Brüssel
www.belgien-magazin.be – Neues zu Belgien und Brüssel
www.bruesselrundschau.be – Neues zu Brüssel und Belgien
www.b-rail.be, www.sncb.be, www.nmbs.be – Informationen zu Dienstleistungen und Produkten der Bahn
www.dumontreise.de – Homepage des DuMont-Reiseverlages
www.monarchie.be – Homepage des belgischen Königshauses
www.ratgeber-belgien.de – Zahlreiche Links zu Belgien
www.resto.be – Restaurantführer
www.taxistop.be – Gästezimmer, B&B
www.toervl.be – Tourismus in Flandern

Karten und Pläne

Detailliert sind die Michelin-Karten ›Belgien – Nord und Mitte‹ und ›Belgien – Süd, Ardennen› (1:200 000) und die Shell-Generalkarte ›Belgien, Luxemburg‹ (1:200 000). Eine Vielzahl an Freizeit- und Radwanderkarten findet man bei den Fremdenverkehrsämtern.

Literaturtipps

Arens, Detlef: Flandern. Kunst-Reiseführer. DuMont Verlag, Köln, 1997.

Claus, Hugo: Der Kummer von Flandern. Stuttgart, 1980.
Belladonna. Stuttgart, 1996.

Conscience, H.: Der Löwe von Flandern. 1983

Coster, Charles de: Die Geschichte von Ulenspiegel und Lamme Goedzak. Zürich, 1985.

Domke, Helmut: Flandern. Prestel-Verlag, München, 1964.

Heusinger von Waldegg, J.: James Ensor. 1991.

Jost, W. und Joost de Geest (Hg.): Flandern. Ein literarisches Landschaftsbild. 1996.

Kieffer, Rob: Büßer, Bürokraten und Bierologen – Belgische Eskapaden. Picus Lesereisen, Wien, 2000.

Schmitz-Reiners, Marion (Hg.): Leben in Babel – eine Lesereise durch die belgische Seele. Grenz-Echo Verlag, Eupen/Belgien, 2003.

Simenon, Georges: Die Flucht der Flamen. Zürich, 1991.
Als ich alt war. Zürich, 1995

Timmermans, Felix: Das Jesuskind in Flandern. Deutscher Taschenbuch Verlag, München, 1962.

Notruf

Polizei: 101
Notarzt, Ambulanz und Feuerwehr: 100
Antigiftzentrum: 070/245 245
Notruf im Mobilnetz: 112

Öffnungszeiten

Banken: Mo–Fr 9–12.30 und 14–16 Uhr, Sa vormittags. In großen Städten auch über Mittag.
Geschäfte: Mo–Sa 9–18 Uhr. Bäckereien und Metzgereien sind häufig auch So vormittags geöffnet. Manche Geschäfte sind mittags von 12/12.30 bis 14 Uhr geschlossen.
Post: Mo–Fr 9–12 und 14–17 Uhr (in großen Orten auch durchgehend) und Sa 9–12 Uhr.

Radio und Fernsehen

Der Belgische Rundfunk (BRF) sendet auf verschiedenen Wellen deutschsprachige Programme, beispielsweise in Brüssel auf UKW 95,2 MHz, in Lüttich auf 88,5 MHz, und in Eupen auf 100,5 MHz. Daneben existieren eine Vielzahl lokaler privater Sender. In Hotels kann man in der Regel zahlreiche ausländische Fernsehprogramme empfangen.

Reisekasse und Preise

Die Preise liegen – nicht zuletzt wegen der hohen Mehrwehrsteuer – oft über denen in Deutschland, sind für einige Artikel wie Kaffee und Rauchwaren jedoch deutlich niedriger.

Sicherheit

Wie in anderen Ländern ist **Diebstahl** auch in Belgien ein Problem. Deshalb gilt: Fahrräder sollten gut angekettet werden, Autos abgeschlossen und im Innern nichts Wertvolles (oder was danach aussieht) zurückgelassen werden, auch nicht bei kurzer Abwesenheit. Ein nicht zu unterschätzendes Übel, besonders in Großstädten, ist **Taschendiebstahl** in überfüllten Verkehrsmitteln und an Orten, an denen sich viele Touristen aufhalten. Auch **Zimmereinbrüche** sind nicht selten, weshalb Wertsachen besser im Hoteltresor deponiert werden sollten.

Souvenirs

Beliebte Mitbringsel sind Spitze, Pralinen, belgische Biere, Wandteppiche, Zinn- und Kupferwaren, Kristall, Diamanten und regionale Produkte wie Ardenner Schinken.

Telefonieren

In öffentlichen Telefonzellen braucht man in der Regel eine Telefonkarte *(Telecard),* die man in Postämtern, Bahnhöfen und Zeitungskiosken erhält.
Landesvorwahlen: Belgien: 0032, Deutschland 0049, Österreich 0043, Luxemburg 00352, Schweiz 0041.
Telefonieren nach und von Belgien: Landesvorwahl + Ortsvorwahl ohne Null + Teilnehmernummer. Alle Telefonnummern sind neunstellig und schließen auch bei Ortsgesprächen die Vorwahl ein.
Auskunft: Inland 14 07, Ausland 14 04.

Trinkgeld

Trinkgelder sind üblich bei Gepäckträgern, Garderobenfrauen, Fremdenführern, Zimmerpersonal etc. Wer einen guten Service im Restaurant zusätzlich honorieren möchte, lässt nach dem Bezahlen der Rechnung etwa 5 % des Betrages in bar auf dem Tisch zurück, auch wenn die Rechnung mit einer Kreditkarte bezahlt wurde.

Unterkunft

Information und Reservierung
Ausführliche kostenlose Hotelführer erhält man bei den Belgischen Verkehrsämtern und den örtlichen Fremdenverkehrsämtern.
Kostenlose Hotelzimmervermittlung in ganz Belgien:
Belgium Tourist Reservations
111, Boulevard Anspach
B-1000 Brüssel
Tel. 02/513 74 84, Fax 02/513 92 77,

Hotels
Belgische Hotels sind nach den Normen der Benelux-Klassifizierung, in die u. a. Ausstattung, Service, Ambiente und Standort einfließen, klassifiziert und haben ein bis fünf Sterne. In Brüssel und Brügge liegen die Preise über dem Durchschnitt, doch werden in Brüssel von fast allen Hotels an Wochenenden und in den Ferien erhebliche Preisnachlässe gewährt, Ähnliches gilt für Antwerpen. Häufig erhält man bei Buchungen über Reisebüros oder bei Online-Buchungen günstigere Preise als vor Ort.

Ferienparks, Ferienwohnungen
In Belgien gibt es zahlreiche Ferienparks, von denen sich viele an der Küste befinden. Übernachtet wird in kleinen Bungalows oder Chalets, die mit allem notwendigen Komfort ausgestattet sind. Zudem besteht ein großes Angebot an Ferienwohnungen. Ausführliche Info-Broschüren hierzu erhält man bei den Belgischen Verkehrsämtern.

Bed & Breakfast
B&B *(Gastenkamer/chambres d'hôtes)* ist eine preiswerte Alternative zum Hotel. Auskünfte und Verzeichnisse halten die lokalen Touristen-Informationen bereit.
TaxiStop
Tel. 070/22 22 92
www.taxistop.be
bringt jedes Jahr das Verzeichnis ›Bed & Breakfast & Rentals‹ für ganz Belgien heraus. Broschüren über B&Bs erhält man auch bei:
Belsud
Tel. 02/504 02 80, Fax 02/514 53 35
belsud@opt.be
Fédération des Gîtes de Wallonie
Tel. 081/32 18 00, Fax 081/31 02 00
www.gites dewallonie.be
Bed & Brussels
Tel. 02/6 46 07 37

Jugendherbergen
In den belgischen Jugendherbergen kann jeder übernachten, der einen gültigen internationalen Jugendherbergsausweis hat. Verzeichnis der JH und Anmeldungen in Flandern und Brüssel:
Vlaamse Jeugdherbergcentrale
Van Stralenstraat 40
B-2060 Antwerpen
Tel. 03/232 72 18, Fax 03/231 81 26
www.vjh.be.
In der Wallonie und in Brüssel:
Les Auberges de Jeunesse,
28, rue de la Sablonnière, 1000 Brüssel
Tel. 02/219 56 76, Fax 02/219 14 51
www.laj.be

Camping
Im ganzen Land bieten rund 500 Camping- und Caravanplätze die Möglichkeit zu campen. Im Sommer sind die Plätze randvoll, deshalb unbedingt im Voraus reservieren.

Wildes Campen ist verboten, erlaubt ist jedoch das einmalige Übernachten im Wohnwagen oder Wohnmobil auf Rastplätzen von Autobahnraststätten. Kostenlose Campingführer erhält man bei den Belgischen Verkehrsämtern oder den örtlichen Verkehrsämtern.

Wanderhütten
In Flandern bieten *trekkershutten* (Wanderhütten) eine preiswerte Übernachtungsmöglichkeit. Darin können maximal vier Personen übernachten. Zur Ausstattung gehören vier Schlafplätze, ein Tisch mit Stühlen, Gaskocher, Licht, Steckdose, Putzmittel. Schlafsäcke und Küchenutensilien muss man mitbringen. Die Hütten befinden sich in der Nähe von Wander- und Fahrradrouten auf Campingplätzen und Freizeiteinrichtungen, deren Infrastruktur (Waschräume, Toiletten, Duschen) mitbenutzt werden kann.
Information und Reservierung:
Reserveringscentrale Trekkershutten,
Grote Markt 44, B-2300 Turnhout
Tel. 014/43 61 11, Fax 014/42 88 01
www.trekkershutten.nl

Verkehrsmittel

Bahn

Belgien verfügt über ein dichtes Eisenbahnnetz. Das Angebot an ermäßigten Bahnfahrkarten ist sehr vielfältig, beispielsweise für kinderreiche Familien, Senioren über 65 Jahre, den Go Pass für Reisende unter 26 Jahren, den Rail Pass für alle über 26, den günstigen Golden Railpass ab 60 Jahre etc. Informationen und Preise findet man im ›Leitfaden für Fahrgäste: Tickets, Pässe und Sonderfahrkarten‹, den man in den Bahnhöfen erhält.

Informationen erhält man auch auf den Homepages www.sncb.be, www.nmbs.be und www.b-rail.be der belgischen Bahnen sowie unter Tel. 02/528 28 28. Unter dieser Nummer kann man auch Fahrscheine für Fahrten mit dem Eurostar, Thalys und TGV reservieren.

Bus

Ziele in den Städten, Vorstädten und im näheren Umland der größeren Städte erreicht man mit Bussen, die meist von Busbahnhöfen oder Haltestellen in der Nähe der Bahnhöfe abfahren. Es verkehren aber auch Busse zwischen vielen Orten. In den Ardennen, in denen das Eisenbahnnetz weniger stark ausgebaut ist, ist der Bus häufig das einzige öffentliche Verkehrsmittel.

Die großen Bus-Verkehrsgesellschaften:

STIB/MIVB in Brüssel,
Tel. 02/515 20 00, www.stib.be
TEC in Wallonien,
Tel. 081/25 35 55, www.infotec.be
De Lijn in Flandern,
Tel. 03/218 14 06, www.delijn.be

Taxi

Taxifahrten sind teuer, Taxis findet man in den Städten am Bahnhof und an großen Plätzen.

Zeit

In Belgien gilt die Mitteleuropäische Zeit (MEZ).

Zeitungen und Zeitschriften

Mehrsprachigkeit kennzeichnet das Zeitungsangebot in Belgien. Neben den flämischen *Het Laatste Nieuws* (liberal), *Het Volk, De Standaard* und der *Gazet van Antwerpen* (alle drei katholisch-konservativ) findet man französischsprachige wie *Le Soir, La Lanterne* und *La Libre Belgique* (alle drei unabhängig). An Zeitungskiosken – besonders in den Großstädten und touristischen Zentren – gibt es Zeitungen aus Deutschland, Frankreich und England.

In deutscher Sprache erscheint in Eupen und Umland die Tageszeitung *Grenz-Echo*, in Brüssel alle drei Wochen die *Brüssel-Rundschau* (auch www.bruesselrundschau.be) mit Kulturkalender, Informationen zu Brüssel, Belgien und Europa u.v.m., und einmal im Monat in Eupen *Das BelgienMagazin* (auch www.belgien-magazin.be), ein Journal mit Informationen zur Politik und Wirtschaft, Kulturkalender, Restaurant-Tipps und ›Brüssel kreuz und quer‹.

SPRACHFÜHRER

Begrüßung und Abschied

Guten Morgen	Bonjour!	*Goedemorgen!*
Guten Tag	Bonjour!	*Dag! Goedendag!*
Guten Abend	Bonsoir!	*Goedenavond!*
Auf Wiedersehen	Au revoir!	*tot ziens*

Allgemeines

ja/nein	oui/non	*ja/nee*
bitte	s'il vous plaît	*alstublieft*
Vielen Dank	merci beaucoup	*dank u wel*
Entschuldigung	pardon	*pardon*
Haben Sie ...?	Est-ce que vous avez ...?	*Heeft u ...?*
Was kostet ...?	Ça fait combien ...?	*Hoeveel kost ...?*
geöffnet	ouvert	*open*
geschlossen	fermé	*gesloten*
rechts	à droite	*rechts*
links	à gauche	*links*
geradeaus	tout droit	*rechtuit*
oben	en haut	*boven*
unten	en bas	*beneden, onder*

Unterkunft

Ich suche ein Zimmer	Je cherche une chambre	*Heeft u een kamer*
... für eine Person	... pour une personne	*... voor een persoon*
... für zwei Personen	... pour deux personnes	*... voor twee persoons*
... mit Dusche/Bad	... avec douche/bain	*... met douche/bad*
... für eine Nacht	... pour une nuit	*... voor een nacht*
Was kostet das Zimmer?	Quel est le prix de la chambre?	*Hoeveel kost logies?*

Im Restaurant

Die Speisekarte	la carte	*de spijskaart*
Das Tagesgericht	le menu	*het dagmenu*
Die Rechnung, bitte.	L'addition, s'il vous plaît.	*De rekening, alstublieft.*
Frühstück	petit déjeuner	*ontbijt*
Mittagessen	déjeuner	*lunch, middageten*
Abendessen	diner, souper	*diner, avondeten*
Vorspeisen	hors-d'œuvre	*voorgerechten*
Hauptgericht	plat	*hoofdgerecht*

Im Krankheitsfall

Durchfall	dearrhée / *diarree*
Fieber	fièvre / *koorts*
Halsschmerzen	mal de gorge *keelpijn*
Insektenstiche	piqûre d'insecte *insektensteken*
Verstopfung	constipation *verstopping*
Zahnschmerzen	mal de dents *kiespijn*

Ortsbezeichnungen

Bahnhof	gare / *station*
Bank	banque / *bank*
Brücke	pont / *brug*
Kirche	église / *kerk*
Krankenhaus	hôpital / *ziekenhuis*
Marktplatz	marché / *marktplein*
Museum	musée / *museum*
Platz	place / *plaats, plein*
Polizei	police / *Politie*
Postamt	poste / *postkantoor*
Rathaus	hôtel de ville *stadhuis*
Straße	rue / *straat*
Supermarkt	supermarché *supermarkt*

Wochentage, Zeitangaben

Montag	lundi / *maandag*
Dienstag	mardi / *dinsdag*
Mittwoch	mercredi *woensdag*
Donnerstag	jeudi / *donderdag*
Freitag	vendredi *vrijdag*
Samstag	samedi / *zaterdag*
Sonntag	dimanche *zondag*
Feiertag	jour de fête *feestdag*
Tag	jour / *dag*
Woche	semaine / *week*
Wochenende	fin de semaine *weekend*
Monat	mois / *maand*
Jahr	année / *jaar*

Zahlen

0	zéro	*nul*
1	un, une	*een*
2	deux	*twee*
3	trois	*drie*
4	quatre	*vier*
5	cinq	*vijf*
6	six	*zes*
7	sept	*zeven*
8	huit	*acht*
9	neuf	*negen*
10	dix	*tien*
11	onze	*elf*
12	douze	*twaalf*
13	treize	*dertien*
14	quatorze	*veertien*
15	quinze	*vijftien*
16	seize	*zestien*
17	dix-sept	*zeventien*
18	dix-huit	*achttien*
19	dix-neuf	*negentien*
20	vingt	*twintig*
21	vingt et un	*eenentwintig*
30	trente	*dertig*
40	quarante	*veertig*
50	cinquante	*vijftig*
60	soixante	*zestig*
70	septante	*zeventig*
80	quatre-vingt	*tachtig*
90	nonante	*negentig*
100	cent	*honderd*
101	cent un	*honderdeen*
200	deux cents	*tweehonderd*
1000	mille	*duizend*

Kulinarisches Lexikon

Boissons	Dranken	Getränke
bière	bier, pilsje	Bier, Pils
cacao	chocolade melk	Kakao
café (au lait)	koffie (met melk)	Kaffee (mit Milch)
crème	room	Sahne
décaféiné	koffie zonder cafeïne	koffeinfreier Kaffee
eau	water	Wasser
eau minérale	mineraalwater	Mineralwasser
jus d'orange	sinaasappelsap	Orangensaft
jus de pomme	appelsap	Apfelsaft
thé	thee	Tee
vin (blanc, rouge)	wijn (witte, rode)	Wein (weiß, rot)

Hors-d'œuvre	Voorgerechten	Vorspeisen
croquettes de crevettes	garnaalkroketten	Krabbenkroketten
tomate aux crevettes	tomaat met garnaalen	Tomate, gefüllt mit Krabben
croquettes de fromage	kaaskroketten	Käsekroketten
soupe du jour	dagsoep	Tagessuppe
jambon	ham	Schinken
terrine	pastei	Pastete

Viande	Vleesgerechten	Fleischgerichte
agneau	lam	Lamm
bifteck	biefstuk	Beefsteak
bœuf	rund	Rind
canard	eend	Ente
côtelette	karbonade	Kotelett
dindon	kalkoen	Puter, Truthahn
foie	lever	Leber
hachée	gehak	Gehacktes
jambon	ham	Schinken
lapin	konijntje	Kaninchen
oie	gans	Gans
poule	kip	Huhn
poulet	haantje	Hähnchen
porc	varken	Schwein
rognons	nieren	Nieren
saucisson	worst	Wurst
veau	kalf	Kalb
volaille	gevogelte	Geflügel

Poisson et fruits de mer	**Vis en schaaldieren**	**Fisch und Schalentiere**
aiglefin	schelvis	Schellfisch
ailes de raie	rogvleugels	Rochenflügel
anguille	paling	Aal
anguille en vert	paling in 't groen	Aal in grüner Kräutersoße
brochet	snoek	Hecht
cabillaud	kabeljouw	Kabeljau
carpe	karper	Karpfen
crevettes	garnalen	Krabben, Garnelen
écrevisse	kreeft	Hummer
hareng	haring	Hering
homard	kreeft	Hummer
huîtres	oesters	Austern
maquereau	makreel	Makrele
moules	mosselen	Muscheln
plie	schol	Scholle
saumon	zalm	Lachs
sole	zeetong	Seezunge
truite	forel	Forelle

Légumes	**Groenten**	**Gemüse**
asperge	asperges	Spargel
chicorée	lof/witlof	Chicorée
choucroute	zuurkool	Sauerkraut
chou de Bruxelles	spruitjes	Rosenkohl
chou-fleur	bloemkool	Blumenkohl
chou vert	boerenkool	Grünkohl
haricots verts	tuinbonen	grüne Bohnen
haricots blanc	witte bonen	weiße Bohnen
petits pois	erwten	Erbsen
poireau	prei	Lauch

Garniture	**Bijgerechten**	**Beilagen**
nouilles, pâtes	macaroni	Nudeln
pomme de terre	patat, aardappelen	Kartoffel
pommes frites	friet	Pommes frites
purée de pommes de terre	aardappelpuree	Kartoffelpüree
salade de concombre	komkommersalade	Gurkensalat
salade varié	gemengde sla	Gemischter Salat
riz	rijst	Reis

Dessert	Nagerechte	Nachspeise
crêpes	flensjes	Crêpes
fraises	aardbeien	Erdbeeren
gaufre	wafel	Waffel
glace	ijskreem	Eiscreme
salade de fruits	fruitsalade	Obstsalat

Petit déjeuner	Ontbijt	Frühstück
beurre	boter	Butter
confiture	jam	Marmelade
fromage	kaas	Käse
jambon	ham	Schinken
miel	honing	Honig
muesli	müsli	Müsli
œuf	ei	Ei
œufs brouillés	roerei	Rührei
œuf à la coque	zachtgekocht ei	weich gekochtes Ei
pain, petit pain, pistolet	brood, broodje	Brot, Brötchen

Register

BELGIEN-ATLAS

LEGENDE

1 : 675.000

0 — 20 km

A 15 27	Autobahn mit Anschluss und Ausfahrtnummer		Flughafen
N276	Schnellstraße		Flugplatz
N47	Fernstraße		Leuchtturm
	Hauptstraße		Sehenswürdigkeit
	Nebenstraße		Berggipfel
	Straße in Bau/Planung		Aussichtspunkt
	Fähre, Schifffahrtslinie		Badestrand
	Staatsgrenze		Nationalpark

A
B
C
1
2
3
4
Nordsee
Dombur
Westkapelle
Zoutelande
VLISSI
Cadzand-Bad
Cadzand
Knokke-
Heist
Zeebrugge
Blankenberge
Schapenbrug
Oostbu
Sluis
Wenduine
Lissewege
West-kapelle
De Haan
Zuienkerke
Dudzele
Lapscheure
Aardenburg
OOSTENDE
Bredene
Stroojenhaan
Damme
De Hoorn
Vossemolen
BRUGGE
Vijve-Kapelle
Vijve-S
Sijsele
Maldegem
Raversijde
Oostende
Zandvoorde
Stalhille
Jabbeke
Middelkerke
Oudenburg
Snaskerke
Westkerke
Varsenare
Westende
Nieuwpoort
Gistel
Eernegem
Jabbeke
Brugge
Loppem
Oostkamp
Oedelem
Beernem
Knesselare
Oostduin-kerke-Bad
Koksijde
De Panne
Oostduin-kerke
Middel-kerke
St-Pieters-kapelle
Schore
Zedelgem
Waar-damme
Kanaal van Gent naar Oostende
St-Joris
Veurne
Nieuwpoort
Avekapelle
Ichtegem
Veldegem
Ruddervoorde
Maria-Aalter
Aalter
Koekelare
Beerst
Pervijze
Wijnendale
Torhout
St-Pietersveld
Ghyvelde
Adinkerke
De Moeren
Zoutenaaie
Diksmuide
Torhout
Kortemark
Wingene
Ruiselede
Lotenhulle
Uxem
Houtem
Alveringem
Esen
Werken
Lichtervelde
Les Moëres
Leisele
Lo-Reninge
Oude-kapelle
Woumen
Zarren
Gits
Koolskamp
Pittem
Tielt
St-Marten
dschoote
Gapaard
Jonkershove
Houthulst
Hooglede
Ardooie
Aarsele
Dentergem
Rexpoede
Beveren
Reninge
Hoekske
Staden
Oostnieuw-kerke
ROESELARE
Meulebeke
West-Cappel
Vleteren
Zuidschote
Madonna
Haan
Wylder
Haringe
Poelkapelle
Rumbeke
Izegem
Oostrozebeke
Olsene
Zulte
Proven
De Nachtegaal
Boezinge
Ieper-Noord
Langemark
Vossemolen
Roeselare-Haven
Roeselare-Rumbeke
Wielsbeke
St-Eloois-Vijve
Herzeele
Elverdinge
Poperinge
Moorslede
Desselgem
Waregem
Watou
Ieper
Ieper-Centrum
Zonnebeke
Beselare
Ledegem
Lendelede
Beveren
Kuurne
Deerlijk
Oudezeele
Bray-Dunes
Abele
Reningelst
Geluveld
Beselare
KORTRIJK
Vichte
Steenvoorde
Dikkebus
Hollebeke
Wervik
Menen
Harelbeke
Zwevegem
Cassel
Steenvoorde
Eecke
Gode-waersvelde
Boeschepe
Kemmel
Geluwe
Houthem
Lauwe
Tiegem
Knokke
St-Sylvestre-Cappel
Caestre
Loket
Comines
Wervik
Mouscron
Rollegem
Avelgem
Moen
St-Denijs
Méteren
Méteren
Mesen
Nieuwkerke
Comines
Wallon-Cappel
Pradelles
Bailleul
Warneton
Ronco
Mouscron
Escanaffles
Hazebrouck
Hazebrouck
Caëstre
Bailleul
Ploegsteert
Dottignies
Kooigem
Vieux-Berquin
Steenne
Nieppe
Armentières
Bondues
Tourcoing
Dottignies
Estaimpuis
Schelde
Celles
Morbecque
Steenbecque
Neuf-Berquin
Le Doulieu
Nieppe
La Chapelle
ROUBAIX
Leers
Pecq
Erquinghem-Lys
Armentières
Marcq-en-Barœul
Hem
Merville
Estaires
Fleurbaix
Néchin
Templeuve
Velaines
Fourcroix
St-Venant
Lestrem
Laventie
Haubourdin
Englos
LILLE
Willems
Templeuve
Tournai-Nord
Rouge Croix
Fromelles
E 40
E 17
E 403
E 34
E 42
A 16
A 25
A 22
N34
N31
N348
N374
N9
N49
N44
N50
N33
N32
N35
N36
N37
N389
N369
N308
N8
N38
N58
N336
N43
N382
N17
N48
N 61
N 288
N409
N42
S. 236

D
E
F
Zierikzee
Oosterschelde
Viane
Keeten
Stavenisse
Dinteloord
Fijnaart
Zevenbergen
Standdaarbuiten
Oudenbosch
Wissenkerke
Heensche Molen
Steenbergen
Oud Gastel
Hoeven
Vrouwenpolder
Veere
Kortgene
Oud-Sabbinge
Kats
Tholen
Kruisland
Bosschenhoofd
St Laurens
Middelburg
St Maartensdijk
Halsteren
Zuid-Beveland
Goes
Wemeldinge
Tholen
Rucphen
Kapelle
Biezelinge
Yerseke
Zoommeer
ROOSENDAAL
Heinkenszand
Vlake
BERGEN OP ZOOM
Nispen
Schijf
's-Heerenhoek
's-Gravenpolder
Oostdijk
Mattemburgh
Horendonk
Essen
Zundert
Krabbendijke
Korteven
Borssele
Ovezande
Hoedekenskerke
Waarde
Hoogerheide
Breskens
Westerschelde
Rilland
Achterbroek
Braken
Perkpolder
Bath
Ossendrecht
Sasput
Hoofdplaat
Ellewoutsdijk
Zeedorp
Kloosterzande
Zandvliet
Kalmthout
Wuustwezel
Zeeuws Vlaanderen
Griete
Berendrecht
Gooreind
Terneuzen
Hengstdijk
Putte
Brecht
IJzendijke
Biervliet
Vogelwaarde
Graauw
Norderlaan
Stabroek
Maria-ter-Heide
Hoek
Zaamslag
Terhole
Prosper
Doel
Kapellen
Philippine
Spui
Zamslagveer
Hulst
Kieldrecht
St.-Job-in-'t-Goor
Sluiskil
Brasschaat
Boekhoute
Axel
Ekeren
Absdale
Heikant
Verrebroek
Kallo
Haven 1000
ANTWERPEN (ANVERS)
Kaprijke
Sas-van-Gent
St-Gillis-Waas
Schilde
Assenede
Melsele
Wijnegem
Eeklo
Zelzate
Kruisstraat
Stekene
Kemzeke
Beveren
Zwijndrecht
Wommelgem
Ranst
Oosteeklo
Ertvelde
Moerbeke
Vrouwenpoekhoek
Nieuwkerken-Waas
Kruibeke
Borsbeek
Waarschoot
Wachtebeke
Sinaai
Morstel
Broechem
Sleidinge
Eksaarde
St-Niklaas
Bazel
Edegem
Boechout
Mariakerke
Lovendegem
Evergem
Zaffelare
Briel
St-Niklaas-Centrum
Aartselaar
Hove
Hijfte
Zeveneken
Lokeren
Temse
Hemiksem
Schelle
Kontich
Lier
GENT (GAND)
Lochristi
Waasmunster
Niel
Waarloos
Helende
Bornem
Boom
Duffel
Koningshooikt
Mamme
Moerzeke
Puurs
Rumst
Putheide
St-Katelijne-Waver
Beervelde
Zele
Willebroek
Walem
St-Amands
Laarne
Overmere
Grembergen
Lippelo
Mechelen
Berlare
Tisselt
Bonheiden
Heusden
Dendermonde
Kapelle-op-den-Bos
De Pinte
Oudegem
Buggenhout
Plankendaal
Merelbeke
Gontrode
Wetteren
Wichelen
Lebbeke
Londerzeel
Laar
Hofstade
Nazareth
Lede
Gijzegem
Opwijk
Nieuwenrode
Zemst
Eke
Oordegem
Hofstade
Merchtem
Oosterzele
Erondegem
Baardegem
Eppegem
Ruisbeek
Gavere
St-Lievens-Houtem
Erpe
Aalst
Meldert
Wolvertem
Grimbergen
Vilvorde
Kampenhout
Balegem
Erembodegem
Mollem
Meise
Machelen
Zingem
Beerlegem
Hundelgem
Affligem
Brussegem
Warmbeek
Steenokkerzeel
Nederzwalm
Herzele
Haaltert
Denderleeuw
Ternat
Wemmel
Zellik
Nederename
Zottegem
Iddergem
Liedekerke
Zaventem
Bertem
Oudenaarde
Dendermhoutem
Ternat
Edelare
St-Maria-Oudenhove
St-Lievens-Esse
Katerina-Lombeek
Dilbeek
Wezembeek
Zegelsem
Ninove
Roosdaal
Elzeringen
Schepdaal
BRUXELLES (BRUSSEL)
Maarkedal
Brakel
Ophasselt
Meerbeke
St-Martens-Lennik
Vlezenbeek
Denderwindeke
Bizarden
St-Kwintens-Lennik
Parike
Schendelbeke
Nederboelare
Gooik
St-Pieters-Leeuw
Drogenbos
Huldenberg
Leerbeek
Hoeilaart
Overijse
Ronse
La Houppe
Pepingen
Beersel
Geraardsbergen
St-Genesius-Rode
Flobecq
Huizingen
Tombeek
Ellezelles
Viane
Stevelberg
Herfelingen
Halle
Maleizen
Rosières
Lessines
Herne
Alsemberg
Ogy
Halle
La Hulpe
Sartiau
Saintes
Waterloo
Enghien
Lembeek
Le Chenoi
Rixensart
Wavre
Lahamaide
Bassilly
Bierghes
Frasnes-lez-Buissenal
Tubize
Braine-l'Alleud
Louvain-la-Neuve
Bassilly
Bierghes
Waterloo
Butte du Lion
Ghislenghien
Lessines
Ottignies
Hoves
Braine-le-Château
Mainvault
Silly
Graty
Rebecq
Ophain
Court-St-Etienne
Ligne
Ath
Petit Roeulx-lez-Braine
Ittre
Lillois
S. 234
S. 237
NEDERLANDE
BELGIË

A
B
C
1
2
3
4
S. 233
S. 238
ANTWERPEN
(ANVERS)
BRUXELLES
(BRUSSEL)
TURNHOUT
LEUVEN
ST-TRUIDEN
Essen
Zundert
Rijsbergen
Chaam
Alphen
Meerle
Baarle-Nassau
Baarle-Hertog
Ulicoten
Hoogerheide
Ossendrecht
Zandvliet
Kalmthout
Wuustwezel
Hoogstraten
Loenhout
Brecht
Stabroek
Kapellen
Brasschaat
Ekeren
Maria-ter-Heide
St-Lenaarts
Rijkevorsel
Merksplas
Beerse
Ravels
Vosselaar
Oostmalle
Westmalle
St-Antonius
Zoersel
Schilde
Wijnegem
Zandhoven
Vorselaar
Lille
Gierle
Kasterlee
Arendonk
Retie
Dessel
Mol
Balen
Geel
Herentals
Grobbendonk
Ranst
Borsbeek
Mortsel
Edegem
Boechout
Hove
Aartselaar
Kontich
Lier
Nijlen
Herenthout
Berlaar
Heist-op-den-Berg
Olen
Westerlo
Meerhout
Laakdal
Tessenderlo
Boom
Rumst
Puurs
Willebroek
Mechelen
Bonheiden
Putte
St-Katelijne-Waver
Keerbergen
Tremelo
Begijnendijk
Aarschot
Scherpenheuvel
Diest
Halen
Herk-de-Stad
Lummen
Kapelle-op-den-Bos
Londerzeel
Zemst
Boortmeerbeek
Haacht
Grimbergen
Vilvorde
Machelen
Kampenhout
Rotselaar
Holsbeek
Tielt-Winge
Bekkevoort
Kortenaken
Lubbeek
Zaventem
Bertem
Oud-Heverlee
Boutersem
Tienen
Hoegaarden
Landen
Gingelom
Overijse
Huldenberg
St-Genesius-Rode
Waterloo
La Hulpe
Rixensart
Wavre
Grez-Doiceau
Jodoigne
Hannut
Orp-Jauche
Louvain-la-Neuve
Ottignies
Braine-l'Alleud
Court-St-Etienne
Chaumont-Gistoux
Walhain-St-Paul
Perwez
Nivelles
Genappe
Gembloux
Éghezée
Braives
Wanze
Huy
Fleurus
Sombreffe
Namur
Andenne
Seilles
Ransart
Gosselies
Manage
Lubbeek
Hasselt

1 cm = 6,75 km **1 : 675.000**

0 20 km

S. 239

A
B
C
1
2
3
4
S. 232
S. 233
Harelbeke
Zwevegem
Vichte
Anzegem
Oudenaarde
Edelare
Zegelsem
St-Maria-Oudenhove
St-Lievens-Esse
Ninove
Lombeek
Kaster
Petegem
Meilen
Tiegem
Kerkhove
Knokke
Maarkedal
Brakel
Ophasselt
Meerbeke
St-Martens-Lennik
Elingen
Denderwindeke
Rollegem
Moen
St-Denijs
Avelgem
Berchem
Kwaremont
Parike
Schendelbeke
Nederboelare
Gooik
St-Kwintens
St-Pieters
Mouscron
Escanaffles
Ronse
La Houppe
Geraardsbergen
Leerbeek
Pepingen
Dottignies
Kooigem
Flobecq
Viane
Stevelberg
Herfelingen
Halle
Estaimpuis
Celles
Wattripont
Ellezelles
Ogy
Lessines
Herne
Roubaix
Pecq
Sartiau
Frasnes-lez-Buissenal
Lahamaide
Bassilly
Enghien
Bierghes
Saintes
Leers
Anvaing
Hem
Néchin
Templeuve
Velaines
Ghislenghien
Lessines
Hoves
Rebecq
Fourcroix
Quartes
Louze
Mainvault
Silly
Graty
Willems
Templeuve
Tournai-Nord
Thieulain
Ligne
Ath
Petit Roeulx-lez-Braine
Tournai
Gaurain-Ramecroix
Gages
Froidmont
Barry
Leuze-en-Hainaut
Bétissart
Brugelette
Braine-le-Comte
Mélantois
Cysoing
Antoing
Chièvres
Soignies
Cobrieux
Rumes
Hollain
Wasmes
Ste-Anne
Maubray
Callenelle
Bury
Peruwelz
Basècles
Belœil
Lens
Basse-Gage
Naast
Bercu
Lesdain
Laplaigne
Quevaucamps
Mignault
Capelle-en-Pévèle
Péruwelz
Blaton
Herchies
Casteaux
Légis
Rumegies
Stambruges
Bernissart
Le Rœulx
Orchies
Hautrage
Baudour
Thieu
Houdeng
St-Amand-les-Eaux
Hergnies
Vieux-Condé
Nimy
Havré
Beuvry
Fresnes-sur-Escaut
Condé-sur-l'Escaut
Dour
Tertre
Mons
Strépy
Marchiennes
St-Ghislain
Jemappes
Bracquegnies
Morlanwelz
Bouvignies
Hasnon
Crespin
Boussu
Hornu
Ciply
Mariemont
Vred
Marchiennes
Escautpont
Pâturages
Nouvelles
St-Amand-les-Eaux
Raismes
Onnaing
Frameries
Binche
Wallers
Bruay-sur-l'Escaut
Audregnies
Dour
Harmignies
Estinnes-au-Mont
Somain
Hélesmes
Anzin
Valenciennes
Blaregnies
Givry
Peissant
Escaudain
Denain
Saultain
Roisin
Rouveroy
Grand-Reng
Aniche
Lourches
Aulnoy-lez-Valenciennes
Jenlain
Malplaquet
Merbes-le-Château
Neuville-s-l'Escaut
Maing
Famars
Feignies
Erquelinnes
Bouchain
Thiant
Artres
Bavay
La Longueville
Neuville-s-Escaut
Vendegies-sur-Écaillon
Orsinval
Jeumont
Hordain
Haspres
Ruesnes
Le Quesnoy
Maubeuge
Colleret
Hem-Lenglet
Avesnes-le-Sec
Saulzoir
Beaudignies
Hautmont
Ferrière-la-Grande
Cousolre
Iwuy
Haussy
Jolimetz
Pont-sur-Sambre
Naves
St-Aubert
Louvignies-Quesnoy
Damousies
Cambrai
Bachant
Bérelles
Poix-du-Nord
Berlaimont
Aulnoye-Aymeries
Dimont
Dimechaux
Grandrieu
Quiévy
Solesmes
Carnières
Ovillers
Hachette
Leval
Solre-le-Château
Sivry
Awoingt
Viesly
Bousies
Neuvilly
Maroilles
Bas-Lieu
Felleries
Masnières
Caudry
Landrecies
Avesnes-s-Helpe
Troisvilles
Le Cateau-Cambrésis
Le Favril
Grand-Fayt
Liessies
Eppe-Sauvage
Esnes
Bertry
Bonavis
Clary
Bazuel
Sains-du-Nord
Bantouzelle
Reumont
La Groise
Prisches
Maurois
Walincourt-Selvigny
Maretz
Busigny
Etrœungt
Glageon
Trélon
Floyon
Féron
Molain
Ohain
Serain
Prémont
Le Nouvion-en-Thiérache
Wignehies
Wassigny
Oisy
Beaurevoir
Bohain-en-Vermandois
La Flamengrie
Fourmies
Momignies
Catelet
Boué
Esquéhéries
Forêt du Nouvion
Etreux
Buironfosse
La Capelle
Anor
Estrées
Fresnoy-le-Grand
Hannapes
Tupigny
Mondrepuis
Lavaqueresse
Maquenoise
Riqueval
Levergies
Sebencourt
Iron
Lerzy
Froidestrées
Luzoir
Forêt de St-Michel
Fontaine-Uterte
Longchamps
Chigny
Englancourt
Wimy
Hirson
St-Michel
Lesdins
Villers-lès-Guise
Guise
Etréaupont
Fayet
Remaucourt
Macquigny
Marly-Gomont
Origny-en-Thiérache
St-Quentin
Neuvillette
Audigny
Beaurain
La Vallée-au-Blé
Puisieux-et-Clanlieu
Fontaine-lès-Vervins
La Bouteille
Martigny
Oise
Scheldt
France

D
E
F
S. 234
S. 235
S. 238
S. 239
BRUXELLES (BRUSSEL)
Wezembeek
Bertem
Haasrode
Oud-Heverlee
Neerijse
Bierbeek
Boutersem
Tienen
Binkom
Glabbeek
Bunsbeek
Oplinter
Halle-Booienhoven
Nieuwerkerk
ST-TRUIDEN
Zoutleeuw
Kortenbos
Zepperen
Hoepertingen
Alken
Jezus-Eik
Loonbeek
Drogenbos
Hoeilaart
Huldenberg
Hamme-Mille
Beauvechain
Eliksen
Velm
Bevingen
Brustem
Broekom
Gelinden
Beersel
St-Genesius-Rode
Overijse
Maleizen
Tombeek
Rosières
Ottenburg
Grez-Doiceau
Hoegaarden
Neerheylissem
Attenhoven
Landen
Gingelom
Jeuk
Waterloo
La Hulpe
Rixensart
Wavre
Pietrebais
Hélécine
Jodoigne
Lincent
Rosoux-Crenwick
Braine-l'Alleud
Butte du Lion
Louvain-la-Neuve
Bonlez
Roux-Miroir
Huppaye
Orp-Jauche
Waasmont
Berloz
Trognée
Waremme
Ottignies
Court-St-Etienne
Gistoux
Chaumont-Gistoux
Glimes
Hannut
Geer
Faimes
Ophain
Lillois-Witterzée
Walhain-St-Paul
Gérompont
Thisnes
Merdrop
Moxhe
Les Waleffes
Nivelles
Genappe
Perwez
Branchon
Braives
Warnant-Dreye
Thines
Chastre
Ernage
Thorembais-St-Trond
Meeffe
Villers-la-Ville
Wépion
Otepne
Huy/Fumal
Villers-le-Bouillet
Comunne
Gembloux
Grand-Leez
Éghezée
Forville
Burdinne
Roeulx
Rèves
Marbais
Leuze
Bierwart
Héron
Huccorgne
Amay
Wanze
Huy
Luttre
Villers-Perwin
Sombreffe
St-Denis
Dhuy
Tillier
Andenne
Huy/Couthuin
Courcelles
Ligny
Isnes
Emines
Franc-Waret
Hingeon
Velaine
Fleurus
Wanfercée-Baulet
Spy
Namur-Ouest
Champion
Seilles
Gives
Régissa
Strée
Gosselies
Jemeppe-s-Sambre
Suarlée
Namêche
Sclayn
Andenelle
Ransart
Fleurus
NAMUR
Loyers
Vierset-Barse
Charleroi
Gilly
Farciennes
Tamines
Floreffe
Goyet
Stru
Perwez
Marchin
Châtelet
Fosses-la-Ville
Wépion
Wierde
Faulx-les-Tombes
Ohey
Modave
Marcinelle
Bouffioulx
Vitrival
Profondeville
Courrière
Gesves
Évelette
Bois-et-Borsu
Blanche Borne
Villers-Poterie
Lustin
Sorée
Havelange
Jamioulx
Acoz
Gerpinnes
St-Gérard
Annevoie-Rouillon
Assesse
Schaltin
Méan
Gozée
Nalinnes
Hanzinne
Mettet
Biesme
Bioul
Godinne
Natoye
Emptinne
Jeneffe
Hamois
BELGIEN
Thuillies
Thy-le-Château
Oret
Yvoir
Sponlin
Ciney
Mohiville
Barvaux-Condroz
Somzée
Laneffe
Morialmé
Ermeton-s-Biert
Anhée
Falaën
Pessoux
Heure
Chastrès
Dinant
Achêne
Leignon
Boussu-Walcourt
Walcourt
Florennes
Anthée
Onhaye
Sorinnes
Haid
Haversin
Erpion
Daussois
Philippeville
Rosée
Hastière
Celles
Houyet
Buissonville
Senzeille
Neuville
Hermeton-sur-Meuse
Falmagne
Custinne
Mont-Gauthier
Humain
Sautour
Surice
Gochenée
Agimont
Mesnil-St-Blaise
Houyet
Ciergnon
Hargimont
Froidchapelle
Forêt de Senzeille
Villers-en-Fagne
Doische
Givet
Finnevaux
Rochefort
Sorée
St-Hubert
Roly
Feschaux
Rochefort
Han-s-Lesse
Forrières
Mariembourg
Matagne-la-Grande
Beauraing
Focant
Lavaux-Ste-Anne
Pondrôme
Ave-et-Auffe
Frasnes
Nismes
Molhain
Wellin
Chimay
Dailly
Vierves-sur-Viroin
Les Grand Bois
Felenne
Tellin
Couvin
Viroinval
Bois de Sevry
Vonêche
Awenne
Le Mesnil
Vencimont
Tellin
Mirwart
Baileux
Gonrieux
Oignies-en-Thiérache
Hargnies
Bourseigne-Vieille
Rienne
Daverdisse
St-Hubert
Haybes
Transinne
Poix
Scourmont
Gedinne
Gembes
Redu
Brûly
Fumay
Willerzie
Haut-Fays
Transinne
Cul-des-Sarts
Franc Bois
Maissin
Regniowez
Rocroi
Hiraumont
Revin
Forêt
Houdremont
Bièvre
Oûr
Anloy
Ochamps
Laifour
Linchamps
Étéignières
Bourg-Fidèle
Monceau
Paliseul
Jehonville
Sévigny-la-Forêt
Les Mazures
Deville
Monthermé
Offagne
Libramont
Auvillers-les-Forges
Vresse
Oizy
Fays-les-Veneurs
Rimogne
Sécheval
Bohan
sur-Meuse
Menuchenet

Fleurus
Wanfercée-Baulet
Gosselies
Ransart
Courcelles
Gilly
CHARLEROI
Farciennes
Tamines
Châtelet
Marcinelle
Fontaine-l'Evêque
Bouffioulx
Montigny-le-Tilleul
Jamioulx
Acoz
Villers-Poterie
Gerpinnes
Blanche Borne
NAMUR
S. 234
Floreffe
Fosses-la-Ville
Vitrival
Profondeville
Wépion
Lustin
Courrière
Annevoie-Rouillon
Godinne
Yvoir
Bioul
St-Gérard
Mettet
Anhée
Andenne
Sclaypn
Naméche
Goyet
Faulx-les-Tombes
Gesves
Ohey
Évelette
Perwez
Sorée
Assesse
Schaltin
Jeneffe
Hamois
Natoye
Emptinne
Spontin
Mohiville
Ciney
Pessoux
Leignon
Achêne
Haversin
Thuin
Gozée
Nalinnes
Ragnies
Thuillies
Thy-le-Château
Somzée
Laneffe
Hanzinne
Oret
Morialmé
Ermeton-s-Biert
Falaën
Dinant
Sorinnes
Strée
Chastrès
Florennes
Anthée
Onhaye
Celles
Haid
Houyet
Buissonville
Boussu-lez-Walcourt
Walcourt
Philippville
Rosée
Hastière
Hermeton-sur-Meuse
Falmagne
Custinne
Mont-Gauthier
Erpion
Vergnies
Daussois
Renlies
Senzeille
Neuville
Sautour
Surice
Gochenée
Agimont
Mesnil-St-Blaise
Finnevaux
Rochefort
Ciergnon
Froidchapelle
Forêt de Senzeille
Villers-en-Fagne
Doische
Givet
Feschaux
Focant
Han-s-Lesse
S. 236
St-Hubert
Roly
Mariembourg
Matagne-la Grande
Molhain
Beauraing
Lavaux-Ste-Anne
Pondrôme
Ave-et-Auffe
Wellin
Frasnes
Nismes
Vierves-sur-Viroin
Les Grand Bois
Felenne
Bois de Sevry
Vencimont
Vonêche
Tellin
Chimay
Dailly
Viroinval
Couvin
Le Mesnil
Baileux
Gonrieux
Seloignes
Oignies-en-Thiérache
Hargnies
Bourseigne-Vieille
Rienne
Daverdisse
Haybes
Gembes
Redu
Transinne
Scourmont
Brûly
Fumay
Willerzie
Gedinne
Haut-Fays
Maissin
Rièzes
Cul-des-Sarts
Franc Bois
Revin
Houdremont
Bièvre
Our
Anloy
Regniowez
Rocroi
Hiraumont
Brognon
Laifour
Linchamps
Signy-le-Petit
Bourg-Fidèle
Monceau
Paliseul
Jehonville
Martin-Beaulieu
Étéignières
Monthermé
Offagne
Les Mazures
Deville
Vresse
Oizy
Fays-les-Veneurs
Auvillers-les-Forges
Sévigny-la-Forêt
Sécheval
Bogny-sur-Meuse
Bohan
Champlin
Rimogne
Menuchenet
Bertrix
Étalle
Renwez
Alle
Rochehaut
Gespunsart
Sugny
Noirefontaine
Lonny
Forêt des Ardennes
Aouste
l'Échelle
Nouzonville
Tournes
Bouillon
Dohan
Liart
Rouvroy-sur-Audry
Remilly-les-Pothées
Charleville-Mezières
Corbion
Forêt d'Herbeumont
Forêt de Bouillon
Warcq
Bois de Donchery
Marlemont
Clavy
Forêt
St-Jean-aux-Bois
Neuville
Warnécourt
La Francheville
St-Menges
Illy
Forêt de Sedan
Forêt des Munos
Muno
Floing
Montmeillant
Signy-l'Abbaye
Forêt Dom. de Signy l'Abbaye
Flize
Nouvion-sur-Meuse
Sedan
Francheval
Florenville
Guignicourt-sur-Vence
Launois-sur-Vence
Donchery
Douzy
Messincourt
Draize
Poix-Terron
Sapogne-et-Feuchères
Villers-le-Tilleul
Chéhéry-s-Bar
Sachy
Les Deux-Villes
Wasigny
Neuvizy
Remilly-Aillicourt
Mairy
Carignan
Blagny
Mesmont
Novion-Porcien
Faissault
Villers-le-Tourneur
Mazerny
Malmy
Chémery-sur-Bar
Mouzon
Auflance
Sery
Wignicourt
Bouvellemont
Raucourt-et-Flaba
Yoncq
Moulins-St-Hubert
Corny
Machéroménil
Monclin
Sauville
La Besace
Beaumont-en-Argonne
La Ferté-sur-Chiers
Écly
Sorbon
Novy-Chevrières
Sorcy-Bauthén
Tourteron
Lametz
Stonne
Martincourt-sur-Meuse
Rethel
Sault-lès-Rethel
Amagne
Attigny
Semuy
Neuville
Le Chesne
Oches
Sommauthe
Laneuville-sur-Meuse
Brouennes
Stenay
BELGIEN
FRANKREICH
Ardenne

D
E
F
S. 235
1
2
3
4
Malmedy
Waimes
Büllingen
Stavelot
Spa
Sart
Signal de Botrange
694 m
Francorchamps
Aywaille
Remouchamps
Hamoir
Ouffet
Harzé
Werbomont
Trois-Ponts
Stoumont
Sourbrodt
Robertville
Eisenborn
Bütgenbach
Rocherath
Hellenthal
Ligneuville
Francheville
Recht
Amel
Born
Ommer-scheid
Heppenbach
Lanzerath
Losheimergraben
St. Vith
SANKT-VITH
Vielsalm
Salmchâteau
Petit-Thier
Rodt
Poteau
Grand Halleux
Basse-Bodeux
Goronne
Lierneux
Manhay
Érezée
Soy
Hotton
Durbuy
Bomal
Barvaux
Heyd
Ferrières
Harre
Habiemont
Bra
Mormont
Amonines
Marche-en-Famenne
Rendeux
Marcourt
Beffe
Dochamps
Baraque-de-Fraiture
Règné
Otré
Courtil
Beho
Deiffeld
Lommersweiler
Thommen
Burg-Reuland
Bleialf
Winterspelt
Prüm
Grimbièmont
La Roche-en-Ardenne
Halleux
Roy
Bande
Wibrin
Nadrin
Montleban
Sommerain
Gouvy
Houffalize
Limerlé
Hautbellain
Ronchamp
Ortho
Champlon
Erneuville
Mabompré
Bertogne
Tavigny
Hoffelt
Troisvierges
Heinerscheid
Buret
Stockem
Wincrange
Clervaux
Fischbach
Dasburg
Dahnen
Daleiden
Laneuville Au Bois
Longchamps
Champs
Amberloup
Foi
Bourcy
Brachtenbach
Hosingen
Bastogne
Hemroulle
Hubermont
Tillet
Vesqueville
Moircy
Wardin
Noertrange
Wilwerwiltz
Holzthum
Hoscheid
Wiltz
Kautenbach
Neuerburg
Lavaselle
Villeroux
Assenois
Morhet
Freux
Bras
Libramont-Chevigny
Vaux-lez-Rosières
Grandru
Tarchamps
Harlange
Goesdorf
Bavigne
Merscheid
Vianden
Bettendorf
Diekirch
Nives
Strainchamp
Boulaide
Bonnal
Eschdorf
Heiderscheid
Erpeldange
Ettelbruck
Molinfaing
Longlier
Neufchâteau
Ebly
Fauvillers
Warnach
Arsdorf
Martelange
Rambrouch
Perlé
Grosbous
Berg
Beaufort
Hamipré
Léglise
Forêt d'Anlier
Thibesart
Anlier
Hostert
Redange
Bettborn
Bissen
Cruchten
Larochette
Waldbillig
Berdorf
Consdorf
Straimont
Mellier
Suxy
Forêt de Chiny
Rulles
Habay-la-Neuve
Attert
Roeser
Mersch
Angelsberg
Altrier
Marbehan
Thiaumont
Tontelange
Beckerich
Saeul
Brouch
Schoenfels
Lintgen
Junglinster
Jamoigne
Tintigny
Heinsch
Arlon
Septfontaines
Lorentzweiler
Rodenbourg
Bellefontaine
Étalle
Stockem
Hobscheid
Koerich
Kehlen
Walferdange
Steinsel
Buzenol
Udange
Sterpenich
Steinfort
Capellen
Bereldange
Niederanven
Flaxweiler
Gérouville
St-Léger
Châtillon
Wolkrange
Garnich
Mamer
Strassen
LUXEMBOURG
Lux.-Gare
Oetrange
Wormeldange
Rachecourt
Messancy
Bonnevoie
Moutfort
Èthe
Aubange
Athus
Dippach
Hespérange
Dampicourt
Virton
Gomery
Musson
Halanzy
Bascharage
Pétange
Leudelange
Dalheim
Bous
Remich
Ruette
Gorcy
Saulnes
Bettembourg
Roeser
Aspelt
Lamorteau
Tellancourt
Longwy
Differdange
Frisange
Mondorf
Villancy
Réhon
Hussigny
Deutsch-Luxemburgischer Naturpark
LUXEMBOURG
Naturpark Hohes Venn

Abbildungsnachweis

Rainer Hackenberg, Köln:
Umschlagklappe vorn, S. 1, 2/3, 28, 47, 72, 128, 142/143, 157, 158, 186,
Marcel & Eva Malherbe/laif, Köln:
Titelbild
Reinhard Tiburzy, Hauset (B):
Umschlagklappe hinten, S. 14/15, 21, 24, 31, 38, 39, 41, 42, 44, 48/49, 52, 66, 78, 81, 89, 93, 99, 111, 115, 118, 122, 124, 133, 139, 134, 144, 143, 154, 166, 167, 169, 170, 174, 179, 182, 188, 191, 197, 203, 206/207, 210
Paul Hahn/laif, Köln: S. 10, 36, 54, 63, 65, 69, 76
Stedelijke Musea, Brügge: S. 34
Archiv für Kunst und Geschichte, Berlin: S. 105

Abbildungen
Titel: Brügge, Blick vom Rozenhoedkaai
Vordere Umschlagklappe: Landschaft in Ostflandern
Hintere Umschlagklappe: Antwerpen, Brabobrunnen vor dem Rathaus
Vignette S. 1: Schild einer *Friture* in Liège
S. 2/3: Alte Bauernhäuser in der Domein Bokrijk

Kartografie
DuMont Reisekartografie

Danke!
Dank sagen möchte ich den Mitarbeiterinnen und Mitarbeitern von Belgien Tourismus - Wallonie, Brüssel sowie Flandern, Brüssel – für ihre große Hilfsbereitschaft bei der Beschaffung von Informationen. Besonders bedanken möchte ich mich bei Frau Margarete Graf für ihre engagierte Betreuung als Lektorin dieses Buches.
Reinhard Tiburzy

Grafisches Konzept: Groschwitz, Hamburg
Druck: Rasch, Bramsche
Buchbinderische Verarbeitung: Bramscher Buchbinder Betriebe

Printed in Germany ISBN 3-7701-6097-5